beck'sche reihe

bsr

«60 plus» bedeutet heute eine ganz andere Lebensperspektive als noch vor 20 oder 30 Jahren. In diesem Buch werden die großen Chancen einer Lebensphase dargestellt, die heute länger dauert als Kindheit und Jugend zusammen. Älterwerden ist nicht die große Bedrohung und Gefahr für unsere Gesellschaft: Älterwerden könnte das große Abenteuer unserer Zukunft sein – gesamtgesellschaftlich und individuell.

Herrad Schenk, geboren 1948, ist seit 1980 freie Schriftstellerin (Romane und Sachbücher). Sie erhielt zahlreiche Preise und Auszeichnungen. P.E.N.-Mitglied seit 1989. Im Verlag C.H.Beck erschien von ihr u. a. *Das Haus, das Glück und der Tod* (1999); *Glück und Schicksal. Wie planbar ist unser Leben?* (2000); *Wie in einem uferlosen Strom. Das Leben meiner Eltern* (2002).

HERRAD SCHENK

Der Altersangst-Komplex

Auf dem Weg zu einem neuen Selbstbewusstsein

VERLAG C. H. BECK

Die erste Auflage dieses Buches erschien
als broschierte Ausgabe 2005 im
Verlag C. H. Beck

1. Auflage (in der Beck'schen Reihe). 2007

Satz: Janß, Pfungstadt
Druck und Bindung: Druckerei C. H. Beck, Nördlingen
Umschlagabbildung: © Ole Graf/zefa/Corbis
Umschlagentwurf: +malsy, Willich
Printed in Germany
ISBN 978 3 406 54781 2

www.beck.de

Inhaltsverzeichnis

Vorhang auf für die neuen Alten!

Klar, dass man sich mit dem Altern befasst, wenn man selber älter wird. Natürlich macht man sich Gedanken über das Alter, wenn man wie ich mit vollen Segeln darauf zuhält, wenn Freundinnen und Freunde nacheinander die Schwelle zum 60. Lebensjahr überschreiten. Dass einen das eigene, näher rückende Alter beschäftigt, ist nichts Neues. Doch neu ist, dass das Altern auch ein gesellschaftliches Thema geworden ist, weil unsere Gesellschaft als Ganze altert.

Altern ist für die meisten ein Angstthema. Es gibt heute eine individuelle und eine gesellschaftliche Angst vor dem Alter, die sich gegenseitig oft noch verstärken. «Schon schlimm genug, dass ich alt werden muss – noch dazu wird überhaupt alles insgesamt ganz furchtbar werden!»

Die Angst vor dem Altern steht in einem verblüffenden Gegensatz zur durchaus erfreulichen Lebenswirklichkeit der meisten älteren Menschen, die ich kenne. Viele meiner Freundinnen und Freunde sind in der Lebensphase, in der das Ende der Berufstätigkeit entweder von weitem ins Auge gefasst wird oder demnächst bevorsteht, bei manchen ist es auch schon vollzogen. Da wird dann über die verschiedenen Modelle des Übergangs und die Pläne für die Zeit danach gesprochen. Es gibt gewisse Unsicherheiten, aber meist überwiegen die positiven Erwartungen. Was man alles noch vorhat! Die große Weltreise und die vielen kleinen Reisen, die kulturellen Interessen und die Hobbys, endlich will man sportlicher und gesundheitsbewusster leben – und natürlich auch mal alle die Bücher lesen, deren Lektüre man sich immer «für später» aufgehoben (oder vor sich her geschoben) hatte. Manche planen ehrenamtliche Tätigkeiten, andere ein politisches Engagement, oder sie wollen bereits bestehende Aktivitäten dieser Art ausbauen.

Die meisten meiner Freunde befinden sich in der «Empty Nest»-Phase, in der die erwachsenen Kinder, so es Kinder gab, aus dem Haus sind, und immer mal wieder wird die Frage erörtert, ob die Wohnungen und Häuser nicht irgendwann zu groß sein werden für das zurückgebliebene Paar oder den älteren Single. Wie wollen wir in den nächsten Jahrzehnten leben? fragen sich manche. Wieder in der Stadt, wenn sie in der Familienphase mit kleinen Kindern hinaus aufs Land gezogen waren? Langfristig könnten gute öffentliche Verkehrsverbindungen für Kontakte und Freizeitbeschäftigungen, die räumliche Nähe zu Geschäften und Ärzten eine wichtige Rolle spielen, auch könnte es immer lästiger werden, große Wohnungen und Gärten instand zu halten.

Die Ängste vor dem Alter werden häufig durch die Erfahrungen mit den eigenen Eltern ausgelöst, deren letzte Jahre viele erst miterleben, wenn sie ihrerseits schon zu den «jungen Alten» zählen. Zu solchen Erfahrungen gehört der plötzliche rapide Verfall der hochbetagten Eltern, eventuell begleitet von Pflegebedürftigkeit und Demenz, gehören die Notwendigkeit einer Heimunterbringung, der Tod. Wie wird das mal sein, wenn ich so weit bin? fragt man sich dann. Wie und wo werde ich leben? Wie wird unser Gesundheitssystem dann aussehen? Wer wird mich pflegen? Wird die Rente reichen, auch für ein langes Leben, mit kranken Jahren am Ende? – An diesem Punkt begegnen sich die individuelle und die gesellschaftliche Angst vor dem Alter. Doch das scheint, wenn man «erst» 60 oder 70 Jahre alt ist, noch ziemlich weit in der Zukunft zu liegen.

Die nachdenkliche Atmosphäre solcher Gespräche steht

im Gegensatz zu den schrillen Tönen und aufgeregten Schlagzeilen, die seit Mitte der 90er Jahre in immer neuen Wellen durch die Medien gehen: Die Alten kommen! Hilfe, wir vergreisen! Auf dem Weg in die Altenrepublik! Altersbeben! Altersrevolution! Altersexplosion! Kampf der Generationen![1] Krieg der Jungen gegen die Alten!

So einige Buchtitel und reißerische Aufmacher publikumswirksamer Zeitschriften. Die gewaltigen demografischen Veränderungen, die auf unsere Gesellschaft zukommen, zeichnen sich schon lange ab, doch von der Öffentlichkeit werden sie erst seit einigen Jahren, in aller Deutlichkeit erst seit Beginn des neuen Jahrtausends, zur Kenntnis genommen. Zuvor gab es kein wirkliches gesellschaftliches Interesse am Thema Altern.

In der ersten Hälfte der 70er Jahre habe ich meine Diplomarbeit und meine Doktorarbeit über sozialpsychologische Probleme des Alterns geschrieben. Die Gerontologie führte damals ein Schattendasein am Rande der Soziologie und der Psychologie, als eine Hilfswissenschaft, die der Sozialpolitik ein paar Grundlagendaten liefern sollte. Das Image der Gerontologie entsprach dem des Alters als solchem, es war ähnlich dürftig und traurig-grau. «Die armen Alten – man muss etwas für sie tun, man darf sie nicht allein lassen!» «Arm und alt» – das war fast gleichbedeutend, ebenso wie «alt und einsam», jedenfalls war es eine dieser im Kopf fest zementierten Assoziationsketten. Und die Alten waren immer die anderen, nie wir selbst; sie waren die Randgruppe, um die wir, das Zentrum der Gesellschaft, uns kümmern sollten.

Inzwischen ist im allgemeinen Bewusstsein die Erkenntnis angekommen, dass in Sachen Alter eine gewaltige Umwälzung im Gange ist – und weit mehr als nur eine demografische Revolution! Das Thema Alter ist wie mit einem Paukenschlag vom Rand in die Mitte der Gesellschaft gerückt. Es erweist sich als neu und aufregend, als beunruhigend, aber auch aufregend im positiven Sinn.

Die Diskussion um die Rentenreform und die Gesundheitsreform hat viele Probleme sichtbar gemacht. Offenbar brauchte es erst den drohenden Kollaps der Sozialversicherungssysteme, um eine breite Öffentlichkeit ahnen zu lassen, dass die Zukunft der Gesellschaft sehr viel mit der Zukunft des Alterns zu tun hat. Es handelt sich hier nicht um ein Modethema mit Eintagsfliegencharakter, über das man sich in dieser Saison ereifert, um sich in der nächsten wieder einem anderen Thema zuzuwenden. Die Veränderungen, die das Altern der Gesellschaft auslöst, sind da, um zu bleiben – und sie werden nicht nur die jetzt ältere Generation beschäftigen, sondern noch mehr die mittlere Generation, deren Alter erst bevorsteht, bis hin zu der, die geboren wird, wenn dieses Buch erschienen und schon längst wieder vergessen ist – und gerade die trifft es vielleicht am brennendsten.

Warum so viel Aufhebens um die Tatsache, dass es ein paar Alte mehr und ein paar Mittelalte und Junge weniger geben wird? mag man fragen. Wenn erst eine neue tragfähige Basis für die Sozialversicherung entwickelt ist – na klar, mehr Eigeninitiative, da kommen wir nicht drum herum, das weiß inzwischen jeder! –, dann ist der Rest doch mit ein paar sozialpolitischen Maßnahmen geregelt: ein paar Schulen weniger, ein paar Altenheime mehr. Darum muss man doch kein so großes Geschrei machen. Könnte man meinen.

Doch aufregend und beunruhigend sind schon die nackten Zahlen und Fakten, wenn wir sie uns in aller Deutlichkeit vor Augen führen. Fakten wie diese:

dass die individuelle Lebensspanne (die mittlere Lebenserwartung des einzelnen Menschen) länger und länger wird. Zwischen dem Ende des 19. und dem Ende des zwanzigsten Jahrhunderts hat sich bei uns in Deutschland die Lebenserwartung bei der Geburt fast verdoppelt (von 40 Jahren auf 80 Jahre für die Frauen, von 37 auf 74 Jahre für die Männer). Auch die mittlere Lebenserwartung der 60-Jährigen ist deutlich gestiegen: Ende des 19. Jahrhunderts hatte eine 60-Jährige Frau im Durchschnitt noch 13 Jahre vor sich, heute bleiben ihr statistische 23 Jahre; damals hatten die 60-Jährigen Männer noch 12½ Jahre, heute bleiben ihnen im Schnitt 18½. Noch anschaulicher: Ende des 19. Jahrhunderts erlebte nur gut ein Drittel (39 %) aller Frauen ihren 60. Geburtstag, heute sind es 92,5 %! Von den Männern, die den Frauen in Sachen Langlebigkeit ein wenig hinterherhinken, wurden damals nur 33 % sechzig Jahre alt, heute sind es 85 %. Jedes Jahr wächst die Lebenserwartung bei uns um drei Monate![2]

1990 machten die über Fünfundsechzigjährigen 15 % der deutschen Bevölkerung aus – im Jahre 2030, wenn die so genannten Babyboomer die Schwelle des Alters erreichen, die geburtenstarke in den 60er Jahren geborene Generation, werden es 26 % sein.[3]

Am stärksten nimmt die Altersgruppe der über 80-Jährigen zu, der so genannten Hochaltrigen. 1950 waren in Westdeutschland 19 000 Menschen über neunzig Jahre alt; im Jahre 2000 gab es in den alten Bundesländern 342 000 über Neunzigjährige.[4] Und jedes zweite kleine Mädchen, das nach der Jahrtausendwende geboren wurde (also jedes zweite heute unter fünfjährige Mädchen) wird über hundert Jahre alt werden, wenn es keine unvorhergesehenen drastischen Gegentendenzen gibt.

Immer mehr Menschen leben immer länger als früher und werden dabei auf andere Weise alt. Die Gerontologen beschreiben die großen Tendenzen, die die Situation des Alters in der Gesellschaft tiefgreifend verändert haben und noch verändern, im Allgemeinen mit den Stichworten:

Entberuflichung, Verjüngung, Feminisierung, Hochaltrigkeit und Singularisierung. Das heißt: Das Alter beginnt immer früher, da ältere Menschen immer eher aus dem Berufsleben ausgegrenzt werden. Gleichzeitig bleiben Ältere paradoxerweise deutlich länger «jung», das heißt körperlich gesund und leistungsfähig. In der zahlenmäßig immer größer werdenden Gruppe alter Menschen gibt es weitaus mehr Frauen als Männer. Die Hochaltrigen nehmen überproportional zu, und immer mehr Menschen leben im Alter allein.

Was die «Entberuflichung» angeht, so vermuten Gerontologen, dass dieser Trend nicht weiter anhalten, sich vielleicht sogar bald schon wieder umkehren wird. Das Zahlenverhältnis zwischen Männern und Frauen im Alter ist zurzeit noch von den Auswirkungen des Zweiten Weltkriegs beeinflusst; in Zukunft wird es deutlich mehr alte Männer geben, doch das Alter wird aufgrund der höheren Lebenserwartung der Frauen «weiblich» bleiben. Sowohl der Trend zur Hochaltrigkeit wie auch der zum Alleinleben im Alter werden vermutlich weiter anhalten.

Niemand kann heute genau wissen, wie diese Veränderungen sich langfristig auf unser Zusammenleben in der Gesellschaft auswirken werden. Klar ist nur, dass wir heute schon unter ganz anderen äußeren und inneren Vorzeichen altern als unsere Eltern und Großeltern. Für das Altern zukünftiger Generationen gibt es noch keine Vorbilder. Noch nie hatten die Menschen in ihrer Mehrheit ein so langes Leben zu erwarten, noch nie gab es so viele Alte – und noch nie waren die psychologischen und wirtschaftlichen Bedingungen so günstig für ältere Menschen. Schon die heute Fünfundsiebzigjährigen sind ganz anders, als es Fünfundsiebzigjährige vor zwei oder drei Jahrzehnten waren. Sie sind im Schnitt gesünder, besser ausgebildet, sie verfügen über ein höheres Einkommen; sie sind nachweislich weniger rigide, und sie haben mehr Interesse an ihrer sozialen Umwelt als ihre Vorfahren im gleichen Alter. Und die heute Sechzigjährigen starten auf einem noch einmal günstigeren Niveau in die dritte Lebensphase.

Doch das Altern dieser Generation fällt auch mit der Erkenntnis zusammen, dass eine Rundumversorgung durch den Sozialstaat im hohen Alter schon in naher Zukunft nicht mehr möglich sein wird. Wir befinden uns erst am Anfang des Umbaus der Sozialversicherungssysteme. Immer mehr private finanzielle Vorsorge und private Initiative werden nötig sein, um den Lebensstandard zu sichern. Spätere Generationen Alter können vermutlich nur dann gut leben, wenn die herkömmlichen Formen der Altenhilfe ergänzt oder abgelöst werden durch neue Modelle bürgerschaftlichen Engagements, die auf Selbsthilfe und Gegenseitigkeit aufbauen.

Es ist diese besondere Konstellation, die die Zukunft des Alters zu einem so spannenden Thema macht. Wird es uns gelingen, im positiven Sinn «anders» zu altern? Werden wir rechtzeitig Alternativen zu staatlich finanzierten und öffentlich organisierten Formen der Altenbetreuung entwickeln, Netzwerke knüpfen, die uns im hohen Alter tragen?

«Eine Emanzipation des Alters beginnt sich abzuzeichnen zu Beginn des 21. Jahrhunderts», erklärt feierlich der Gerontologe Leopold Rosenmayr.[5] «Das 21. Jahrhundert ist das Jahrhundert der Frauen und der Alten!», verkündet der Zukunftsforscher Matthias Horx.[6] «Wir müssen in den nächsten 30 Jahren ganz neu lernen zu altern!», fordert Frank Schirrmacher in seinem Bestseller «Das Methusalem-Komplott: «Wer heute lebt, nimmt an einem in der Menschheitsgeschichte einzigartigen und von uns allen nicht vorhersehbaren Abenteuer teil!»[7] Auch wer dem «Abenteuer Altern» mit gemischten Gefühlen gegenübersteht, muss zugeben, dass da etwas Aufregendes im Gange ist.

In diesem Buch geht es mir vor allem um die «jungen Alten». Was ist neu an den gesellschaftlichen Bedingungen für die Generation, die jetzt ins Alter eintritt? Wie unterscheidet sie sich von früheren (und eventuell auch von späteren) Kohorten? Wo gibt es Anzeichen für einen neuen Lebensstil, ein Wahrnehmen und Gestalten der neuen Freiräume? Was darf die Gesellschaft von den neuen Alten erwarten – und was können und wollen sie selbst für die Gesellschaft und für das Gelingen ihres eigenen Alterns leisten? Welche neuen Selbstbilder und Bilder vom Alter haben sie? Wie werden sie den ausgeprägten Wunsch nach Individualität und Selbstbestimmung mit dem ebenso spürbaren Wunsch nach mehr Gemeinschaft und Sozialkontakten verbinden? Wie stark ist in dieser Altersgruppe das Interesse an bürgerschaftlichem Engagement, und wo äußert es sich? Inwieweit werden schon jetzt von den jungen Alten bewusst Netzwerke zur gegenseitigen Hilfe und Unterstützung im höheren Alter geplant und aufgebaut?

Gibt es, was die neue Freiheit zur Gestaltung der dritten Lebensphase angeht, nur Gewinner? Oder sind da auch Verlierer, für die Gegenwart und Zukunft vor allem bedrohlich aussehen? Wo sind die Risikogruppen von morgen auszumachen? Werden die erweiterten Spielräume, die sich den Älteren eröffnet haben, in Zukunft wieder schrumpfen, wenn die ökonomischen Verhältnisse sich verschlechtern? Wird dann die Schere zwischen den Begünstigten und den weniger Begünstigten vielleicht schon in früheren Phasen des Lebenszyklus stärker auseinander gehen, um schließlich im Alter besonders weit auseinander zu klaffen?

Dieses Buch ist ein Plädoyer für ein neues Selbstbewusstsein im Alter. Es geht darum, die Angst vor dem Alter zu überwinden, die individuelle ebenso wie die gesellschaftliche. Gut zu altern, bedeutet nicht, sich möglichst früh mit den tatsächlichen oder vermeintlichen Defiziten des Alters passiv abzufinden. Stattdessen sollten wir die Chancen der späten Freiheit erkennen und den beachtlichen neuen Gestaltungsspielraum nutzen, der sich im sozialen Wandel für die jetzt älter Werdenden erschlossen hat.

1
Tatsächliches und «gefühltes» Alter: Die Alten sind immer die anderen

Alle meine Freundinnen glauben, dass sie viel jünger aussehen, als sie sind. «Stell dir vor: Dieser Mann hat mich auf fünfzig geschätzt!», berichtet meine 63-jährige Freundin Lisa stolz, und ich denke im Stillen: Meine Liebe, du fällst auch auf jede Schmeichelei rein! Du siehst genau so alt aus, wie du bist, wie Anfang 60 nämlich. Du bist gewiss eine gut aussehende Sechzigjährige, aber wer genau hinschaut, kann dich nicht für fünfzig halten! Natürlich bin ich zu höflich, ihr das zu sagen; ich will sie doch nicht kränken.

Eine Fünfzehnjährige ist begeistert, wenn man sie für achtzehn hält, ein Mitte Zwanzigjähriger ist keineswegs geschmeichelt, wenn man ihm erzählt, man habe gedacht, er sei erst achtzehn – aber irgendwo jenseits der Dreißig fängt die umgekehrte Bewegung an. Und spätestens ab Fünfzig wiegen sich nicht nur die meisten Frauen, sondern auch die Männer gern in dem Glauben, sie wirkten erheblich jünger, als sie sind. Umgekehrt schätzt man das Alter bei anderen Menschen in der Regel realistischer ein, vor allem wenn man sie zum ersten Mal sieht oder Bekannten nach längerer Zeit wieder begegnet. «Neulich war ich auf einem Klassentreffen, zum ersten Mal seit zehn Jahren. Meine Güte, sind die alle alt geworden!» In so einer Feststellung schwingt die geheime Überzeugung mit: Sie wirken so viel älter als ich! Natürlich bin ich in der Zwischenzeit auch ein bisschen gealtert – aber doch nicht so gewaltig wie die anderen!

«Man ist so alt, wie man sich fühlt», wird gern behauptet. Das stimmt natürlich nicht – man ist genau so alt, wie man ist. Aber das kalendarische und das «gefühlte» Alter stimmen in der Regel nicht überein.

Die Schriftstellerin Monika Maron, die sich in ihrem Roman «Endmoränen» (2002) sehr einfühlsam mit der Lebenskrise einer Endfünfzigerin auseinander setzt, schreibt in einem Aufsatz über das Altern: «Es kommt vor, dass ich zum Einkauf oder auch nur so durch die Straßen gehe und mich frage, wen oder was die Leute eigentlich sehen, wenn sie mich sehen. Sie sehen eine ältere Frau, sage ich mir dann und warte, bis ich eine Frau treffe, von der ich denke, dass sie eine ältere Frau ist, und finde den Gedanken, die anderen sähen in mir, was ich in dieser älteren Frau sehe, einfach absurd.»[1] Besser kann man das kaum ausdrücken. Dahinter steckt allerdings nicht, wie man vermuten könnte, nur gefällige Selbsttäuschung von Menschen, die ihr Altern einfach nicht akzeptieren wollen, sondern ein psychologischer Mechanismus. Unser Selbst, das, was in uns «Ich» sagt, altert offenbar nicht mit unserer äußeren Erscheinung.

Dieses Phänomen ist in der Gerontologie systematisch erforscht worden: Menschen in der zweiten Lebenshälfte fühlen sich im Allgemeinen fünf bis zehn Jahre jünger, als sie tatsächlich sind. Das gilt für Frauen noch ausgeprägter als für Männer. Und der Unterschied zwischen dem tatsächlichen und dem «gefühlten» Alter wird mit wachsendem chronologischen Alter immer größer: 90-Jährige fühlen sich durchschnittlich 16 Jahre jünger, als sie sind, und schätzen sich im Aussehen 14 Jahre jünger ein![2]

Das Leugnen des eigenen Alters, das Auseinanderfallen von Selbst- und Fremdeinschätzung, kann allerdings auch komische Formen annehmen. Wie bei dem rüstigen, über 90-jährigen Vater eines Freundes, der sich bis dato noch selbst versorgt und dann endlich entschlossen hatte, in eine sehr feudale Altenwohnanlage zu ziehen, um im Bedarfsfall Hilfe zur Verfügung zu haben. Aber er blieb nicht lange dort. «Ich kann diese vielen alten Gesichter nicht ertragen!», beschwerte er sich, bevor er wieder auszog, in eine gemeinsame Wohnung mit einem seiner Söhne.

Oder wie in der Geschichte der amerikanischen Frauenrechtlerin Betty Friedan, die, selber Mitte sechzig, für ein Buch über das Altern recherchierte und in diesem Zusammenhang auch eine Frau in Kalifornien interviewte. Ihre Gesprächspartnerin war deutlich um einiges älter als sie selbst, obwohl sie das hinter einem extrem modischen Äußeren, im Minirock, mit flammend rot getöntem Haar und sorgfältigem Make-up, zu verbergen suchte. Sie begrüßte die Autorin freundlich: «Ich finde es prima, dass Sie ein Buch über diese armen alten Menschen schreiben wollen.» Betty Friedan konnte sich die Korrektur nicht verkneifen: «Ich schreibe nicht über **sie**, ich schreibe über **uns**!» Doch das wies die andere im Brustton tiefster Überzeugung von sich: «Oh nein, nicht über mich, ich glaube, ich werde nie alt!»[3]

«The older you get the younger you feel», sagt man in den USA.

Interessanterweise haben die Gerontologen herausgefunden, dass das «subjektive Alter» ein besserer Indikator für die physische und psychische Gesundheit älterer Menschen ist als das kalendarische Alter. Wer sich mit einem jüngeren Alter identifiziert, fühlt sich mit dem Leben generell zufriedener; er oder sie hat dann eine insgesamt positivere Haltung zum Leben. Offenbar beschützt die Selbsteinschätzung «ich wirke und ich fühle mich jünger» ältere Menschen davor, sich mit dem negativen Bild vom Alter identifizieren zu müssen, das in unserer Kultur verbreitet ist. Die kleine Lebenslüge erhöht das Selbstwertgefühl.

Denn das kulturelle Altersstereotyp ist nach wie vor

negativ. Alte werden als schwach und hilfsbedürftig, passiv und leidend, gebrechlich und anfällig gesehen, als leicht vergesslich, wenn nicht gar verwirrt. Sie gelten als intolerant, konservativ und wenig flexibel, als unfähig zur Anpassung an neue Situationen. Man stellt sie sich oft verbittert, isoliert und einsam vor. Diese Eigenschaften, die dem Alter zugeschrieben werden, sind das genaue Gegenteil von den zentralen positiven Werten unserer Gesellschaft, die Stärke, physische Attraktivität, intellektuelle Leistungsfähigkeit, Aktivität, Flexibilität, Unabhängigkeit, Gesundheit hoch prämiiert. Die einzigen positiven Eigenschaften, die man bereit ist, dem Alter zuzugestehen, sind «Weisheit» und im günstigen Fall «Güte». Dahinter steht die Vorstellung, dass Altern eine einzige Verlustgeschichte ist, ein ständiges Schrumpfen und Weniger-Werden, dem man bestenfalls mit einer Loslösung von den körperlichen und materiellen Gegebenheiten, in einem gewissen Vergeistigungsprozess begegnen kann.

Kein Wunder, dass man auf diesem Hintergrund das Etikett «alt» so lange wie möglich zurückweist! Das führt zu immer neuen sprachlichen Umschreibungen, die das Wort alt vermeiden sollen, doch nach und nach ebenfalls dessen negativen Beigeschmack annehmen. Man spricht heute eher von «älteren» als von «alten» Menschen; «älter» scheint besser zu klingen als «alt» (obwohl es ja eigentlich noch älter als alt ist!) Man redet von «Seniorinnen und Senioren» oder der «Altersgruppe 60 plus». «Ich sage immer gleich von mir: Ich bin ein Gruftie, dann muss ich mir die Abwertung von außen nicht gefallen lassen!», erklärt meine Ende 50-jährige Freundin Brigitte. «In Wirklichkeit befinde ich mich erst auf der Schwelle zum Alter – und da will ich noch lange bleiben.»

Wenn man die verbreiteten Vorstellungen vom Alter erfragt, scheint es, als seien «die Alten» eine homogene

Gruppe. Vermutlich waren sie das nie. Doch heute hat das Altersstereotyp weniger denn je mit der gesellschaftlichen Wirklichkeit des Alterns zu tun. Es könnte allenfalls noch eine Teilgruppe sehr alter Menschen beschreiben. Wie stark die stereotypen Bilder vom Altsein und die wahrgenommene Wirklichkeit des Alterns auseinander klaffen, erkennt man auch, wenn man jüngere Menschen nach Älteren fragt, die sie tatsächlich kennen, nach Großeltern oder anderen älteren Bekannten. Dann stellt sich nämlich heraus, dass ihr «generalisiertes Altersbild» (das Altersstereotyp) erheblich negativer ist als ihr «personalisiertes Altersbild». Das heißt, sie erleben in der Regel die Älteren, mit denen sie persönlichen Kontakt haben, als positive Abweichung von ihrem düsteren allgemeinen Altersbild.[4]

Tatsache ist, dass das Altersstereotyp seit Jahrhunderten einigermaßen unverändert ist, während sich die soziale und psychische Lebenswirklichkeit älterer Menschen gewaltig verändert hat, insbesondere innerhalb der letzten drei Jahrzehnte. Ältere Menschen sind heute tatsächlich physisch und psychisch weniger alt als ihre Altersgenossen in früheren Zeiten – so sonderbar diese Behauptung auch klingen mag. Zunächst einmal sehen sie deutlich jünger aus als ihre eigenen Eltern oder Großeltern im entsprechenden Alter. Der Zukunftsforscher Matthias Horx projizierte bei einem Vortrag Fotos von Paaren aus den 50er und den 90er Jahren an die Wand: Mann und Frau, Ehepaare jeweils um die vierzig und um die sechzig. Der Eindruck war verblüffend: Die Vierzigjährigen der 50er Jahre wirkten durchweg älter als die Sechzigjährigen der 90er Jahre![5]

Es gibt viele Gründe für diesen äußeren Eindruck. Ältere Menschen ziehen sich heute anders an, farbenfroher, schicker, modebewusster; ihre Garderobe ist auch «jünger» insofern, als es keine genau abgegrenzten Kleidungsstile mehr für die verschiedenen Altersgruppen gibt. Früher trugen ältere Männer und Frauen stets unscheinbare dunkle konservative Kleidung. Auch die Gesichter auf den Fotos wirken anders, denn heute sind die Menschen bei uns im Allgemeinen körperlich weniger erschöpft und verbraucht, wenn sie das 60. oder 70. Jahr erreichen. Sie benutzen mehr Kosmetik, sind länger interessiert an physischer Attraktivität, ihre Zähne sind in einem besseren Zustand. Fehlende Zähne oder ein schlechtes Gebiss können Vierzigjährige durchaus wie sechzig wirken lassen! Vielen ist das Porträt bekannt, das Albrecht Dürer vor vierhundert Jahren von seiner knapp 60-jährigen Mutter zeichnete. Die porträtierte Frau hat nichts mit einer «jungen Alten» von heute gemein; sie wirkt wie eine sich selbst vernachlässigende Spätachtzigerin in jämmerlichem Zustand, gebückt, mit Kopftuch, zerfurchtem Gesicht, hohläugig, mit eingefallenen Wangen, erloschenem Blick. Auch Rembrandts etwa fünfzigjährige Mutter erscheint uns auf seinen Zeichnungen und Bildern wie eine verbrauchte freudlose Achtzigjährige.

Interessanterweise hat sich im allgemeinen Bewusstsein die Jahresgrenze, die den Eintritt ins Alter markiert, deutlich weiter nach oben verschoben. Auf die Frage «Ab wann ist man eigentlich alt?» setzten 1995 zwei Drittel der Befragten die «Altersgrenze» vor dem 70. Lebensjahr an. Auf die gleiche Frage antworteten 2004 nur 38 %, dass man schon vor dem 70. Jahr alt sei. «Man wird erst jenseits der 80 alt», glaubten 1995 nur 5 %, 2004 dagegen 20 % der Befragten![6]

«Man wird alt, wenn es einen die anderen wissen lassen.»[7] Altersrollen werden uns zunächst von den anderen zugeschrieben. Freilich kennen wir ihren Inhalt und ihre Bedeutung schon lange, von Kind an, doch wir werden mehr oder minder gezwungen, uns nach und nach mit ihnen zu identifizieren, wenn die anderen uns für «alt» halten, auch wenn wir uns noch gar nicht «alt» fühlen.

«Altern», das sind zunächst weniger konkrete biologische Veränderungen, zumal die lange diffus bleiben und im Allgemeinen nur sehr allmählich vor sich gehen. Altern besteht darin, dass man in ein Bild einwilligt, das die anderen einem antragen; Altern ist das psychische Akzeptieren eines kulturellen Konstrukts.

Allgemein scheint es so zu sein, dass Menschen erst dann die Identität «alter Mensch» für sich annehmen, wenn sie eine Reihe wesentlicher, sie tief betreffender Verluste erlitten haben, die mit dem Altsein verbunden werden: den Verlust des Lebensgefährten oder der Lebensgefährtin, einschneidende gesundheitliche Einbußen, Einschränkungen der physischen Beweglichkeit.[8] Im «jungen Alter» zwischen sechzig und Mitte siebzig ist man aber nur ausnahmsweise von solchen schmerzlichen Einschnitten betroffen. Die Aufgabe des Berufs, die mit dem Eintritt in den gesetzlichen «Ruhestand» den formellen Übergang ins Alter markiert, wird heute im Allgemeinen nicht als ein Verlusterlebnis angesehen, sondern meist herbeigewünscht und oft sogar als Gewinn an Lebensqualität erfahren. Formell und institutionell werden also heute immer mehr Menschen immer früher «alt», ohne sich wirklich alt zu fühlen. Das sind die so genannten jungen Alten.

«Alt ist man erst, wenn man nicht mehr Auto fahren kann», erklärt denn auch vergnügt die Mehrheit der älteren Menschen in einer Umfrage[9] – und das passiert erst irgendwann jenseits der 80! Wir wissen, dass die Mobilität in unserer Gesellschaft einen besonders hohen Wert darstellt, für manche ist sie fast ein Synonym für Freiheit. Tatsächlich hat der Anteil der Älteren, die noch selber Auto fahren, in der jüngsten Vergangenheit rapide zugenommen. 1976 besaßen nur 18 % der über 65-Jährigen einen Führerschein, 1990 waren es schon 34 % und 2000 gar 53 % – und immer mehr machen auch Gebrauch davon.[10]

«Man ist jung, solange man sich jung fühlt», behauptet knapp die Hälfte der Befragten in einer repräsentativen Umfrage, und was das genau heißt, machen zwei andere Nennungen deutlich: «Man ist jung, solange man noch offen für Neues ist» beziehungsweise: «solange man noch Zeit, Geld und Lust hat, das Leben zu genießen». Umgekehrt heißt es: «Alt ist man, wenn man starr und unflexibel wird», «wenn man zum Pflegefall wird», «wenn man sich nutzlos fühlt».[11]

Irgendwo zwischen dem 80. und dem 85. Lebensjahr setzen die Gerontologen heute die Schwelle zum hohen Alter an, zur so genannten Hochaltrigkeit, der letzten der drei Phasen des Alters, dem eigentlichen Alter. «Im Großen und Ganzen ist es wahrscheinlich zutreffend, davon auszugehen, dass in der heutigen Lebenswelt etwa das Alter 80–85 den Schwellenwert für einen eher allgemeinen, d. h. alle menschlichen Funktionen und Systeme betreffenden Altersabbau darstellt.»[12] Die Amerikaner haben für die drei Phasen des Alters gleich wieder lockere Bezeichnungen aus dem Hut gezogen, indem sie von den «Go-gos», den «Slow-gos» und den «No-gos» sprechen – den «jungen Alten», den «Alten im Übergang» und den «Hochaltrigen».

Alle sind sich inzwischen einig, dass man heute nicht mehr von einer einheitlichen Lebensphase «Alter» sprechen kann. «Der Begriff ‹Alter›, lässt sich sagen, ist heute mehr denn je fragwürdig und steht für Lebensformen, die in der Wirklichkeit viel deutlicher durch ihre Vielfalt und Differenziertheit hervorstechen, als dass sie Homogenitäten nahe legen.»[13]

Die große Verschiedenheit der Lebensstile, Lebensthemen und Befindlichkeiten jenseits der mittleren Erwachsenenjahre ist ein historisch neues und einzigartiges Phänomen. Das hängt natürlich vor allem mit der gewaltigen zeitlichen Ausdehnung dieser Lebensphase zusammen. Das

Alter wird allmählich zur längsten Lebensphase überhaupt, länger als Kindheit plus Jugend oder das mittlere Erwachsenenalter, und deswegen erscheint eine Unterteilung des Alters in verschiedene Phasen durchaus sinnvoll. Jedem ist klar, dass sich die Lebenswirklichkeit eines 55-Jährigen himmelweit unterscheidet von der eines 90-Jährigen Menschen. Aber auch innerhalb der Altersgruppe der 60- bis 70-Jährigen gibt es ein breites Spektrum von Lebensstilen und Befindlichkeiten, und das gilt ebenso für die Altersgruppe der über Achtzigjährigen. Das Alter ist nicht mehr die graue unbestimmte Restphase des Lebens, sondern bunt und schillernd. In der Öffentlichkeit wird das Bild des Alters heute vor allem von zwei Klischees bestimmt, die gegensätzlicher nicht sein könnten.

Da ist einmal das erbarmungswürdige Bild von den Schrecken des hohen Alters, in Berichten über Altenheime und Pflegebedürftige: Parkbänke, auf denen nur Alte sitzen, nebeneinander, ohne Kontakt, und vor sich hin stieren, Rollstühle mit zusammengefallenen Alten, Krankenhausbetten, in denen sieche Alte gefüttert und gewaschen werden, demente Alte. Dabei wird der Eindruck erweckt, als sei dies zwangsläufig die Endstation eines jeden Lebens: extreme Hilfsbedürftigkeit, entmündigende Pflege, hilflose Abhängigkeit. Doch das hohe und höchste Alter muss keineswegs immer so aussehen, auch wenn die Pflegebedürftigkeit in dieser Lebensphase ein ernst zu nehmendes Problem darstellt, das in Zukunft, wenn es immer mehr sehr alte Menschen geben wird, sicher noch an Gewicht zunehmen wird. Aber die hohe Aufmerksamkeit, die die Pflegebedürftigkeit derzeit in den Medien erhält, wird der Lebensrealität alter Menschen nicht gerecht. Denn auch die Hochbetagten kommen in ihrer überwiegenden Mehrheit allein oder mit Hilfe ihres Partners bzw. der Partnerin noch gut zurecht, jedenfalls leben die meisten von ihnen nicht in

Heimen, und sie sind auch nicht dauerhaft pflegebedürftig. Nur 5 % der über 65-Jährigen – und sogar nur 9 % der über 95-Jährigen! – wohnen in Heimen.[14]

Gleich neben dem Schreckgespenst des hohen Alters wird in den Medien das Bild von den flotten jungen Alten gehandelt, die sich auf Kosten der mittleren und der jüngeren Generation ein schönes Leben machen. Sie verfügen, so das Klischee, über ein gutes Einkommen, sie haben sich verfrüht aus dem Erwerbsleben geschlichen, und deswegen haben sie alle Zeit der Welt. Man stellt sich diese jungen Alten immerfort auf Urlaubsreisen vor, je nach Geldbeutel überwinternd auf Mallorca oder auf Kreuzfahrten im Mittelmeer; sie bevölkern nicht nur konsumierend die Einkaufszentren der Städte, die Kaufhäuser wie die Cafés, sondern sie besetzen auch die Volkshochschulen und inzwischen gar die Universitäten, wo sie den Jungen, den eigentlichen Studenten, die Plätze wegnehmen. Sie wandern in den deutschen Mittelgebirgen, manchmal altmodisch vor sich hinspazierend, immer häufiger modisch mit Stöcken ausgerüstet, nordisch walkend. Sie besuchen Gymnastikkurse und Vorträge über gesunde Ernährung und kulturelle Themen.

Die hässlicheren Zerrbilder stellen die jungen Alten nur konsumierend und vergnügungssüchtig dar, die freundlicheren Varianten deuten ihr Freizeitverhalten auch als Suche nach dem «richtigen» Leben, mit einem verstärkten Interesse an Gesundheit, Bewegung, richtiger Ernährung, an spiritueller und Sinnsuche. Doch allen Bildern haftet ein Beigeschmack von Schmarotzertum an, ähnlich den Vorurteilen früherer Zeiten über jugendliche Hippies und Gammler, denen ebenfalls vorgeworfen wurde, sie seien auf Kosten der arbeitenden Gesellschaft nur auf ihren Spaß aus, mit oder ohne höhere Selbstverwirklichungsabsicht. In den Medien erscheinen die jungen Alten tatsächlich häufig wie die neue «Spaß»-Generation. Seit es sie in größerer Zahl gibt, werden sie immer wieder als «gierige Greise» verunglimpft. «Was kann widerlicher sein als der Anblick dieser Wachstums-Alten im schwarzen Cabrio, die mit flatterndem weißen Haar die Autobahn entlangrasen? Immer mit zuckendem Gasfuß in der Pole-Position. Die Jungen starten derweil weiter hinten. Die Alten nehmen mit, was mitzunehmen ist, jagen durch die Lebenskurven und scheren sich einen Dreck um das, was nach ihnen kommt.»[15]

Beide Klischees, das von den erbarmungswürdigen Hochaltrigen wie auch das von den vergnügungssüchtigen jungen Alten, sind grobe Verallgemeinerungen. Doch sie weisen auf das hin, was neu ist am Alter: auf das hohe Alter, das immer mehr Menschen heute erreichen, samt den damit verbundenen Lebensrisiken – und zum anderen auf die vielen neuen Möglichkeiten, die sich in der Lebensphase des jungen Alters auftun.

Die jungen Alten sind alt und zugleich nicht alt. Alt sind sie nach den Kriterien einer Gesellschaft, die das Alter am Austritt aus dem Erwerbsleben festmacht. Demnach wäre ein 56-jähriger Frührentner «alt», nicht so jedoch eine 72-jährige Ärztin, die ihre Praxis weiterführt. Die jungen Alten gelten als alt, obwohl sie im Allgemeinen noch über reichlich Gesundheit, Vitalität und Energie verfügen. Sie finden sich in einer Lebensphase wieder, in der es kaum gesellschaftliche Erwartungen an sie gibt. Diesen leeren Raum müssen sie nun selbst füllen; sie müssen ihrem Alltag neue Strukturen, sich selbst eine neue Identität und ihrem Leben einen Sinn geben. Dabei rückt die Sinnfrage umso mehr in den Mittelpunkt, je frageloser und besser die ökonomische Existenz abgesichert ist. Weil sie selbst in dieser Situation eigene, individuell ganz verschiedene Bewältigungsstrategien entwickeln müssen, werden die neuen Alten zu Vorreitern des Prozesses der Individualisierung, der die Postmoderne kennzeichnet.

Individualisierung bedeutet, dass die Menschen heute zunehmend aus gesellschaftlich vorgegebenen Lebenszusammenhängen losgelöst sind, in die sie in früheren Zeiten durch den gesamten Lebenszyklus hindurch fest eingebettet waren. Für jede Lebensphase gab es klar umrissene Rollen in der Familie, am Arbeitsplatz, in der dörflichen und städtischen Gemeinschaft, in der Gemeinde. Individualisierung bedeutet, dass der einzelne Mensch zunehmend von sich aus und für sich selbst planen und handeln muss. Das Ergebnis ist eine Vielfalt von Lebensentwürfen und Lebensstilen. Mit der Zunahme an Lebensmöglichkeiten wächst aber auch der Zwang, sich zwischen diesen verschiedenen Möglichkeiten entscheiden zu müssen und die entstandenen Freiräume zu gestalten.

Die Errungenschaften des Sozialstaats, die finanzielle Absicherung durch eine immer früher ausgezahlte Rente und der medizinische Fortschritt haben einen neuen, historisch einzigartigen Freiraum jenseits des fünften und sechsten Lebensjahrzehnts geschaffen, der ein Versprechen, aber auch eine große Aufgabe darstellt. Mit der neu gewonnenen Freiheit haben sich die Erwartungen an Ältere erhöht, ihre Biografie im Alter selbst zu entwerfen. Gerade weil die individuellen Gestaltungsspielräume größer geworden sind, ist auch die Suche nach neuen Lebensinhalten dringlicher geworden. Es gibt ältere Menschen, die Krisen durchmachen und Gefühle der Leere empfinden, weil sie sich nicht mehr an vorgegebenen Rollenmustern orientieren können. Andere genießen die «späte Freiheit» und sehen darin eine besondere letzte Chance zur Selbstverwirklichung.

«In der Tat war nie zuvor so viel die Rede von Selbsterfahrung, Selbstorganisation und Selbstverwirklichung. Ein aus historischer Sicht unvorstellbar hoher Lebensstandard bietet Chancen für eine neue Erlebniskultur, an der auch die Alten teilhaben.»[16] In gewisser Weise sind die jungen Alten nicht nur Teilhaber dieser Entwicklung, sie sind sogar so etwas wie Pioniere. Die Lebensphase, die sie individuell gestalten können und müssen, dauert länger als jede andere zuvor.

Vielleicht ist die Phase auf der Schwelle zum Alter tatsächlich in manchem der Pubertät vergleichbar. Pubertät – das bedeutet auch Rollenunsicherheit. Man ist nicht Fisch noch Fleisch, und in gewisser Weise gilt das auch für die jungen Alten von heute. Mit dem Unterschied, dass junge Menschen im Allgemeinen die Umbruchzeit der Pubertät am liebsten so schnell wie möglich hinter sich lassen wollen, um endlich erwachsen zu sein, während man zu Beginn des Alters lieber den Status quo unendlich dehnen möchte. Die Alternden zieht es gerade nicht voran; die Gegenwart steht im Mittelpunkt, die Zukunft lässt man besser ein wenig im Dunkeln.

«Wenn du mich fragst», sagt meine Freundin Lisa – diejenige, die findet, dass sie mit Anfang sechzig eigentlich wie gerade mal fünfzig aussieht –, «wenn du mich fragst: Ich finde diese Lebensphase die beste des ganzen Lebens! Man leidet nicht mehr so an sich selbst, man hat viel mehr Freiheiten und weniger Illusionen – und man kann noch so viel machen!»

2
Die Hochaltrigen: «Ein Ende mit Schrecken» oder «das geschenkte Leben»?

Als ich neulich eine Bekannte besuchte, die Anfang 60 ist, zeigte sie mir ein Foto, das auf ihrer Kommode stand: «Das ist meine Mama; sie ist gerade gestorben, vor drei Wochen.» Die «Mama», erfuhr ich, war 93 Jahre alt geworden und hatte sich von einem hässlichen grippalen Infekt nicht mehr erholt. «Für meinen Papa ist es jetzt ohne sie nicht einfach, denn die beiden waren sechsundsechzig Jahre verheiratet. Zum Glück lebt meine Schwester in der Nähe. Aber im Alltag, mit dem Haushalt, kommt er noch gut zurecht. Schließlich hat er die Mama auch während ihrer letzten Krankheit gepflegt.» Der «Papa», erfuhr ich, war gerade 96 Jahre geworden.

Als ich ein Kind war, kannte ich einen einzigen Menschen, der das Alter von neunzig Jahren erreichte. Es war ein Mann, der zur Miete im Haus meiner Großmutter lebte und von uns Kindern Onkel Peli genannt wurde. Mehr als drei Jahrzehnte lang blieb er der einzige Uralte, den ich persönlich kennen gelernt hatte. Heute kann ich in meinem persönlichen Umfeld fünf über 90-jährige Frauen und einen Mann aufzählen.

Es ist die Altersgruppe der so genannten Hochaltrigen, die derzeit am stärksten zunimmt. 1950, als mein «Onkel Peli» zum stolzen Jubilar wurde, gab es in Westdeutschland nur etwa 19 000 Menschen, die über neunzig Jahre alt waren; im Jahre 2000 hatte sich ihre Zahl in den alten Bundesländern auf 342 000 erhöht![1]

«Wie grauenhaft!», rufen die meisten Menschen, wenn sie solche Zahlen hören. «Was für eine entsetzliche Vorstellung! Hoffentlich muss ich niemals so alt werden!» Die so denken und reden, sind meistens jünger als achtzig, jedenfalls noch weit entfernt von der Lebensphase, vor der sie sich so sehr fürchten. Haben sie selbst einmal ein höheres Alter erreicht, sieht die Sache vermutlich für sie ganz anders aus.

Wir vergessen leicht, wie sehr unsere Vorfahren von einem langen Leben geträumt haben. Die Tatsache, dass immer mehr Menschen ein immer höheres Lebensalter erreichen, ist ein Luxusgut, eine noch ganz junge historische Errungenschaft, ein gewichtiges Kapitel der menschlichen Erfolgsgeschichte. Wir Menschen haben uns im Prozess der Zivilisation alternsfreundliche Umweltbedingungen geschaffen, die es in früheren Zeiten nicht gab. «Der Freund des Alters ist nicht die biologische Grundausstattung, sondern die Kultur, einschließlich ihrer gesellschaftlichen, technologischen und psychologischen Faktoren.»[2]

So wie domestizierte Säugetiere, Haustiere und Zootiere, eine erheblich höhere durchschnittliche Lebenserwartung haben als ihre in freier Wildbahn lebenden Verwandten, so ist auch die Lebenserwartung der Menschen in den entwickelten Gesellschaften enorm angestiegen. Zurzeit geht man davon aus, dass Menschen mit günstiger genetischer Ausstattung unter guten Umweltbedingungen eine Lebensspanne von 120 Jahren haben können.

Doch wie alle Geschichten vom menschlichen Fortschritt hat auch diese ihre Schattenseite und ihren Preis. Denn mit steigendem Alter steigt auch die Wahrscheinlichkeit von physischer Krankheit, Demenz und Pflegebedürftigkeit steil an. Eine optimistische These der Geriatrie besagt zwar, dass die immer länger lebenden Menschen vor allem gesunde Jahre dazugewinnen, weil sich die «multimorbide Zeit», die kranken Jahre mit ernsthafter Beeinträchtigung durch schwere Krankheiten, auf einen immer kürzeren Abschnitt am äußersten Ende der Lebensspanne zurückdrängen lassen. Diese These ist aber nicht unumstritten.[3]

Wenn man nach Bildern für gutes Altern sucht, nach Beweisen, dass selbst das hohe Alter noch produktiv sein und positiv erlebt werden kann, kramt man immer als erstes in der Gedächtniskiste mit den großen Alten unserer Kultur: Na klar, da gibt es Casals, Rubinstein und Grandma Moses, Fontane und Hilde Domin, Ernst Jünger und Hans-Georg Gadamer, Johannes Heesters und Inge Meysel. Goethe und Picasso dürfen natürlich nicht fehlen, ebenso wenig wie Albert Schweitzer. Man bekommt schon einige Namen zusammen, doch es bleiben ein paar Hand voll. Es sind auffällig wenige Frauen darunter, obwohl die doch unter den Alten und Uralten die überwältigende Mehrheit stellen. Im Allgemeinen wissen wir nur wenig über den Alltag der prominenten Hochbetagten. Wir können aber davon ausgehen, dass in der Regel im Umkreis dieser Patriarchen jüngere Personen lebten, meist Frauen, die sich um sie gekümmert, sie umsorgt und vielleicht auch noch hofiert haben, weil sie sich im Glanz ihrer Bedeutung sonnten. Das sind Bedingungen, auf die die wenigsten von uns hoffen können, die Frauen schon gar nicht.

Denn gewöhnlich, das wissen wir, bedeutet Alter eben doch Abbau und Verlust – auch wenn das im frühen Alter noch nicht so sichtbar und fühlbar sein mag. Wenn wir nur lange genug leben, wird der Verfall uns irgendwann einholen. In jungen Jahren kann man den Gedanken weit wegschieben – «Ich werde nie so alt!» –, während in der zweiten Lebenshälfte die geheime Angst davor die meisten von uns, eingestanden oder nicht, immer wieder beschäftigt.

Ein wenig mag es trösten, dass sich der Prozess des Alterns individuell sehr unterschiedlich vollzieht. Das stereotype Bild vom Alter schert alle Älteren über einen Kamm – dagegen zeigen wissenschaftliche Untersuchungen eine enorme Vielfalt der Entwicklungsverläufe. Wie sich der Prozess im Einzelnen gestaltet, das hängt von der genetischen Ausstattung, der gesundheitlichen Verfassung und der bisherigen Biografie des Menschen ab. Allerdings sind die Gerontologen der Ansicht, dass sich die Individuen im allerhöchsten Alter wieder ähnlicher werden. Dann nämlich überlagern die biologischen Veränderungsprozesse alle anderen Einflüsse auf das Altern. Darin liegt eine Entsprechung zur frühesten Phase der menschlichen Entwicklung: Auch Säuglinge sind einander ähnlicher als Kleinkinder und Jugendliche.

Der individuelle Verlauf des Alterns wird zunächst einmal von den gewöhnlichen biologischen Veränderungen bestimmt: Man sieht und hört schlechter, reagiert und bewegt sich langsamer und so weiter. Daneben wirken sich auch gesellschaftliche und kulturelle Einflüsse auf das Altern des einzelnen Menschen aus: wo und wie man lebt, wann man aufhört zu arbeiten, mit was man sich danach beschäftigt, ob man Kinder und Enkel hat, Freunde und ein soziales Netz und Ähnliches mehr. Schließlich sind da noch die nicht vorhersehbaren Lebenskrisen, die das Alterserleben nachweislich stark beeinflussen, wie etwa der Tod des Partners oder der Partnerin, eine eigene schwere Krankheit oder ein Unfall. Die Wahrscheinlichkeit, dass solche kritischen Lebensereignisse eintreten, wird mit zunehmendem Alter immer größer.

Einerseits vollzieht sich Altern schicksalhaft. Es widerfährt uns, es geschieht etwas mit uns, dem wir uns nicht entziehen, vor dem wir nicht weglaufen können. Andererseits aber gibt es auch Gestaltungsmöglichkeiten, Freiräume, die wir für uns nutzen können. Altern hat zwei Gesichter, sagen die Gerontologen Mayer und Baltes: Verlust und latentes Potential.[4] Das gilt auch für das hohe Alter, so der Tenor der neuesten gerontologischen Forschung. Je altersfreundlicher die Kultur, desto eher kann es älteren und auch noch sehr alten Menschen gelingen, ein gutes Leben zu führen.

Viele Wissenschaftler meinen, dass der Verlust der Anpassungsfähigkeit oder Plastizität das wesentliche Kennzeichen des Alterns ist. Je älter man wird, desto mehr Energien muss man in Selbstheilungs- und Reparaturprozesse stecken; es kostet also immer mehr Anstrengung, den Status quo zu erhalten. Der Prozess des Alterns kann als ein chronischer Stress verstanden werden, auf den der alternde Mensch mit verschiedenen Selbstregulationsmechanismen reagiert.

Nach einem Modell des Gerontologen Paul Baltes heißen die Zauberworte zur Aufrechterhaltung von Kompetenz und Leistung bis ins höchste Lebensalter «Selektion», «Optimierung» und «Kompensation».[5] Baltes erläutert diese Prinzipien am Beispiel des Pianisten Rubinstein, der noch jenseits der achtzig virtuos Klavier spielte. In einem Fernsehinterview nach seinem Erfolgsrezept befragt, erklärte Rubinstein: Erstens habe er sein früher breiteres Repertoire reduziert (das, so Baltes, ist «Selektion»), zweitens übe er häufiger als früher («Optimierung»), und drittens füge er vor schnellen Passagen ein leichtes Ritardando ein – dann erscheine das folgende Spiel schneller («Kompensation»).

Vom Klavierspiel des Meisters auf die allgemeine Ebene der Leistungsfähigkeit im Alter übertragen, bedeutet das: Wenn unsere Vitalität nachlässt, müssen wir unsere Lebensziele begrenzen, aus der großen Zahl unserer Aktivitäten auswählen und Prioritäten setzen. Was ist uns wichtig? Was ist uns weniger wichtig? (Selektion). Die weniger wichtigen Beschäftigungen sollten wir dann aufgeben, um mehr Energie auf die für uns wichtigen Bereiche konzentrieren zu können. Dann lassen sich dort auch noch Reserven ausschöpfen, ein Wachstum nicht in die Breite, aber in die Tiefe ist möglich (Optimierung). Verluste lassen sich dadurch kompensieren, dass man Hilfsmittel hinzuzieht oder Hilfeleistungen anderer in Anspruch nimmt: z. B. ein Hörgerät anschafft, Hilfsgeräte im Haushalt installiert, eine Haushaltshilfe oder Pflegedienste bemüht (Kompensation).

Nach übereinstimmender Ansicht der meisten Gerontologen liegt die Schwelle, jenseits derer die meisten auch relativ gesunden älteren Menschen die Beeinträchtigungen durch das Alter deutlich spüren, irgendwo zwischen dem 80. und dem 85. Lebensjahr. Man hat deswegen für die Lebensphase «80 plus» bzw. «85 plus» auch den Ausdruck «das fünfte Lebensalter» geprägt. Das «junge» und das «späte Alter» bilden demnach eigene Lebensabschnitte nach Kindheit, Jugend und mittleren Erwachsenenjahren.

Die Daten der großen Berliner Altersstudie bestätigen die Auffassung, dass das Alter eigentlich erst im Verlauf des neunten Lebensjahrzehnts beschwerlich wird, sofern nicht schon vorher ernsthafte Erkrankungen vorliegen. Diese bisher gründlichste Untersuchung über das höhere Alter in Deutschland wurde während der 90er Jahre in Westberlin durchgeführt, wo die großstädtische Bevölkerung, mit ihrem insgesamt hohen Altenanteil, darunter viele Hochaltrige und viele allein lebende Alte, vor allem ältere Frauen, ein annäherndes Abbild der zukünftigen Bevölkerung in Deutschland darstellt. Nachdem viele Untersuchungen über das Alter den Schwerpunkt auf die «jungen Alten» legen, konzentrierte sich die Berliner Altersstudie bewusst auf die Alten und sehr Alten. An der Untersuchung nahmen ebenso viele Männer wie Frauen über 70 Jahren bis über 100 Jahren teil – die älteste Befragte war 103 Jahre alt. Dabei galt die Gruppe der 70- bis 84-Jährigen als «alt» und die Gruppe «85 und älter» als «sehr alt» oder «hochbetagt».[6]

Aus der Berliner Altersstudie geht hervor, dass zwar die meisten alten Menschen eine oder mehrere Krankheiten haben, sich deswegen aber nicht notwendig krank fühlen. Im Gegenteil: Sie sind in der überwiegenden Mehrheit mit ihrer Gesundheit zufrieden. Interessanterweise wird der Zusammenhang zwischen dem objektiven Gesundheitszustand und seiner subjektiven Beurteilung mit zunehmendem Alter immer schwächer.[7] Das heißt: Trotz objektiv verschlechterter Gesundheit fühlen sich die meisten Hochbetagten nicht weniger gesund! Zwar fällt der Vergleich mit dem letzten Jahr oft ungünstiger aus – gleichzeitig aber beurteilen die Befragten ihre Gesundheit, wenn sie sich mit anderen ihrer Altersgruppe vergleichen, als gut oder gar besser.

Das ist offenbar ein Selbstregulierungsmechanismus, mit dem es gelingt, ein positives Selbstbild aufrechtzuerhalten. «Zugegeben, ich bin nicht mehr ganz so fit wie im letzten Jahr. Da konnte ich noch selbst einkaufen oder noch allein die Treppe heruntergehen. Jetzt kann ich nicht mehr selbst Fenster putzen oder schwere Taschen tragen, was mir vor zwei oder drei Jahren noch möglich war. Aber wenn ich an andere Leute in meinem Alter denke, finde ich, dass es mir vergleichsweise noch immer prächtig geht» – so oder so ähnlich funktioniert das offenbar. Sogar Inkontinenzprobleme stecken 90-Jährige lockerer weg als 70-Jährige.

Der «Alters-Survey», eine andere große repräsentative Studie über das Altern in Deutschland, brachte Ergebnisse, die in eine ähnliche Richtung gehen. Hier ging es um die Einstellungen und Verhaltensweisen in der zweiten Lebenshälfte. Interessanterweise stellte sich heraus, dass die 40- bis 46-Jährigen mehr Angst und Sorge um ihre Gesundheit äußern als die 70- bis 86-Jährigen![8] Dabei kann man wohl davon ausgehen, dass der objektive Gesundheitszustand der Menschen im mittleren Erwachsenenalter erheblich besser ist als der der Alten. Im mittleren Erwachsenenalter beginnt man die ersten Anzeichen eines Abbaus ganz leise zu spüren, während man eigentlich noch voll in Saft und Kraft steht und bis dahin meist die Erfahrung gemacht hat, dass alles im Leben aufwärts geht – verständlich, dass, von hier aus gesehen, das Altwerden als ungeheuere Bedrohung erscheint. Später, wenn man dann tatsächlich entsprechend älter geworden ist, erlebt man die eigene Situation auf einem anderen Hintergrund. Die physischen Veränderungen vollziehen sich allmählich, man registriert vielleicht auch positive Wendungen, zum Beispiel weniger Hektik, mehr Gelassenheit.

Der «Alters-Survey» ergab auch, dass die 70- bis 76-Jährigen sich mehr vor kommenden Verlusten fürchten als die 77- bis 85-Jährigen! Dabei ist die ältere Altersgruppe doch objektiv weit mehr von kritischen Lebensereignissen bedroht, die Einschränkungen und Verluste mit sich bringen.[9]

Diese Forschungsergebnisse scheinen zu bestätigen, dass die Angst vor den Veränderungen, die das Alter mit sich bringt, am größten ist, wenn man sie erst in der Phantasie vorwegnimmt. Sind sie einmal eingetreten, stellen die meisten Menschen fest, dass man auch mit den meisten Einschränkungen des hohen Alters leben kann, ohne deswegen schrecklich unglücklich zu werden. Die Angst vor dem Alter ist größer, als es die tatsächlichen Schrecken des Alters sind!

Allerdings steigt die Zahl der Pflegebedürftigen im neunten Lebensjahrzehnt merklich an. Nach den Daten der Berliner Altersstudie waren von den 70- bis 74-Jährigen nur 3 % der Frauen und 4 % der Männer pflegebedürftig. Jenseits von 85 Jahren waren es jedoch 21 % der Männer und 28 % der Frauen.[10] Die wichtigste Hilfs- und Pflegeperson bei den verheirateten Älteren ist der Partner oder die Partnerin. Männer haben ein deutlich niedrigeres Risiko als Frauen (und Männer aus besseren Schichten das niedrigste Risiko), irgendwann in ein Pflegeheim übersiedeln zu müssen.[11] Vor allem allein lebende Ältere ohne Kinder nehmen professionelle Hilfe in Anspruch.

Manchmal kann es ganz schnell gehen mit dem Übergang vom selbständigen Dasein zur Pflegebedürftigkeit. Häufig ist eine schwere Krankheit oder ein Unfall der unmittelbare Auslöser: ein Schlaganfall oder ein Sturz, von dem man sich nicht richtig wieder erholt.

Die alten Eltern eines Freundes, beide Ende achtzig, lebten jahrzehntelang selbständig und relativ zufrieden in ihrem kleinen Häuschen. Die alte Dame entwickelte allmählich eine stärkere Gehbehinderung, die ihr Betätigungsfeld im Haushalt nach und nach sehr einschränkte. Doch ihr Mann war bis zum 89. Lebensjahr noch in der Lage, sie und den Haushalt zu versorgen, wenn auch unter immer größeren Mühen und mit immer häufigeren Feuerwehreinsätzen der weit entfernt lebenden Schwiegertochter. Er baute sogar im kleinen Garten noch Gemüse für den Eigenbedarf an. Eines Tages tat der alte Herr einen hässlichen Sturz, und im Krankenhaus stellte sich heraus, dass er an Krebs im fortgeschrittenen Stadium litt. Damit zerbrach von einem Tag auf den anderen das immer wackliger gewordene Alltagsarrangement. Die Freunde holten die alten Eltern zu sich; die Mutter musste in einem nahe gelegenen Heim untergebracht werden, die Pflege des Vaters übernahmen sie mit viel persönlichem Einsatz selbst.

Doch wir sollten über traurigen Geschichten dieser Art, von denen wir immer wieder im persönlichen Umfeld hören, auch die andere Seite der Statistik nicht vergessen: 21 % pflegebedürftige Männer und 28 % pflegebedürftige Frauen über 85 Jahren bedeuten umgekehrt, dass vier von fünf hochbetagten Männern und mehr als zwei Drittel der hochbetagten Frauen allein zurechtkommen! Und es gibt durchaus auch freundlichere Geschichten von der letzten Lebensphase, die meiner Großmutter Else zum Beispiel, der Pflegebedürftigkeit und Bettlägerigkeit vollständig erspart blieben.

Else wohnte bis zu ihrem Tod im 87. Jahr mit einer ihrer Töchter und zwei Enkeln unter einem Dach und kochte noch bis zuletzt jeden Tag für den gemeinsamen Haushalt. Das Haus lag an einem Berghang, es war altmodisch, groß und in jeder Hinsicht unpraktisch. Zwischen Küche und Wohnzimmer mussten mehrmals am Tag lange Flure und viele Treppenstufen überwunden werden, und wenn Else ausging – sie fuhr regelmäßig mit dem Bus in die Stadt, um einzukaufen, besuchte auch häufig die beste Freundin und bis zuletzt das Theater –, dann musste sie weit über hundert Treppenstufen zunächst den Hang hinunter und auf dem Rückweg wieder hinaufsteigen. Das alles bewältigte sie aus jahrzehntelanger Gewohnheit heraus ohne Probleme. Sie verreiste noch gern und viel, allein mit dem Zug, ausgestattet mit einem kleinen Reiseköfferchen; schweres Gepäck gab sie bei der Bahn auf. Sie starb auf einer dieser Reisen, zu Besuch bei dem jüngsten Bruder, an einem Schlaganfall, von einem Augenblick auf den anderen, während sie mit ihm vor dem Fernsehapparat saß und ihren Lieblingskrimi guckte.

Eine besonders bedrückende Begleiterscheinung des hohen Alters ist die Demenz, die jenseits der achtzig sprunghaft zunimmt. Die Alzheimer-Krankheit ist die häufigste altersspezifische Erkrankung überhaupt. Während der Anteil der Demenzkranken in der Altersgruppe der 60- bis 65-Jährigen nur bei 1 % liegt, wächst er mit zunehmendem Alter sprunghaft an. Er verdoppelt sich alle fünf Jahre: Jenseits der Neunzig leidet mehr als ein Drittel aller

Menschen an Demenz. Die Demenz wiederum ist die häufigste Ursache für Pflegebedürftigkeit. In der Berliner Altersstudie fanden sich bei den Siebzigjährigen noch keine Alzheimerkranken, während fast die Hälfte der über 90-Jährigen betroffen war![12]

Die meisten Menschen sind heute recht gut über die Alzheimer-Krankheit informiert, und doch ist es immer wieder ein Schock, wenn man die Krankheit im Familien- und Freundeskreis erlebt. Manche haben den Film «Iris» gesehen, in dem es um die an Alzheimer erkrankte englische Schriftstellerin Iris Murdoch geht. Ihr Mann John Bayley hat in seiner Biografie «Elegie für Iris» den rapiden Verfall dieser intelligenten Frau beschrieben, schonungslos offen, aber nie peinlich, mit sehr viel Einfühlsamkeit und Liebe.[13] Die ersten Formulierungsstörungen beim Reden erklärten sich beide noch als Konzentrationsschwäche, aufgrund von Überarbeitung und Erschöpfung. Später, als die Krankheit vorangeschritten war, gab es gesellige Runden, in denen Iris anderen Gästen siebenmal hintereinander die gleiche Frage stellte: «Und was machen Sie beruflich?» Der so Angesprochene freute sich anfangs über das Interesse, holte womöglich weit aus, erzählte, erklärte – und stutzte, unangenehm berührt, wenn eine Viertelstunde später die exakt gleiche Frage kam: «Und was machen Sie beruflich?» Es hat sie wohl gar nicht richtig interessiert, es war nur eine zerstreute Konversationsfrage, dachte sich dann der Gast, und antwortete noch einmal, höflich, aber kürzer angebunden. Erst als sie die Frage zum dritten Mal mit dem gleichen freundlichen Lächeln wiederholte, dämmerte dem Angesprochenen, das da etwas nicht stimmte. Da war bei ihr offenbar nur noch eine vage Erinnerung vorhanden, dass es üblich war, diese Sprachformel bei solchen geselligen Anlässen zu benutzen. Im letzten Stadium der Krankheit war das Einzige, an dem sie noch Freude hatte, die Muppets

Show im Fernsehen, die sie zusammen mit ihrem Mann anschaute. Sie verstand zwar die Handlung nicht mehr richtig, aber seine physische Nähe und die lustigen Figuren auf dem Bildschirm linderten vorübergehend ihre ängstliche Unrast.

Die ersten Symptome der Alzheimer-Krankheit sind leichte Ausfälle des Gedächtnisses, wie wir sie alle kennen, Benennungs- und Beschreibungsstörungen beim Reden. Dann folgt eine Phase mit räumlicher und zeitlicher Verwirrung, oft begleitet von unruhigem Umherirren. Schließlich werden ganze Handlungsmuster zerstört, so dass das selbständige Alltagsleben des erkrankten Menschen zusammenbricht. Er oder sie kann den eigenen Haushalt nicht mehr führen, sich nicht mehr allein an- und auskleiden, erkennt nahe Angehörige nicht mehr und verliert die eigene Identität. Anfangs, wenn der Kranke die Störungen noch bewusst wahrnimmt, reagiert er häufig mit Depressionen. Später wird er oder sie dann gleichgültig und apathisch, alle Handlungsverläufe verlangsamen sich, und die allgemeine Antriebsarmut wird nur noch gelegentlich unterbrochen von aufgeregtem Agieren, gelegentlichen Aggressionen, manchmal wahnhaften Ideen. Die durchschnittliche Dauer der Krankheit von den ersten deutlichen Anzeichen bis zum Tod beträgt etwa sieben bis neun Jahre. Die Kranken sterben dann meist an einer Infektionskrankheit, nach einer längeren Phase der vollen Pflegebedürftigkeit.

Die Alzheimer-Krankheit ist deswegen eine so große Belastung für pflegende Angehörige, weil es zu einem Persönlichkeitsverlust kommt. Die Person, die man gekannt und geliebt hat, geht mit dem intellektuellen Verfall allmählich verloren, die Kommunikation mit ihr wird immer schwieriger, am Ende fast unmöglich. Mit der Pflege im fortgeschrittenen Stadium der Krankheit sind die meisten Angehörigen hoffnungslos überfordert, weil man die Kranken nie allein lassen kann. Demenz ist die häufigste Ursache für eine Übersiedlung ins Pflegeheim.

Auch Depressionen im Alter sind ein Problem. Doch anders als die Demenz ist die Depression, entgegen einem verbreiteten Vorurteil, keine typische Alterskrankheit. Wahrscheinlich glauben jüngere Menschen, alle älteren Menschen müssten traurig sein, weil sie selber den Gedanken an das Älterwerden so schwer erträglich finden. Zwar nehmen Depressionen nicht automatisch mit dem Alter zu, aber nicht bearbeitete psychische Konflikte können zu Depressionen führen, wenn die Mechanismen, die man lebenslang zu ihrer Verdrängung angewandt hat, aufgrund des Älterwerdens nicht mehr funktionieren, wenn etwa gesundheitliche Einschränkungen und Verlusterlebnisse die äußere Situation des Menschen verschlechtern. Der Verlust des Partners oder der Partnerin ist einer der wichtigsten Auslöser für reaktive Depressionen im höheren Alter.

Häufig werden Depressionen im Alter nicht erkannt und nicht angemessen therapiert. Stattdessen werden körperliche Symptome behandelt, oder es wird fälschlicherweise eine Demenz vermutet, weil die Symptome sich ähneln. Da in der Öffentlichkeit (und nicht selten auch bei Ärzten) noch immer ein Altersbild vorherrscht, das Lebensüberdruss und resignative Verstimmungen als normale Alterserscheinungen betrachtet, vermutet man einen schicksalhaften «Altersabbau», statt in den Symptomen des Patienten eine behandlungsbedürftige Depression zu erkennen. Das kann zu langen, leidvollen Krankheitskarrieren führen, die manchmal unnötigerweise im Pflegeheim oder sogar im Suizid enden. Dabei sind auch Depressionen älterer, sogar noch sehr alter Menschen «gut und langfristig behandelbar», mit Psychopharmaka ebenso wie mit Psychotherapie

(Psychoanalyse, kognitiver Verhaltenstherapie für Einzelne wie für Gruppen) und Soziotherapie.[14]

In der Stichprobe der Berliner Altersstudie fanden sich 9 % Depressive, doppelt so viele Frauen wie Männer. Ältere Menschen begehen häufiger Suizid als jüngere, und besonders suizidgefährdet ist die Altersgruppe der 70- bis 75-Jährigen, wobei Männer häufiger diesen verzweifelten Ausweg nehmen als Frauen. Die häufigsten Gründe sind der Tod der Partnerin oder eine chronische Krankheit.[15]

Während das eigene Selbstbild bis ins hohe Alter stabil bleibt, lässt die geistige Leistungsfähigkeit leider auch dann nach, wenn kein krankhafter Altersabbau vorliegt. Zwar bleibt die Merk- und Lernfähigkeit bei Personen ohne Demenzerkrankungen bis ins höchste Alter erhalten. Doch es gibt gewisse Verschlechterungen in allen Dimensionen der Intelligenz. Die Einbußen sind größer im Bereich der wissensfreien Intelligenz (der so genannten mechanisch-fluiden Intelligenz) als im Bereich der auf Wissen aufbauenden Intelligenz (der «pragmatisch-kristallinen Intelligenz»). Dabei bleiben jedoch die erheblichen Intelligenzunterschiede zwischen den Individuen, die sich in allen Altersgruppen zeigen, bis ins höchste Alter erhalten. Das bedeutet: Ein intelligenter Achtzigjähriger kann allemal schärfer denken als ein dummer Sechzigjähriger! Und er weiß auch einiges mehr, wenn er sich sein Leben lang intelligent beschäftigt hat. Doch auch eine gute Ausbildung und ein anspruchsvoller Beruf schützen nicht vor einem gewissen geistigen Abbau im höchsten Alter, der vor allem von biologischen Faktoren wie nachlassender Sehschärfe oder Gehirnatrophie bewirkt wird.

Trotz der nicht zu leugnenden Tatsache, dass Alter auch Verlust bedeutet: Ältere Menschen sind keineswegs unglücklicher und mit ihrem Leben weniger zufrieden als jüngere. In der Berliner Altersstudie stellte sich heraus, dass immerhin fast zwei Drittel (63 %) der über 70- bis 103-Jährigen sich als «sehr zufrieden» und «zufrieden» mit ihrem Alter bezeichneten und optimistisch in die Zukunft blickten! Der Anteil der Zufriedenen verringerte sich mit steigendem Alter nur geringfügig.[16]

Auch das Klischee vom einsamen alten Menschen bedarf einer Korrektur. Zwar nimmt die Anzahl der Sozialkontakte mit dem Alter tatsächlich ab. Doch die kleiner gewordenen sozialen Netze bedeuten nicht notwendig, dass sich die Älteren deswegen einsam fühlen. Im Übrigen beteiligen sich Menschen, die in ihrer Jugend sozial aktiv waren, auch im Alter stärker am sozialen Leben, und auch Hochbetagte empfangen nicht nur Hilfeleistung und Unterstützung, sondern sie unterstützen ihrerseits noch andere, mit Rat, Gesprächen und kleinen Hilfeleistungen – wenn auch im höchsten Alter in der Bilanz das «Nehmen» das «Geben» überwiegt.

Hochbetagte Menschen fühlen sich nicht generell dem Leben ausgeliefert und ohnmächtiger, als dies Menschen in den mittleren Jahren tun. Sie haben noch genauso viele Lebensziele wie jüngere, auch wenn diese sich eher auf die nähere als die fernere Zukunft richten. Sie sind nicht in Gedanken ständig mit ihrer Vergangenheit befasst, wie das Klischee es will. Im Gegenteil: Die meisten äußerten, sie würden gern noch «Neues erleben». Ganz bestimmt beschäftigen sie sich nicht vorrangig mit Tod und Sterben, wie sich das jüngere Menschen gern vorstellen. Sie denken daran kein bisschen öfter als Menschen in anderen Lebensphasen. Und die Angst vor dem Tod nimmt mit zunehmendem Alter eher ab.[17]

Es wäre wohl übertrieben zu behaupten, dass meine Großmutter Else jeden Tag ihres Alters genossen hat. Auch sie wird ihre düsteren und verdrießlichen Stimmungen gehabt haben. Doch auf mich wirkte sie insgesamt zufrieden und oft vergnügt, mit der Fähigkeit, die kleinen Freuden des Alltags zu kultivieren.

«Vielleicht ist die verbreitete Meinung, dass das hohe Alter eine Lebensphase ist, die mehr Verluste als Gewinne und eine schrumpfende Lebensperspektive aufweist, ein Irrtum. Die Verluste, die auftreten (insbesondere im Sehvermögen, Gehör, an Mobilität und kognitiver Leistungsfähigkeit), setzen normalerweise allmählich ein. Sie beginnen vermutlich in den mittleren Lebensjahren. Von daher ist es möglich, dass die Prozesse der Anpassung schon vor dem 70. Lebensjahr abgeschlossen sind.»[18] Menschen finden sich offenbar nach und nach in veränderten Realitäten zurecht. Sie legen sich einfach andere Bewertungsmaßstäbe zu und schaffen es so, auch unter schwierigeren Rahmenbedingungen ein positives Selbstbild und eine positive Lebenshaltung aufrechtzuerhalten. Gelingendes Altern bedeutet im höchsten Alter wohl vor allem die Fähigkeit, auch extreme Einbußen kompensieren zu können. Die Gerontologen sprechen in diesem Zusammenhang vom «Paradox der Lebenszufriedenheit im Alter». Der Prozess einer gelungenen Selbstregulierung oder Anpassung ist offenbar entscheidend für die Zufriedenheit in den letzten Lebensjahren.

Meine Mutter, die mit 84 Jahren starb, erklärte oft und für ihre Kinder durchaus überzeugend, die Jahre jenseits der siebzig bis Anfang achtzig seien die beste Zeit ihres Lebens gewesen. Denn da hatte sie endlich Zeit für sich selbst gefunden, auf dem Hintergrund einer bescheidenen finanziellen Absicherung, während ihre mittleren Erwachsenenjahre von harter Arbeit, finanziellen Entbehrungen und einem schwierigen Familienschicksal bestimmt waren. Dass sie ihr Alter so genießen konnte, war umso erstaunlicher, als sie mit 65 Jahren einen Schlaganfall erlitten hatte, von dem eine vollständige Lähmung des linken Arms und eine teilweise Lähmung des linken Beins zurückblieb. Das schränkte ihre Beweglichkeit ein, beeinträchtigte aber nicht ihre intellektuelle Regsamkeit, ihre lebhafte Anteilnahme an ihrem sozialen Umfeld und ihr Interesse an der Welt, vor allem an der Literatur, ihrem wichtigsten Interessengebiet.

«Achtzig Jahre!», ruft der Dichter Paul Claudel aus. «Keine Augen mehr, keine Ohren mehr, keine Zähne mehr, keine Beine mehr, kein Atmen mehr! Und das Erstaunlichste ist, dass man letztlich auch ohne das alles auskommt!»[19]

Dem hätte meine Mutter vermutlich nachdrücklich zugestimmt.

3
Kohorten: die Alten von damals und die Alten von heute

Während meiner Schulzeit hatte ich eine Zeit lang einen Briefwechsel mit einem Rentnerehepaar, in dem es auch um religiöse Themen ging. Die starre Kirchenfrömmigkeit der beiden befremdete mich etwas, schien mir aber damals typisch für alte Leute. Als Studentin hatte ich den Eindruck, alle Menschen über sechzig würden konservativ wählen. Damals kam mir meine Tante Martha, jenseits der siebzig, noch altjüngferlicher vor, als sie früher schon gewesen war, mit ihren strengen Moralvorstellungen und ihrem vernichtenden Urteil über Frauen mit einem lockeren Lebenswandel. So wird man eben im Alter! dachte ich. Auch die Selbstgenügsamkeit und Sparsamkeit meiner Schwiegermutter hielt ich für ein Altersphänomen. Wenn sie meinen Mann und mich besuchte, ging sie von Zimmer zu Zimmer, um überall die Lichter auszuschalten, bis auf eine kleine Lampe in dem Raum, in dem wir uns gerade aufhielten: «Ihr geht ziemlich verschwenderisch mit dem Strom um!», meinte sie tadelnd.

Damals war ich überzeugt davon, alle Menschen würden mit zunehmendem Alter konservativer in ihren Ansichten, egal, ob es um Politik oder um Sexualität ging, und es sei auch eine ganz normale Begleiterscheinung des Alterns, dass man mehr moralisiert, starrer und asketischer wird.

Doch die heute 75-Jährigen sind anders, als es ihre Eltern und erst recht ihre Großeltern in diesem Alter waren. Und ihre Kinder und Enkel werden in dieser Lebensphase wieder anders sein. So stimmt es zwar, dass die Alten der 70er Jahre in ihrer Mehrheit politisch konservativ und in ihren Ideen über Sexualität weniger tolerant waren als die jüngere Generation von damals – aber es trifft nicht mehr für die Menschen zu, die heute bei uns über sechzig sind. Die sind womöglich in ihren Ansichten freizügiger und lockerer als die jüngeren Menschen von heute. Und die Sparsamkeit meiner Schwiegermutter hatte nichts mit ihrem Alter zu tun; sie war das Ergebnis einer Prägung durch die kargen Mangeljahre der Nachkriegszeit.

In ihren Anfängen hat auch die Gerontologie, als eine noch junge Wissenschaft, viele Generationenunterschiede unbekümmert als Altersphänomene gedeutet. Inzwischen hat man die Bedeutung des «Kohorteneffekts» erkannt: Manches, was man früher für Teil eines sich naturgesetzlich vollziehenden Altersprozesses gehalten hat, erweist sich auf einmal als typisch nur für die Alten einer bestimmten historischen Generation.

Als «Kohorten» bezeichnet man die jeweiligen historischen Generationen, die unter verschiedenen wirtschaftlichen, sozialen und kulturellen Rahmenbedingungen heranwachsen und in jeweils anderen Phasen ihres Lebens mit dramatischen zeitgeschichtlichen Ereignissen – wie etwa Kriegen, Revolutionen, Wirtschaftskrisen – konfrontiert werden. Das bestimmt ihren weiteren Lebensverlauf und damit natürlich auch ihre Situation im Alter. Wir wissen heute, dass die Grundlagen für Persönlichkeit und Charakter in der frühen Kindheit gelegt werden, während das kulturelle Wertesystem und die Weltanschauung eines Menschen offenbar besonders nachhaltig durch die historischen Erfahrungen beeinflusst werden, die man von der Pubertät an bis in die jungen Erwachsenenjahre macht.[1]

Veranschaulichen wir uns einmal die generationsspezifische Erfahrung der heute Hochaltrigen («80/85 plus»). Das sind die Jahrgänge, die vor 1925 beziehungsweise vor 1920 geboren wurden. Sie verlebten ihre Kindheit in den politisch unruhigen und wirtschaftlich unsicheren Zeiten der Weimarer Republik. Ihre Herkunftsfamilien waren nicht selten wirtschaftlicher Not, Inflation, sozialen und politischen Wirren ausgesetzt, und sie werden auch als Kinder die damit verbundene Angst und Unsicherheit der Erwachsenen gespürt haben. Anschließend erfuhren sie eine gewisse Stabilisierung der wirtschaftlichen und sozialen Verhältnisse zu Beginn der nationalsozialistischen Gesellschaft, bevor der nächste Krieg ihre Lebensgrundlagen noch gründlicher zerstörte.

Die Männer dieser Generation haben fast alle am Zweiten Weltkrieg teilgenommen. Die Frauen haben sich zum Teil unfreiwillig emanzipiert; sie haben während des Krieges vormals als männlich definierte Rollen übernommen und in der Nachkriegszeit oft die Familie allein durchbringen müssen. Viele blieben aufgrund der großen Zahl gefallener Männer unverheiratet und kinderlos; viele wurden früh zu Witwen. Für einen Großteil dieser Generation gehörten extreme, ja traumatische Erfahrungen wie Vertreibung, Flucht, Bombardierung, Vergewaltigung, Gefangenschaft zu den «normalen» Lebensereignissen. Fast alle haben Jahre des Hungers, der Armut und wirtschaftlichen Not erlebt. Die langen Trennungen zwischen den Ehepartnern führten nicht selten zur Entfremdung, wobei die Ehen aber aus existenzieller Notwendigkeit heraus meist nicht in Frage gestellt wurden.

Die jüngeren Angehörigen dieser Altersgruppe, die heute 80-Jährigen, waren während der Zeit des Nationalsozialismus zu jung, als dass man sie für die Verbrechen des Regimes hätte mitverantwortlich machen können, doch ihre Erziehung war stark vom Wertesystem des Nationalsozialismus geprägt. Die älteren Angehörigen dieser Altersgruppe (die heute über 90-Jährigen) trugen als junge Erwachsene das NS-Regime mit; sie waren Täter, Mitläufer aller Schattierungen und, seltener, Regimegegner oder Opfer.

Politisch fand sich diese Generation im westlichen Deutschland repräsentiert durch die Adenauer-Ära. Sie erarbeitete und gestaltete den wirtschaftlichen Aufschwung der Nachkriegszeit; sie war verantwortlich für das Wirtschaftswunder. Auf dem Hintergrund der turbulenten Geschichte der ersten Hälfte des 20. Jahrhunderts ist es nicht verwunderlich, dass gerade diese Generation in den mittleren Erwachsenenjahren ein starkes Sicherheitsbedürfnis entwickelte. Man war tendenziell konservativ. «Keine Experimente!», so lautete der CDU-Slogan der Adenauer-Ära – der Nationalsozialismus als gescheitertes politisches und soziales Experiment war immer noch bedrohlich nahe und wurde kollektiv verdrängt. Diese Generation pries den Wert der Familie als der einzigen sozialen Institution, die sich in den Zeiten des Zusammenbruchs einigermaßen verlässlich gezeigt hatte. Man war nicht wirklich imstande, sich mit der individuellen Biografie und der jüngsten gesellschaftlichen Vergangenheit auseinander zu setzen; man sehnte sich, nach so vielen äußeren und inneren Turbulenzen, nach Ruhe und Sicherheit. Veränderungen sollten möglichst auf die Dimension des technischen und materiellen Fortschritts begrenzt bleiben. So wurde diese Generation zur Trägerin der Restauration, stolz auf die eigene Tüchtigkeit und den erzielten Wohlstand.

1968, in der Zeit der Studentenbewegung, waren die Jüngsten dieser Altersgruppe Mitte vierzig; sie hielten in der Regel misstrauische Distanz zu dieser Bewegung. 1991, zur Zeit der Wiedervereinigung, befanden sich die heute Hochaltrigen schon weitgehend jenseits des Erwerbslebens, das sie noch mit Norbert Blüms Zusicherung im Ohr: «Die Rente ist sicher», aufgeben konnten. Ihre Vorstellung vom eigenen Altern war noch eng mit der Dreigenerationenfamilie verknüpft: Die meisten stellten sich vor, in der Nähe von und im Alltagskontakt mit einem der Kinder zu altern, wenn Kinder vorhanden waren. Heute, im fortgeschrittenen Alter, wollen sie so lange wie möglich selbständig leben. Hilfe, falls erforderlich, nimmt man am liebsten von Kindern oder Schwiegerkindern entgegen. Die Übersiedlung in ein Pflegeheim gilt als ungeliebte Notlösung im äußersten Notfall – und als Versagen des Familienverbands.

Für die Angehörigen dieser Alterskohorte, die die Nachkriegsjahre in der DDR erlebten, gab es kein vergleichbares Wirtschaftswunder, sondern nur eine langsame Stabilisierung eines bescheidenen materiellen Lebensstandards. Sie bauten die sozialistische Gesellschaft mit auf und erlebten keinen ähnlich heftigen Konflikt mit der nachfolgenden Generation wie Westdeutschland. Zur Zeit der Wiedervereinigung waren sie bereits Rentner; sie gehörten nicht im gleichen Maß zu den ökonomischen Verlierern der Wende wie die jüngeren Altersgruppen der ehemaligen DDR. Aber sie mussten die schmerzliche Erfahrung machen, dass ihre Lebensgeschichte und Lebensleistung kollektiv entwertet wurde.

Diesen generationsspezifischen Erfahrungen der heute Hochaltrigen stehen die so ganz anderen Lebenserfahrungen der Kohorte der «jungen Alten» gegenüber. Wer heute mit Ende fünfzig oder sechzig in den Ruhestand geht, ist nach dem Zweiten Weltkrieg geboren. Armut, Mangel und Not kennt die Altersgruppe der heute 60-Jährigen nur noch als Erinnerung an die frühe Kindheit. Es ist eher eine Folie, auf deren Hintergrund das eigene Leben als ein ständiger Aufstieg und Fortschritt begriffen werden konnte. Die Angehörigen dieser Generation, die jetzt an der Schwelle zum Alter stehen, haben ihr Leben im Frieden und in stabilen politischen Verhältnissen verbracht und dabei (wenn sie in

Westdeutschland lebten) bis vor kurzem nur Zeiten ständig steigenden Wohlstands erlebt – von der kleinen Wirtschaftskrise Ende der sechziger Jahre einmal abgesehen, die jedoch nur wenige kurzfristig tangierte. Sie erhielten in der Mehrheit eine bessere Allgemeinbildung als ihre Eltern und Großeltern und hatten in den Zeiten wirtschaftlicher Prosperität gute und sichere Jobs. Wer als Angehöriger dieser Generation keinen Arbeitsplatz fand, musste schon ziemlich unfähig oder arbeitsunwillig gewesen sein.

Die heute etwa 70-Jährigen sind die Eltern der so genannten Babyboomer, der besonders geburtenstarken Jahrgänge der 60er Jahre. Erst ein bis zwei Jahrzehnte später ist die Zahl der jüngeren Singles und der kinderlose Paare so rasant angestiegen. Diese demografische Veränderung wird sich erst auf die nächste Altengeneration auswirken. Doch schon unter den heute jungen Alten gibt es weit mehr getrennt Lebende und Geschiedene als in der Generation ihrer Eltern, wenn auch viele wieder neue Verbindungen eingegangen sind. Die Frauen dieser Generation sind häufiger und länger erwerbstätig gewesen als ihre Mütter und Großmütter und haben neben dem Anspruch auf eine Witwenrente noch eine selbst erworbene Altersversorgung.

Die heute um die 60-Jährigen Westdeutschen sind die «Achtundsechziger», die Generation, die durch die Studentenbewegung und die ihr folgenden gesellschaftlichen Veränderungen geprägt wurde. Auch wenn nur kleine Kreise dieser Kohorte tatsächlich politisch aktiv waren und die utopischen Ansprüche von Studentenbewegung, Frauenbewegung, Friedensbewegung, Umweltbewegung nur teilweise eingelöst wurden, sind die von ihnen ausgehenden Veränderungen, vor allem die allgemeine Liberalisierung, doch tief in die gesamte Gesellschaft eingedrungen. Die sozialen Bewegungen der 70er und 80er Jahre haben Einstellungen und Lebensstile nachhaltig verändert. Der Trend zur

Individualisierung wurde vorangetrieben. Die Selbstverwirklichung wurde zu einem zentralen Wert. Freundschaft, Freizeit, Reisen spielten und spielen für die Altersgruppe der heute jungen Alten während ihres gesamten Erwachsenenlebens eine größere Rolle als für die jetzt Hochaltrigen. Der Wohlstand machte es möglich. Die familiären Beziehungen erhielten eine neue Qualität: Das Eltern-Kind-Verhältnis wurde demokratischer, das Mann-Frau-Verhältnis partnerschaftlicher. In vielen Bereichen des Alltagslebens, auf dem Arbeitsmarkt und im öffentlichen Leben, hielten mehr Demokratie, Partizipation und Mitbestimmung Einzug.

Den Angehörigen der 68er Generation ist es bisher materiell erheblich besser gegangen als ihren Eltern und Großeltern, und sie treten ihren Ruhestand in der Mehrheit weitaus besser versorgt an. Was ihre Altersversorgung angeht, stehen sie nicht nur günstiger da als die vorangegangene, sondern auch als die folgende Generation, die sich jetzt im mittleren Erwachsenenalter befindet. «Man kann sogar behaupten, dass die zwischen 1925 und 1955 geborenen Menschen hinsichtlich der Altersversorgung eine ‹glückliche Generation› bilden.»[2] Generell scheidet diese Generation – teils freiwillig, teils unfreiwillig – weit früher aus dem Erwerbsleben, als es die jetzt «Hochaltrigen» taten, mit dem erklärten Wunsch, nun auf gesicherter materieller Grundlage «den Ruhestand genießen zu wollen». Allerdings scheint auch klar, dass diese Kohorte im Fall der Pflegebedürftigkeit im höchsten Alter nicht mehr in dem Maß auf die eigenen Kinder und Enkel bauen kann, wie es die heute Hochaltrigen noch können. Und es könnte durchaus sein, dass professionelle Pflege in zwei bis drei Jahrzehnten, wenn sie für die heute jungen Alten erforderlich sein wird, nur noch schwer finanzierbar ist.

Für die Generation der in der Nachkriegszeit geborenen heutigen jungen Alten in Ostdeutschland sieht manches allerdings ganz anders aus. Sie gehören schon zu den ökonomischen Verlierern der Wiedervereinigung. Viele wurden in den 90er Jahren arbeitslos und sind aus der Arbeitslosigkeit heraus früh verrentet worden. Das brachte nicht nur materielle Einbußen, sondern war gerade auf dem Hintergrund der Vollbeschäftigungserfahrung in der ehemaligen DDR, wo es der Normalfall war, dass man bis zum Erreichen der Altersgrenze arbeitete, psychisch oft nur schwer zu verkraften.[3] Der politische Systemwechsel wirkte weit in das persönliche Leben hinein; er stellte grundlegende Werte und Verhaltensweisen in Frage, die die Angehörigen dieser Generation geprägt hatten. Anders als die Menschen, die bei der Wende erst Kinder oder Jugendliche waren, waren für sie aber die Lebensweichen längst gestellt; sie konnten sich dem sozialen Wandel nur schwer anpassen. Sie starten materiell und psychisch nicht unter ganz so guten Bedingungen ins Alter wie die jungen Alten in Westdeutschland.

Sicher war die Verwöhnung durch den ständig wachsenden Wohlstand im Wesentlichen ein westdeutsches Phänomen. Dennoch ist der Unterschied in den Lebensbedingungen der heutigen jungen Alten in Deutschland West und Ost weit weniger krass als der Generationenunterschied zwischen den Menschen, die in der Nachkriegszeit alt wurden, und den Menschen, die heute altern.

Meiner Großmutter Else (Jahrgang 1885) war, als sie sechzig wurde, wohl nur wenig nach Geburtstagfeiern zumute. Der Zweite Weltkrieg war gerade erst zu Ende gegangen. In dem Alter, in dem die jungen Alten von heute sich in der Mehrheit schon von ihrem Beruf verabschiedet haben und vergnügt erklären, jetzt beginne die Zeit des Reisens und des Genießens, hatten sich in ihrem großen Haus die Familien der beiden durch den Krieg gestrandeten Töchter einquartiert samt zwei weiteren Flüchtlingsfamilien. Statt der vorher vier Personen lebten dort nun jahrelang über zwanzig Menschen auf engem Raum miteinander, davon die Hälfte Kinder. In der Lebensphase, in der viele junge Alte von heute müßig in den Tag hineinleben – morgens lange ausschlafen, vielleicht ein Spaziergang oder ein kleiner Gang in die Stadt, Schaufensterbummel, bei freundlichem Wetter etwas Gartenarbeit oder Hobbypflege, Freunde und Verwandte treffen, ein Zoobesuch mit den Enkeln oder ein Kino-, Theater- oder Konzertbesuch –, hatte Else wie die jüngeren Frauen im Haus alle Hände voll zu tun. Mit viel Zeit- und Arbeitsaufwand mussten Nahrungsmittel für eine große Zahl hungriger Mäuler organisiert werden, es musste für einen großen Haushalt gekocht werden. Die Frauen schlugen im Wald Holz und reparierten mit viel Phantasie alte Kleidungsstücke so, dass sie noch eine Weile überdauerten. Dabei galt es, ständig nebenher eine große Zahl kleiner Kinder zu hüten. Kurz: Wo ihre Altersgenossen von heute ihre späte Freiheit genießen, standen Else und ihresgleichen noch mitten in einem Leben voller harter Alltagsanforderungen. Das Überleben im Mangel verlangte nicht nur Körperkraft, Findigkeit, Improvisationsfähigkeit, sondern vor allem Einsatz und Vitalität.

Für die «Trümmerfrauen» der Generation meiner Großmutter, die die im Krieg gefallenen Männer ersetzen mussten, zerbrechende Familien zusammenhielten, allein erziehenden Töchtern beisprangen, elternlose Enkel großzogen, kam die ruhige Phase des Alters, falls überhaupt, erst ganz am Ende ihres Lebens. Ihre Männer, die nach Krieg und Kriegsgefangenschaft, nach den Anfangsjahren der Arbeitslosigkeit wieder in einen Beruf fanden, arbeiteten ähnlich hart und blieben fast ausnahmslos bis zur Altersgrenze erwerbstätig. Else kam noch in den Genuss einiger müßiger Jahre, aber nicht alle ihre Altersgenossinnen und

Altersgenossen waren so glücklich. Viele Menschen waren durch den Krieg und die kargen Jahre danach, durch die langen Jahre mit harter Arbeit und schweren Lebensbedingungen, so verbraucht und erschöpft, dass sie nicht mehr viel mit der ihnen noch verbleibenden Zeit anfangen konnten.

Es ist eine Sache, die typischen Lebenserfahrungen einer Generation zu beschreiben – als sehr viel schwieriger erweist es sich, aus diesen Erfahrungen Voraussagen über die Befindlichkeit im Alter abzuleiten. Wird die Generation, die jetzt an der Schwelle des Alters steht, sich im Verlauf leichter oder schwerer tun als ihre Eltern? Wie werden sie gegebenenfalls mit einer sich verschlechternden ökonomischen Situation, einem allgemein sinkenden Lebensstandard zurechtkommen? Wie wird sich ihr Verhältnis zu den erwachsenen Kindern und Enkeln gestalten? Werden sie sich in der noch vor ihnen liegenden langen Lebensspanne überwiegend mit sich selbst befassen – oder werden sie sich selbst, ihre Kompetenz und Erfahrung noch zum Nutzen der Gesellschaft einbringen? Wenn ja, wie?

Solche Fragen sind es, die das junge Alter in der jüngsten Vergangenheit in den Mittelpunkt des gesellschaftlichen Interesses gerückt haben.

Von den Älteren hört man heute häufig die Bemerkung: «Unsere Generation wird sich einmal besser damit abfinden können, wenn der Lebensstandard sinkt. Wir werden im Notfall wieder zurückstecken können, denn wir kennen den Mangel aus Kindheit und Jugend. Die Jüngeren werden sich schwerer tun, da sie solche unmäßigen Ansprüche an das Leben entwickelt haben. Sie sind daran gewöhnt, immer alles zu haben, sogar ohne sich sonderlich dafür anstrengen zu müssen.» – Darüber lässt sich nur spekulieren. Macht einen die Tatsache, dass man schon einmal im Leben mit dem Mangel konfrontiert war, wirklich härter im Nehmen? Könnte es nicht auch sein, dass die Angst vor einem möglichen wirtschaftlichen Abstieg bei denen am stärksten ist, die schon einmal erlebt haben, dass die Früchte ihrer Anstrengung von heute auf morgen dahin waren?

Die Generation der heute Dreißig- bis Vierzigjährigen mag zwar in den Anfängen ihres Lebens verwöhnt worden sein, besitzt aber dafür noch Flexibilität und Vitalität genug, sich veränderten Verhältnissen anzupassen. Die jungen Erwachsenen sind imstande, nicht nur die negativen Seiten des sozialen Wandels, sondern auch seine Potentiale zu erkennen und für sich zu nutzen, was wiederum für die Älteren schwieriger ist. Irgendwo dazwischen liegt die Situation der heute jungen Alten. Diese Alterskohorte hatte insgesamt denkbar günstige Bedingungen: Frieden, wirtschaftliche Prosperität, die individuell und gesellschaftlich eine stete Aufwärtsentwicklung ermöglichten. Doch sind die jungen Alten flexibel genug, die relativ große Lebensspanne, die vermutlich noch vor ihnen liegt, sinnvoll und produktiv für sich und andere zu nutzen?

Eines darf als gesichert gelten: Die jungen Alten von heute (und das wird für die von morgen vermutlich noch stärker gelten) sind als Kohorte «jünger» in dem Sinne, dass sie in einem generell besseren Gesundheitszustand sind. Sie sind im Allgemeinen gesundheitsbewusster und körperlich fitter. Sie sind weniger rigide und flexibler. Sie haben im Durchschnitt ein höheres Bildungsniveau und ein besseres Einkommen (und das bedeutet nach gerontologischen Erkenntnissen zugleich immer auch: Sie nehmen aktiver und interessierter am gesellschaftlichen Leben teil) als die Alten vorangegangener Generationen.

In den 70er Jahre waren noch die meisten Armen unserer Gesellschaft unter den Alten zu finden. «Arm» und «alt» gehörte zusammen. Das ist heute nicht mehr der Fall. Den Rentnerinnen und Rentnern geht es finanziell vergleichsweise besser als anderen Altersgruppen. Das größte Armutsrisiko liegt heute bei allein erziehenden Müttern und Familien mit mehreren Kindern. In der repräsentativen Berliner Altersstudie wurden Anfang der 90er Jahre nur 3 % der über 70-Jährigen als «arm» bezeichnet.[4] Als «arm» galten in dieser Studie Menschen, die weniger als die Hälfte des Durchschnittseinkommens der deutschen Bevölkerung zur Verfügung hatten. Zu den Armen unter den Alten gehörten vor allem die sehr alten und die geschiedenen Frauen. Auch das ist ein Kohortenphänomen: In dieser Altersgruppe befinden sich noch besonders viele Frauen mit geringer schulischer und beruflicher Qualifikation, die über längere Phasen ihres Lebens nicht erwerbstätig waren.

Auch der Anfang 2005 vorgelegte neue Armutsbericht der Bundesregierung kommt zu dem Ergebnis: «Das Armutsrisiko älterer Menschen ist deutlich unterdurchschnittlich, auch ihre Sozialhilfeabhängigkeit liegt deutlich unter dem Durchschnitt der Gesamtbevölkerung.»[5] Die Armutsquote, hier gemessen als Prozentsatz der Menschen, deren Einkommen geringer ist als 60 % des mittleren Einkommens, lag bei den 65-Jährigen im Jahre 2003 bei 11,4 %. Die Armutsquote in dieser Altersgruppe ist zwischen 1998 und 2003 noch gesunken, während sie in diesem Zeitraum in allen anderen Altersgruppen zugenommen hat.

Allerdings ist das Armutsrisiko älterer Frauen größer als das älterer Männer, und es gibt sehr viel mehr ältere Frauen als ältere Männer, insbesondere im höchsten Alter. In der Gerontologie spricht man deswegen von der «Feminisierung des Alters». Bei den jungen Alten steht ein Mann noch zwei Frauen gegenüber, während bei den über 90-Jährigen schon vier Frauen auf einen Mann kommen. Doch diese demografische Verzerrung des Geschlechterverhältnisses bei den Hochaltrigen hängt noch mit den Auswirkungen des Zweiten Weltkriegs zusammen, der so vielen Männern dieser Generation in der Jugend und den mittleren Erwachsenenjahren das Leben kostete. Um die Jahrhundertmitte, wenn die jetzt Vierzigjährigen das hohe Lebensalter erreichen, wird sich das Zahlenverhältnis deutlich zugunsten der Männer verändern.

Die heute Hochaltrigen sind noch im Zeichen einer paternalistischen staatlichen Wohlfahrtspolitik und mit einem passiven Bild vom Alter alt geworden. Als sie in den mittleren Erwachsenenjahren waren, stellte man sich das Alter als einen kurzen «Lebensabend» vor, eine kleine Restspanne nach einem langen Arbeitsleben, während deren man von der Familie und der Gesellschaft versorgt werden würde. Die heute Hochaltrigen haben in der Regel nicht viel Phantasie darauf verwendet, sich ihr Alter vorzustellen und Pläne dafür zu schmieden. Sie hatten auch kaum Vorbilder für diese Lebensphase. Es gab ja, als sie jung und in den mittleren Jahren waren, nur ein paar vereinzelte Hochaltrige – und wer von ihnen glaubte schon daran, selbst so alt zu werden!

Die sozialen Bedingungen des Alterns haben sich gewaltig verändert und werden sich in den nächsten zwanzig bis dreißig Jahren noch einmal drastisch verändern. Zwar haben die jungen Alten die besten sozialen Voraussetzungen für die letzte Lebensphase, die es je gab – doch niemand kann wissen, welche dieser Rahmenbedingungen erhalten bleiben werden.

Das Altern der 68er Generation fällt mit der Notwendigkeit des Umbaus des Sozialstaats zusammen, mit dem Abbau von staatlichen Sozialleistungen. Das bedeutet auch das Ende einer umfassenden staatlichen Wohlfahrtspolitik. Die sozialpolitischen Konzepte des 21. Jahrhunderts sehen die älteren Menschen nicht mehr als passive Empfänger von Sozialleistungen, sondern sie propagieren das Leitbild des aktiven und produktiven Alterns. Zum einen, weil ein selbstbestimmtes Leben zu den Idealen der Zeit nach 1968 gehört. Zum anderen aus purer Notwendigkeit: In Zukunft wird es einfach so viele Ältere geben, dass die nicht mehr erwarten können, von der Gesellschaft versorgt zu werden. Sie selber müssen sich verstärkt um die eigenen Belange kümmern. So wird sich etwa die Zahl der pflegebedürftigen Demenzkranken gegenüber heute verdreifachen, wenn einmal die Alterskohorte der Babyboomer das siebzigste Jahr überschreitet; gleichzeitig wird es weit weniger Pflegekräfte geben, weil diese Generation dramatisch weniger Kinder geboren hat und dementsprechend noch viel weniger Enkel haben wird als die jetzt jungen Alten.

In den kommenden Jahrzehnten wird völlig neu ausgehandelt werden, welche Vorstellung unsere Gesellschaft von den Rechten und Pflichten Älterer hat und wie das Zusammenleben zwischen den Generationen aussehen soll. Dabei werden die Prinzipien Selbstverantwortung und Solidarität im Mittelpunkt stehen. Solidarität ist keine Einbahnstraße. Sie bedeutet nicht nur «staatliche Verantwortung» gegenüber den Alten oder «Generationensolidarität» der Jüngeren mit den Älteren, sondern umgekehrt auch: Solidarität der Älteren mit der Gesellschaft. Es wird nicht nur um die Ressourcen gehen, die die Gesellschaft für die älteren Menschen bereitstellt, sondern auch um die Ressourcen, die die älteren Menschen für die Gesellschaft darstellen. In Zukunft sind neue Formen der Selbsthilfe, mehr bürgerschaftliches Engagement und mehr neues Ehrenamt gefragt.

Die jungen Alten befinden sich unversehens in der Rolle von Vorreitern auf ganz neuem Gelände. Gibt es bereits Anzeichen für ein neues Selbstverständnis in dieser Richtung? Oder überwiegt bei ihnen die hedonistische Grundhaltung, die Ausrichtung nur auf das eigene materielle und immaterielle Wohlergehen?

Der Freizeitforscher Horst W. Opaschowsky hat aufgrund von zwei repräsentativen Befragungen den Alltag der Ruheständler von 1983 und von 1997 verglichen. Einerseits, meint er, hat sich nicht viel verändert. Das Leben der meisten jungen Alten vollzieht sich eher geruhsam zwischen gemütlichem Frühstück und Mittagsschlaf, zwischen Gartenarbeit und Hobby, und «der Fernsehabend beginnt schon nachmittags».[6] Doch obwohl die jungen Rentner und Rentnerinnen von 1997 ihr «verdientes Recht» auf Faulenzen und Nichtstun, auch auf Vergnügen, Freude und Spaß womöglich noch stärker herausstellen als die von 1983, gibt es doch interessante kleine Verschiebungen in die entgegengesetzte Richtung: So ist der Anteil der notorischen Langschläfer deutlich geringer geworden, das «gemütliche Mittagessen», das 1983 noch für mehr als die Hälfte der Befragten ganz wichtig war, spielt 1997 nur noch für ein Viertel von ihnen eine Rolle. Stattdessen werden mehr Spaziergänge gemacht, es gibt mehr kulturelle Interessen und Aktivitäten (wie Besuche von Vorträgen, Ausstellungen, Theater und Konzerten). Es finden mehr Treffen mit Freunden und Bekannten statt; der Kontakt mit Kindern und Enkeln hat einen höheren Stellenwert bekommen. 1997 engagierten sich auch mehr junge Alte ehrenamtlich als 1983 (nämlich 17 % statt 11 %). Andere Umfragen konstatieren für die jüngste Vergangenheit, für die Zeit zwischen 1998 und 2003, ein weiteres Anwachsen des Anteils ehrenamtlich tätiger Menschen von 14 % auf immerhin 33 %![7]

Beim Blick auf solche Statistiken scheinen die Veränderungen nur geringfügig und unspektakulär. Doch wenn man die verschiedenen Lebensbereiche der jungen Alten von heute genauer betrachtet, stellt sich heraus, dass es eine Menge Neues gibt: in den Familienbeziehungen, im Umgang mit Liebe und Freundschaft, in den Wohnformen, in der Einstellung zu Ehrenamt und bürgerschaftlichem Engagement, zu Freizeit und Bildung, zu Selbstverwirklichung und Sinnsuche.

4
Die müßigen Alten und der Arbeitsmarkt

Ende der 60er Jahre, während meines Studiums, arbeitete ich in den Semesterferien für einen ziemlich mageren Stundenlohn in einem kleinen Verlag mit etwa zehn Angestellten, in dem außer mir und dem Unternehmer sämtliche Mitarbeiter Rentner waren, im Alter zwischen Mitte sechzig und Anfang siebzig. Sie waren billige Arbeitskräfte, die ihre Renten aufstocken mussten. Alle waren kleine Angestellte gewesen, mit einer nicht sonderlich guten schulischen und beruflichen Qualifikation, mit längeren Rentenausfallzeiten aufgrund der wirtschaftlichen Depression in der Zwischenkriegszeit und der Arbeitslosigkeit nach dem Zweiten Weltkrieg – da fielen ihre Renten so niedrig aus, dass es zu einem guten Leben nicht reichte.

Bis Mitte der 70er Jahre gab es bei uns noch eine verbreitete Altersarmut. Damals arbeitete die große Mehrheit der Erwerbstätigen (die Männer und die allein stehenden Frauen), bis sie die gesetzliche Altersgrenze von 65 Jahren erreicht hatten, und weit mehr Menschen als heute waren noch darüber hinaus erwerbstätig.

In den 50er und noch in den 60er Jahren des 20. Jahrhunderts wurde das Ende der Berufstätigkeit vor allem als Deprivation gesehen, als eine schwere Lebenskrise besonders für die Männer. In der Gerontologie gab es die These vom «Pensionierungsschock» und sogar vom «Pensionierungstod», denn es gab Beispiele von raschem Verfall, schwerer Erkrankung und sogar plötzlichem Tod unmittelbar nach der Berufsaufgabe. In den 50er Jahren sah man den Rentner als ein armes kümmerndes Wesen, für den der Berufsverlust ein Trauma sein musste, ein Identitäts- und Selbstwertlust, von einer Schrumpfung des Lebensradius begleitet. Es schien nur verständlich, wenn er auf diese Veränderungen mit einem heftigen Abfall der Lebenszufriedenheit, wenn nicht gar mit Depressionen reagierte. Denn die Arbeitsgesellschaft leitete den Wert des Menschen vor allem von seinem Beruf ab. Eine Frau konnte ihre Identität damals noch lebenslang daraus beziehen, Hausfrau und Mutter zu sein, aber ein Mann verlor seinen Wert mit dem Beruf. Der Rentner der 50er Jahre fühlte sich von seinen Mitmenschen nicht mehr für voll genommen, und das färbte auch auf sein Selbstbild ab: kein eigener Lebenskreis mehr, abgeschnitten von den früheren Kontakten zu Berufskollegen, auf die eheliche Wohnung reduziert, wo die Ehefrau sich über die Jahrzehnte breit gemacht und das Sagen hatte, kein Status mehr, in der Regel nur noch ein kümmerliches Alterseinkommen – damit schien das Leben für ihn zu Ende.

Damals vermutete man noch, dass die vorzeitige Berufsaufgabe eine Art «Inaktivitätsatrophie» bewirken würde, ein Schrumpfen von Fähigkeiten, Fertigkeiten, Aktivitäten und Selbstwertgefühl aufgrund fehlender Herausforderungen, was dann zum beschleunigten Altersabbau führen würde. Ganz falsch ist das nicht. Heute wissen wir: Überforderung schadet – aber Unterforderung schadet auch! Tatsächlich hatten damals wohl mehr Menschen größere Anpassungsprobleme bei der Berufsaufgabe als heute.

Im letzten halben Jahrhundert ist der zentrale Wert der Arbeit um ihrer selbst willen in den Hintergrund getreten. Status und Identität werden vom Einkommen und vom Konsum abgeleitet. Zentrale Werte sind die Selbstentfaltung, die Entwicklung eines individuellen Lebensstils, auf materieller und auf immaterieller Ebene. Vor dem Hintergrund des gewandelten Wertesystems und des gestiegenen Wohlstands im Alter entwickelte die große Mehrheit der Rentnerinnen und Rentner in den letzten Jahrzehnten eine positive Einstellung zum Ruhestand. So hat sich zwischen 1983 und 1997 der Anteil derjenigen, die sich als «zufrieden mit dem Ruhestand» bezeichnen, mehr als verdoppelt: von 18 % im Jahre 1983 auf 42 % im Jahre 1997![1]

Anders als die Rentner der 50er Jahre fühlen sich die jungen Alten von heute im Allgemeinen keineswegs als bedauernswerte Geschöpfe, für die das eigentliche Leben zu Ende ist. Sie erleben im Gegenteil oft den Neid ihrer Mitmenschen, weil sie sich nun den Dingen zuwenden können, die man für das eigentliche Leben hält. Ob das den Ruheständlern tatsächlich gelingt, ist eine andere Sache, doch genau dafür werden sie von anderen beneidet, die ihre Arbeit nicht lieben und «noch erwerbstätig sein müssen».

Es gibt keinen einfachen, eindeutigen Zusammenhang zwischen «Zufriedenheit mit dem Beruf» auf der einen Seite und «Zufriedenheit mit dem Ende des Berufslebens» auf der anderen Seite in dem Sinne, dass die, die gern gearbeitet haben, sich schwerer tun als die anderen oder umgekehrt. Doch im Allgemeinen zeigt sich, dass die, die zufrieden mit ihrem Beruf waren, nach einer gewissen Zeit der Anpassung die besseren Chancen haben, auch das Leben im Ruhestand zu genießen. Manche hätten zwar vielleicht lieber noch einige Jahre weitergearbeitet, können aber dann doch der neuen Lebenssituation nach einiger Zeit mehr abgewinnen als diejenigen, die mit ihrem Beruf unzufrieden waren.

Der Ruhestand wird vor allem dann negativ erlebt, wenn er unvorhergesehen eintritt, von äußeren Umständen herbeigeführt, ohne dass die betroffene Person sich vorher mit ihm auseinander gesetzt, ihn geplant oder herbeigewünscht hat. Das ist dann der Fall, wenn ältere Arbeitnehmer aus dem Job gemobbt werden oder wenn ihre Arbeitsplätze betriebsbedingten Kündigungen zum Opfer fallen, noch bevor sie selbst in Rente gehen wollen. Das war die Situation vieler Rentnerinnen und Rentner in der ehemaligen DDR nach der Wiedervereinigung.[2]

Für sie kamen die Arbeitslosigkeit und die Frühverrentung als ein besonderer Schock. Denn die DDR war eine Vollbeschäftigungsgesellschaft, wenn auch auf Kosten der Produktivität. Arbeitslosigkeit war unbekannt, Erwerbstätigkeit bis zur gesetzlichen Altersgrenze Teil der Normalbiografie. Weil Urlaub, Freizeitbeschäftigungen und Geselligkeit zum Teil über die Betriebe organisiert waren, fielen zahlreiche Arbeitslose und Frührentner nach ihrer «Freisetzung» buchstäblich ins Leere. Anders als in den alten Bundesländern, in denen sich seit den 80er Jahren eine positive Einschätzung des Frührentnerdaseins verbreitet hatte, war in den neuen Bundesländern das Selbstbild der Rentner schlecht und ihre Lebenszufriedenheit niedrig – ähnlich wie es in den 50er Jahren in Westdeutschland gewesen war.

Nur vereinzelt gibt es bei uns heute noch Menschen, die über das Rentenalter hinaus erwerbstätig sind. Der Vater einer Freundin, Jahrgang 1920, arbeitete bis zum 75. Lebensjahr in vollem Umfang in seiner eigenen Rechtsanwaltspraxis. Die Tatsache, dass er im Krieg ein Bein verloren hatte und seitdem mit einer Unterschenkelprothese herumlief, störte ihn im Beruf ebenso wenig wie beim Sport – Skilaufen, Tennisspielen, Schwimmen bis ins höchste Alter. Ähnlich geht es Rolf, einem 73-Jährigen Architekten aus meinem Freundeskreis, der auf denkmalgeschützte Häuser spezialisiert ist. Eigentlich will er schon seit Jahren aufhören, aber dann wird ihm immer wieder ein Projekt angetragen, das ihn so interessiert, dass er einfach nicht Nein sagen kann.

Ärzte verlieren zwar ihre Kassenzulassung, wenn sie das Pensionsalter erreichen, aber manche hängen so an ihrem Beruf, dass sie ihre Privatpatienten im reduzierten Betrieb weiter betreuen. Manchmal können sich auch Unternehmer, Inhaber kleiner Geschäfte oder Handwerksbetriebe nicht entschließen, ihren Betrieb aufzugeben. Zurzeit sind in Deutschland noch 5,1 % der Rentnerinnen und Rentner erwerbstätig; 7,5 % der unter 70-Jährigen und 2,9 % der 70- bis 85-Jährigen; 5,8 % der Männer, 4,3 % der Frauen. Drei Viertel von ihnen arbeiten regelmäßig durchschnittlich 19 Stunden in der Woche,[3] die meisten aus Freude an ihrem Beruf. Im Allgemeinen sind sie ökonomisch recht gut gestellt; sie sind überdurchschnittlich oft selbstständig. «Viele Selbständige arbeiten buchstäblich, bis sie sterben. Dies vermutlich nicht nur, weil sie aus finanziellen Gründen weiterarbeiten müssen, sondern weil sie den Unterschied zwischen Arbeit und Freizeit gar nicht kennen und weil sie die für sie typische Sphäre von Gestaltungschancen und Macht nicht aufgeben wollen.»[4]

Doch Menschen, die sich so mit ihrer Arbeit identifizieren, dass sie sie nicht aufgeben mögen, auch wenn sie es ohne größere finanzielle Einbuße tun könnten, sind heute vereinzelte Ausnahmefiguren auf dem Hintergrund eines Trends, der seit drei Jahrzehnten in die entgegengesetzte Richtung gegangen ist: hin zu einem immer früheren Ausscheiden aus dem Berufsleben. Die Mehrheit der Erwerbstätigen, egal, ob Mann oder Frau, egal, ob Arbeiter, Angestellte oder Beamte, gehen heute ihrer Berufstätigkeit nicht einmal mehr bis zur gesetzlichen Altersgrenze von 65 Jahren nach, sondern sie scheiden früher aus dem Beruf aus.

Die finanziell gesicherte müßige Zeit am Ende unseres Lebens, die wir heute als selbstverständlich betrachten, ist eine historisch noch sehr junge Errungenschaft, noch nicht einmal 120 Jahre alt. In der vorindustriellen Gesellschaft war es selbstverständlich, dass man arbeitete, solange man lebte, auch im Alter, falls man es erlebte – wenn man nicht gerade zur untätigen Adelsschicht gehörte. Das Leitmotiv des 19. Jahrhunderts war die lebenslange Arbeit. Ein gelungenes Leben war ein tätiges Arbeitsleben, bis zum Schluss.

Der alte Bauer, die alte Bäuerin, selbst wenn sie den Hof übergeben hatten, arbeiteten selbstverständlich weiter. Er half beim Pflügen und beim Heuen, sie kümmerte sich weiterhin um den Gemüsegarten und das Kleinvieh. Den Hof an die Jungen zu übergeben, bedeutete lediglich den Verzicht auf Entscheidungsmacht, keineswegs aber das Ende der Arbeit. Natürlich leisteten die Alten nicht mehr ganz so viel wie in den mittleren Erwachsenenjahren, nach und nach gaben sie Aufgaben ab, blieben häufiger zu Hause, wenn die anderen auf das Feld gingen, hüteten stattdessen die Enkel; der alte Bauer kümmerte sich um das Feuer, die alte Bäuerin kochte für Familie und Gesinde. Aber sie waren nach Kräften so lange tätig, bis sie sich hinlegten und starben.

Der gesetzlich garantierte Ruhestand und die Altersrente wurden in Deutschland 1889 als Teil der Bismarck'schen Sozialgesetzgebung eingeführt, zunächst nur für die Arbeiter. Das waren damals 54 % der Erwerbstätigen. Die Altersgrenze wurde auf das 70. Lebensjahr festgesetzt. Die gesetzliche Sozialversicherung zielte, so Bismarck, darauf, «dem Arbeiter das Recht auf Arbeit zu geben, solange er gesund ist, dem Arbeiter die Pflege zu sichern, wenn er erkrankt ist, und ihm Versorgung zu sichern, wenn er alt ist».[5] Das klang großzügig. Doch damals erreichte überhaupt nur ein knappes Viertel der Arbeiter das Rentenalter, die meisten waren schon vorher verstorben. Die gesetzliche Rente belief sich zunächst nur auf ein Drittel des früheren Einkommens.

Bis ins 20. Jahrhundert hinein gab es noch zahlreiche

arme Alte der dörflichen und städtischen Unterschicht, die nicht rentenfähig waren und deswegen auch noch jenseits der siebzig arbeiteten. Ältere Männer wurden häufig für Wächteraufgaben angestellt, als Feld-, Wege-, Gebäude- und Nachtwächter. Sie arbeiteten als Glockenläuter, Straßenreiniger oder Hilfsgärtner, sie warteten Gemeindeuhren und öffentliche Laternen, sie machten Botengänge. Auch ältere Frauen übernahmen Besorgungen, oder sie gingen als Spinnerinnen, Wäscherinnen und Näherinnen in Privathaushalte. «Eine alte Frau z. B. erledigt Botengänge für das ganze Dorf in die nächstgelegenen Stadt, eine andere pflegt Gräber für mehrere Familien. Ein alter Mann kehrt den Straßendamm für eine größere Zahl städtischer Grundbesitzer, ein anderer vermittelt Torf an Kunden, wenn die Torfschiffer angelegt haben, ein dritter zieht umher und kastriert junge Hähnchen.»[6] Die «Grabpflegerin», der «Torfmakler» und der «Hähnchenkastrierer» galten als «selbstständige Unternehmer» und hatten deswegen keinen Anspruch auf eine Rente.

1911 wurde die gesetzliche Rentenversicherung auf die Angestellten und 1939 auch auf selbstständige Handwerker ausgedehnt. Die Altersgrenze wurde 1916 auf 65 Jahre herabgesetzt. Das lag immer noch etwa zwanzig Jahre über der damaligen durchschnittlichen Lebenserwartung. Die Renten blieben lange so niedrig, dass sie die Mehrheit zwar vor dem Verhungern, aber nicht vor der Armut schützten. Eine deutliche Besserung brachte die Rentenreform von 1957, die die Renten «dynamisierte», das heißt fest an das Einkommensniveau der Erwerbstätigen koppelte. Doch erst die Alterskohorten, die in der zweiten Hälfte der 70er Jahre und später in Rente gingen, waren finanziell einigermaßen gut gestellt.

Die ersten (männlichen) Rentner zu Bismarcks Zeiten waren zumeist schon als Kinder im Alter von zwölf oder dreizehn Jahren ins Arbeitsleben eingetreten; sie hatten bestenfalls sechs bis sieben Jahre Schulausbildung erhalten. Nur die wenigsten von ihnen erhielten eine Berufsausbildung, das hieß damals meist: eine Handwerkslehre, die auch schon harte Berufsarbeit war, ohne dass sie entlohnt wurde. Wenn diese Männer das Rentenalter erreichten, hatten sie bis zu ihrem Tod über fünfzig Jahre lang gearbeitet, und zwar sechs Tage in der Woche und zehn Stunden am Tag.

Die um 1920 geborenen männlichen Rentner hatten eine durchschnittliche Schulzeit von acht bis neun Jahren, sie verbrachten drei bis vier Jahre in einer Ausbildung, ihre Erwerbsphase war etwa sechs Jahre durch Wehrpflicht, Krieg und Gefangenschaft unterbrochen, und sie waren, wenn sie mit im Schnitt 61,1 Jahren in die Rente gingen, im Durchschnitt 36,8 Jahre erwerbstätig gewesen.[7]

Heute kommt die große Mehrheit der Bevölkerung in den Genuss von Ruhestand und Rente. 92 % der Frauen und 85 % der Männer erleben heute in Deutschland ihren 60. Geburtstag (Ende des 19. Jahrhunderts waren das nur 38 % der Frauen und 33 % der Männer!). Wenn sie als «junge Alte» aus dem Berufsleben ausscheiden – die Männer mit durchschnittlich 61, die Frauen mit 60 Jahren –, dann haben die Frauen noch eine mittlere Lebenserwartung von 23,5 Jahren vor sich, die Männer von noch immerhin 18,25 Jahren.[8]

Seit etwa drei Jahrzehnten dauert bei uns der Trend zum vorzeitigen Ausscheiden aus dem Berufsleben an. Zwischen 1970 und 1988 hat sich die Erwerbsbeteiligung der 60- bis 64-Jährigen mehr als halbiert: Während 1970 noch 71,8 % von ihnen erwerbstätig waren, waren es 1988 nur noch 31,5 %.[9] Die Erwerbsquote beginnt schon jenseits des 50. Lebensjahres zu sinken, in der Altersgruppe der über 55-Jährigen fällt sie merklich ab. Parallel dazu wächst die

Zahl der Langzeitarbeitslosen unter den älteren Arbeitnehmern: je höher die Altersgruppe, desto mehr Arbeitslose. Im Jahre 2001 waren nur noch knapp 37 % der Menschen zwischen 55 und 64 Jahren erwerbstätig. Von den 55- bis 60-Jährigen arbeiteten noch etwas mehr als die Hälfte (55,6 %), von den 60- bis 64-Jährigen aber nur noch ein knappes Fünftel (19,6 %). Die Arbeitslosenquote der 55- bis 64-Jährigen ist in Deutschland mit über 11 % im Vergleich zu anderen OECD-Ländern die höchste. Ein Viertel der Arbeitslosen ist älter als 50 Jahre.[10]

Bis vor kurzem wurde der freiwillige vorzeitige Übergang in den Ruhestand vielen älteren Arbeitnehmern noch durch großzügige Angebote der Arbeitgeber (betriebliche Vorruhestands- und Altersteilzeitangebote) und durch günstige gesetzliche Regelungen schmackhaft gemacht. Inzwischen gibt es aufgrund der schlechten Konjunktur häufig auch ein anderes Muster: Betriebe machen dicht, Arbeitskräfte werden wegrationalisiert, und viele ältere Arbeitnehmer erleben eine längere Phase der Arbeitslosigkeit, bevor sie von Arbeitslosen zu Rentnern werden. Bis Ende 2004 mussten die über 58-jährigen Arbeitslosen gar nicht mehr nach neuer Arbeit suchen. Bis 1997 erhielten 50-Jährige Arbeitslose 26 Monate lang Arbeitslosengeld, 55-jährige sogar 32 Monate lang (1997 wurde das auf 22 bzw. 26 Monate gekürzt). 60-Jährige konnten direkt aus der Arbeitslosigkeit in Rente gehen.

Die Vorverlegung des Ruhestands war bis in die 90er Jahre politisch gewollt und wurde von Politik, Arbeitgebern und den Betroffenen gleichermaßen vorangetrieben, in einer Art konzertierter Aktion. Es ist dieser Trend zur «Entberuflichung des Alters» (so der zugegeben scheußliche gerontologische Fachausdruck), im Verein mit der steigenden Lebenserwartung, der entscheidend zum Strukturwandel des Alters beigetragen hat. Was vor hundert Jahren ein bescheidener kurzer «Lebensabend» war, wenn man ihn denn überhaupt erlebte, eine winzige Restspanne Leben, in der man im Schaukelstuhl neben dem Ofen die wohlverdiente Ruhe genießen konnte, ist jetzt ein Lebensabschnitt von mehreren Jahrzehnten geworden, in den man bei Kräften, in guter Gesundheit und voller Vitalität eintritt – eine Zeitspanne, die länger dauert als Kindheit und Jugend zusammen.

Einerseits drängte es in den vergangenen Jahren viele Menschen immer früher aus dem Beruf. Dabei spielt sicher eine Rolle, dass fast überall die Belastungen durch Stress und erhöhtes Arbeitstempo immens zugenommen haben. Das gilt nicht nur für körperlich anstrengende Berufe, sondern auch für qualifizierte Berufe mit hohem Verschleiß, wie etwa den des Lehrers. Stress und Burnout-Gefahr mindern die Freude an der Arbeit und führen auf Dauer zu gesundheitlichen Beeinträchtigungen. Auf der anderen Seite stand den meisten Frührentnerinnen und -rentnern mit dem allgemein gestiegenen Wohlstandsniveau und den angepassten Renten in den 80er und 90er Jahren ein ausreichendes Alterseinkommen zur Verfügung. Warum also weiter erwerbstätig bleiben und sich abrackern, wenn die finanziellen Einbußen bei einem früheren Abgang aus dem Arbeitsleben sich sehr im Rahmen hielten?

Diese Haltung der Rentenwilligen kam vielen Arbeitgebern entgegen, die ihrerseits darauf aus waren, ältere Mitarbeiterinnen und Mitarbeiter loszuwerden, um auf diese Weise zu rationalisieren, das Tempo weiter erhöhen und die Produktivität noch mehr steigern zu können. Auch sind ältere Arbeitnehmer für die Unternehmen deutlich teurer als jüngere, weil sie oft aufgrund betrieblicher Senioritätsregelungen mehr verdienen oder weil sie einen Anspruch auf längere Urlaubszeiten und verlängerten Kündigungsschutz haben.

Auch die Politik förderte lange Zeit den Trend zur Frühverrentung, weil er die wachsende Arbeitslosigkeit verdeckte. Durch die forcierte Verschiebung ganzer Jahrgänge aufs Altenteil konnten zum Beispiel viele der ostdeutschen Arbeitslosen nach der Wiedervereinigung aus der Statistik wegretuschiert werden: 1993 stieg in den neuen Bundesländern der Anteil der «Rentenneuzugänge in Verbindung mit Arbeitslosigkeit» von 18 % auf 42 %.[11] Längere Zeit hoffte man auch, es würden für die jugendlichen Schul- und Studienabgänger mehr Arbeitsplätze zur Verfügung stehen, wenn die Älteren sich früher aus dem Arbeitsleben zurückzögen. Doch das erwies sich als Trugschluss – nur etwa ein Drittel der Arbeitsplätze, die von den Älteren aufgegeben wurden, werden wieder neu besetzt. Die Jugendarbeitslosigkeit und die Arbeitslosigkeit der Älteren stiegen stattdessen parallel weiter an.

Die Verlängerung der Ausbildungsphase und die Vorverlegung des Ruhestands haben den früher ausgedehnten Zeitblock der Erwerbstätigkeit in den mittleren Erwachsenenjahren immer mehr schrumpfen lassen. «Wenn wir diese beiden Trends der letzten drei Jahrzehnte extrapolieren, erreichen wir irgendwann in der Hälfte des nächsten Jahrhunderts (gemeint ist das 21. Jahrhundert, H. S.) den Punkt, wo man im Alter von ungefähr 38 Jahren direkt von der Hochschule in den Ruhestand geht», witzelt der Soziologe Martin Kohli noch in einem Aufsatz von 1996.[12]

Dabei zeichnete sich immer deutlicher der drohende Kollaps der Rentenversicherung ab. Wer soll die Renten erwirtschaften, wenn auf der einen Seite die Ausbildungszeit immer länger dauert und auf der anderen Seite immer mehr Menschen immer früher in den Ruhestand gehen, die anschließend immer länger leben?

Inzwischen wissen wir, dass die Frühverrentung keine Lösung für die Probleme einer alternden Gesellschaft darstellt. Arbeitsmarktpolitisch konnte kurzfristig sinnvoll erscheinen, was sich langfristig nicht nur als rentenpolitische Katastrophe, sondern auch als volkswirtschaftliche Sackgasse erweist. Es liegt auf der Hand, dass es auf Dauer nicht funktionieren kann, wenn die Lebensarbeitszeit bei ständig steigender Lebenserwartung sinkt – das könnte nur durch ein grandioses wirtschaftliches Wachstum ausgeglichen werden, das nicht in Sicht und auch für die Zukunft höchst unwahrscheinlich ist.

Dass immer mehr Menschen früher in Rente gehen, ist in vieler Hinsicht problematisch. Es bedeutet einen Verstoß gegen die Verteilungsgerechtigkeit zwischen den Generationen und muss vor allem die Erwerbstätigen in den mittleren Lebensjahren verdrießen, die bereits absehen können, dass sie dieses Privileg nicht mehr haben werden. Der Trend hat auch bewirkt, dass ältere Arbeitnehmer immer früher, oft schon ab Mitte 40, zum alten Eisen gerechnet werden und so wiederum verstärktem Druck ausgesetzt sind. Diese Diskriminierung senkt noch einmal ihre Motivation, lange im Erwerbsleben zu bleiben.

Gleichzeitig zeichnet sich ab, dass in naher Zukunft, wenn es durch den demografischen Wandel weniger junge Erwerbstätige geben wird, qualifizierte Arbeitskräfte fehlen werden. Man rechnet damit, dass diese Situation zwischen 2015 und 2030 eintritt, wenn die Kohorte der Babyboomer in Rente geht. Dann wird der Anteil der über 50-Jährigen von jetzt einem Fünftel auf ein Drittel der Bevölkerung wachsen, und der Anteil der unter Dreißigjährigen, jetzt bei etwa einem Drittel, wird auf ein Fünftel schrumpfen. Spätestens dann wird man im Arbeitsleben nicht mehr auf alle über 50-Jährigen verzichten können, und die Betriebe werden wieder auf ältere Arbeitnehmer zurückgreifen müssen, die sie jetzt noch mit Nachdruck loswerden wollen.

Doch es ist damit zu rechnen, dass die Praxis der Frühverrentung noch eine Weile andauert, zumindest so lange, wie die Arbeitslosigkeit allgemein weiter auf so hohem Niveau liegt. Inzwischen haben sich die Vorurteile gegenüber älteren Arbeitnehmern im betrieblichen Personalwesen fest eingenistet und halten sich hartnäckig. Mit diesem kurzsichtigen Denken schaden die Unternehmen sich allerdings langfristig selbst, denn es wird geschätzt, dass sie mindestens zehn Jahre brauchen werden, ihre Personalpolitik strategisch auf ältere und länger im Betrieb bleibende Arbeitnehmer wieder umzustellen.[13]

Die Zukunft auf dem Arbeitsmarkt wird aber wohl nicht so aussehen, dass alle wieder bis zum 65. Lebensjahr arbeiten werden – oder gar bis zum 67. Lebensjahr, falls die Altersgrenze weiter heraufgesetzt werden sollte, was auch in der Diskussion ist. Stattdessen wird es wohl immer mehr zu einer «Destandardisierung der Erwerbsbiografie» kommen. Das heißt: Die Dreiteilung des Lebenslaufs in die klar voneinander abgegrenzten Phasen der Ausbildung, der Erwerbstätigkeit und des Ruhestands, die sich im Laufe des 20. Jahrhunderts durchgesetzt hatte, wird immer mehr aufgeweicht. Die Erwerbsbiografien der Menschen werden flexibler und von Individuum zu Individuum höchst verschieden verlaufen.

Schon jetzt sind die starren Muster der Organisation der Lebensarbeitszeit dabei, sich aufzulösen; sie zerfransen sowohl am «unteren» wie am «oberen» Rand. So sind die Übergänge zwischen Ausbildungszeit und Erwerbstätigkeit längst fließend geworden: Jugendliche machen nach Abschluss der Schule vielleicht eine Ausbildung und bekommen danach einen Arbeitsplatz. Andere jobben oder machen Praktika, manchmal unfreiwillig, während sie auf einen Ausbildungsplatz warten. Auf eine kürzere oder längere Phase der Erwerbstätigkeit folgt vielleicht eine Fortbildung oder Umschulung. Phasen der Weiterbildung, der Arbeitslosigkeit, der Umschulung wechseln mit Phasen der Erwerbstätigkeit ab. Dazwischen gibt es vielleicht auch Phasen von Elternurlaub oder verlängerte Urlaubszeiten und Auslandsaufenthalte. Also nicht wie früher: erst «Ausbildung», dann «Erwerbstätigkeit», dann «Ruhestand» als feste geschlossene Blöcke im Lebenszyklus, sondern ein ständiges Hin und Her, ein fortlaufendes Nebeneinander von Aus- und Weiterbildung, Erwerbstätigkeit und Auszeiten.

Gleichzeitig wird das Normalarbeitsverhältnis des männlichen Erwerbstätigen, an dem sich unsere Vorstellung von Berufstätigkeit mindestens ein Jahrhundert lang orientiert hat, seltener werden. Die normale Erwerbsbiografie wird dann von Unterbrechungen und Umwegen gekennzeichnet sein, wie sie für die Frauen schon während des 20. Jahrhunderts typisch waren. Sie wird durchlöchert von neuen Formen der Arbeit wie geringfügigen Beschäftigungsverhältnissen, Teilzeitarbeit, befristeter Beschäftigung, Selbstständigkeit und Scheinselbstständigkeit, zwischen denen viele Menschen in Zukunft in ihrem Leben hin und her wechseln werden.

Auch nach «oben», zum Ruhestand hin, werden die Übergänge individuell verschiedener und fließender werden. Schon jetzt lassen sich die einen eher verrenten, die anderen später. In Zukunft wird diese Schere noch weiter auseinander gehen. Die Beendigung des Erwerbslebens mit der Rente wird in Zukunft häufig nicht endgültig sein. Einige Ältere werden im Ruhestand finanziell gut gestellt sein, sich vielleicht noch ehrenamtlich oder bürgerschaftlich engagieren, während andere auch nach der Verrentung phasenweise wieder erwerbstätig sein werden. Manche kehren vielleicht mit einem anderen Status, in anderer Funktion (und das heißt meist mit geringerem Verdienst) wieder in ihre alte Firma zurück. Andere werden nach der Verrentung vielleicht noch einmal eine andere Beschäftigung aufnehmen, stundenweise, in Teilzeit, möglicherweise auch als Selbstständige in einem völlig neuen Beruf.

Nicht alle, die als Rentner wieder auf den Arbeitsmarkt zurückkehren, werden dann aus Freude am Job arbeiten; es wird auch solche geben, die weiter erwerbstätig sein müssen, weil sie sich in den mittleren Jahren nicht gut genug absichern konnten. In den USA, Großbritannien und Kanada, wo die Renten niedriger sind als bei uns, ist der Übergang von der Erwerbstätigkeit in den Ruhestand schon heute stark individualisiert und keine Einbahnstraße mehr; die individuellen Pfade verlaufen in beide Richtung: in den Ruhestand hinein, aus dem Ruhestand wieder heraus. Ein größerer Prozentsatz der Älteren nimmt während des Übergangs in das Rentenalter oder nach dem Ruhestand wieder eine Beschäftigung auf, die meist schlechter bezahlt wird. Häufig ist das auch ein Job im Niedriglohnsektor.

In Zukunft wird «das Leistungspotential der Älteren ... eine Neubewertung erfahren», meinen die meisten Gerontologen.[14] Heute sind bei uns die Chancen für ältere Arbeitnehmer noch sehr schlecht; in vielen Branchen gilt man schon mit 45 als alt, mit 50 ist bereits alles gelaufen, und man hat kaum noch Chancen, den Arbeitsplatz zu wechseln. Wer in diesem Alter den Job verliert, findet oft keinen neuen. Doch langfristig gesehen, sind die Zukunftsaussichten für ältere Arbeitnehmer nicht schlecht, erklären Arbeitsmarktexperten. Ihre zukünftigen Jobchancen sollen vor allem in den Berufssparten liegen, in denen Schlüsselqualifikationen in Verbindung mit sozialer Kompetenz und Erfahrungswissen eine Rolle spielen. Möglichkeiten bieten sich ihnen vor allem im Dienstleistungsbereich, in Beratertätigkeiten aller Art, besonders dort, wo auch ein Großteil der Klientel älter wird, wie bei der Gesundheitsprävention, im psychologischen und pädagogischen Bereich, bei Geldanlagen (Banken und Versicherungen), in Freizeitindustrie und Tourismus. Auch in der Pflege entstehen neue Arbeitsplätze für Ältere, wenn es sich nicht gerade um die anstrengenden körperlichen Arbeiten handelt. Ältere Arbeitnehmer werden sich nach wie vor schwer tun in Berufssparten, in denen es hohe körperliche Belastungen gibt, in denen tayloristische Produktionsformen und ein hohes Arbeitstempo herrschen, wie auch in Bereichen, die von raschen Innovationen geprägt sind (wie etwa die IT-Branche und die Kommunikationstechnologie).

Der Staat muss und wird nach und nach die finanziellen Anreize zur Frühverrentung wieder abbauen. Außerdem dürfen diejenigen, die jenseits der Altersgrenze noch weiterarbeiten wollen, die also zu ihrer Rente noch ein Arbeitseinkommen beziehen, steuerlich nicht dafür bestraft werden. Die Betriebe müssen lernen, ihre Vorurteile gegenüber älteren Arbeitnehmern abzubauen. Vereinzelte Unternehmen, die entgegen dem allgemeinen Trend Ältere bevorzugt beschäftigen, haben damit durchaus positive Erfahrungen gemacht.[15]

Viele verbreitete Vorstellungen über die nachlassende Leistungsfähigkeit älterer Arbeitnehmer sind schlicht falsch. Natürlich gibt es Leistungseinbußen mit zunehmendem Alter, wie etwa schwindende Muskelkraft, schlechteres Sehund Hörvermögen, nachlassende Präzision der Motorik, verlangsamte Reaktionsgeschwindigkeit und Ähnliches. Doch dem kann meist durch ganz einfache Veränderungen des Arbeitsablaufs entgegengewirkt werden.[16] Das vielleicht etwas geringere Tempo ihrer Arbeit machen ältere Mitarbeiter durch Gelassenheit, Zuverlässigkeit und mehr Erfahrungswissen wieder wett, wenn sie günstige Arbeitsbedingungen haben. Untersuchungen haben gezeigt, dass in Betrieben mit altersdurchmischtem Personal ein besseres Betriebsklima herrscht als in solchen mit homogen junger

Belegschaft. Ältere Arbeitnehmer und Arbeitnehmerinnen werden sich allerdings in Zukunft von einem Teil ihres gewachsenen Anspruchsdenkens verabschieden müssen: von der Erwartung, dass sie mit steigendem Lebensalter automatisch immer mehr verdienen. Sie dürfen nicht teurer sein als ihre jüngeren Kolleginnen und Kollegen.

Bisher gibt es erst wenige Betriebe, die sich bewusst auf ältere Mitarbeiter einlassen.[17] Doch die demografische Entwicklung wird langfristig auch Arbeitnehmern jenseits der 50 wieder bessere Chancen bringen. Die Langzeitarbeitslosigkeit Älterer wird zurückgehen, beim Trend zur Frühverrentung gibt es bereits eine Gegenentwicklung. Gerontologen und Arbeitsmarktforscher sind allerdings unterschiedlicher Ansicht darüber, wann die große Trendwende auf dem Arbeitsmarkt zu erwarten ist. Während die einen sie schon in naher Zukunft sehen, sind andere skeptischer.

Einerseits gibt es den gewaltigen demografischen Wandel, der zur Knappheit von jüngeren Menschen im erwerbsfähigen Alter führt und deswegen ältere Erwerbstätige für die Arbeitswelt wieder attraktiver machen müsste. Andererseits gibt es die fortschreitende Rationalisierung, die zum «jobless growth» führt, zum Weiterwachsen der Wirtschaft bei gleich bleibender oder sogar steigender Arbeitslosigkeit. Niemand kann genau voraussagen, welcher dieser gegeneinander wirkenden Trends sich in den nächsten Jahren und Jahrzehnten stärker auswirken wird – ganz zu schweigen von den vielen anderen Faktoren, die Wirtschaft und Gesellschaft beeinflussen, wie etwa der fortschreitende Globalisierungsprozess oder die Erweiterung des europäischen Wirtschaftsraums, verbunden mit der größeren räumlichen Freizügigkeit der Arbeitskräfte.

Noch ist das letzte Lebensdrittel eine Lebensphase, die für die meisten weitgehend frei von Erwerbsarbeit ist. Doch auch in diesem Bereich wird es bald sehr verschiedene Altersverläufe geben. Einige Menschen werden ihren Ruhestand müßig verbringen wollen und sich das auch leisten können. Andere werden auf noch vielfältige Weise produktiv sein wollen und können, in ehrenamtlichen oder beruflichen Tätigkeiten. Manche werden länger erwerbstätig sein wollen, andere werden es müssen, vor allem in den kommenden Altengenerationen, die nicht mehr so bequem abgesichert sein dürften wie die heutige.

5
Die Familie ist tot? – Es lebe die Familie!

Meine Freundin Hildegard hat seit einigen Jahren merklich weniger Zeit für mich. Nicht etwa, weil sie mit ihren 71 Jahren noch als Rechtsanwältin in eigener Praxis tätig ist. Sie hat ihre beruflichen Verpflichtungen auf ein verträgliches Maß reduzieren können, ihre Arbeit macht ihr Freude, und sie möchte sie in diesem Ausmaß noch eine Zeit lang weiter ausüben. Es sind die Enkel, die einen großen Teil ihrer Freizeit in Anspruch nehmen. Meine Freundin Hildegard ist eine leidenschaftliche Großmutter. Diese Rolle könne sie viel mehr genießen als früher die der jungen Mutter, erzählt sie mir. Denn damals habe sie immer unter Druck gestanden, immer im Stress und immer in Angst, etwas falsch zu machen. Dagegen sei ihr Verhältnis zu den Enkeln, sieben und vier Jahre alt, entspannt und die reine Freude. Die verheiratete Tochter lebt mit Mann und Kindern drei Zugstunden entfernt. Doch sie kommen mehrmals im Jahr auf längere Besuche zu den Eltern. Meine Freundin verbringt alle ein, zwei Monate einige Tage dort. Als ihre Tochter eine Fortbildung machte, betreute sie die Enkel regelmäßig während der Seminarwochenenden. Seit einiger Zeit fahren beide Großeltern einmal im Jahr mit der Familie der Tochter in den Urlaub.

Um mich herum beobachte ich viele ähnlich engagierte Großeltern. In meiner dörflichen Umgebung kümmern sich einige Großmütter regelmäßig um ihre Enkel, während die Töchter arbeiten gehen; sie beaufsichtigen sie gelegentlich oder an bestimmten Tagen, sie holen sie von

Schule und Kindergarten ab und überbrücken die Zeit, bis die Eltern der Kleinen wieder nach Hause kommen. Auch unter meinen städtischen Bekannten gestehen viele, manche etwas verschämt, ihre Freude an der Großelternrolle, auch solche, die in einiger Entfernung von ihren verheirateten Kindern leben und die Enkel nur gelegentlich sehen. Viele unterstützen die Familien der Kinder hier und da mit kleinen Finanzspritzen oder großzügigeren Geschenken, wenn dort etwa ein größeres Haushaltsgerät oder ein neues Auto angeschafft werden muss, wenn die Enkel außerregulär etwas brauchen oder wenn das Einkommen der jungen Familie für den Urlaub nicht reicht. Und die populärwissenschaftliche Ratgeberliteratur für Großeltern hat Hochkonjunktur.

Wie verträgt sich dieser persönliche Eindruck von der Aufwertung der Großelternrolle mit dem verbreiteten Gerede vom «Zerfall der Großfamilie», dem «Zerbröckeln der Solidarität zwischen den Generationen», das in der Öffentlichkeit vorherrscht?

Die jungen Alten interessierten sich kaum für Kinder und Enkel, behauptet beispielsweise Reimer Gronemeyer in einem Buch mit dem bezeichnenden Titel «Kampf der Generationen». Wo gibt es heute noch die Großmutter, die ihren Enkeln vorliest? fragt er anklagend. Die Älteren seien nur mit sich selbst beschäftigt, erst mit Reisen und Konsumieren und später mit ihrer Gesundheit. In diesem Buch sind alle kulturpessimistischen Klischees über das Alter versammelt: Da wird der Zerfall einer früher intakten Großfamilie beklagt, das beziehungslose Nebeneinander der drei Familiengenerationen. Die alten Menschen, denen ihre Enkel völlig gleichgültig sind – falls sie überhaupt noch welche haben –, werden irgendwann von ihren erwachsenen Kindern gleichsam zur Strafe «ins Heim abgeschoben».[1]

Dabei sieht die Familienrealität heute nachweislich ganz

anders aus. Die neuere Familienforschung hebt den erstaunlichen Zusammenhalt der «multilokalen Dreigenerationenfamilie» hervor.[2] Obwohl Großeltern und ihre erwachsenen Kinder und Enkel in der Regel in verschiedenen Haushalten leben, reißen die Beziehungen nicht etwa ab, sondern es gibt häufigen Kontakt und vielfältige gegenseitige Unterstützung. Eine deutsche Umfrage über das Freizeitverhalten älterer Menschen aus dem Jahre 1998 zeigt, wie hoch Großeltern den Kontakt mit ihren Kindern und Enkeln bewerten. «Im gleichen Maße, wie es objektiv immer weniger Familie und immer weniger Kinder gibt, nimmt offensichtlich subjektiv die Familie im Alter an Bedeutung zu.»[3] 22 % der Älteren antworteten auf die Frage: «Was ist für Sie ein gelungener Tag?»: «Das ist ein Tag, an dem man Kinder und Enkel gesehen hat!» (1983 sagten das nur 7 % der befragten Älteren.) Als besonders befriedigend wurden Ausflüge und andere Unternehmungen mit den Enkeln erlebt.

Zwar sind bei uns heute nur noch ca. 3 % aller Haushalte Dreigenerationenfamilien. Doch diese Familienform war bei uns in Deutschland auch in früheren Zeiten viel weniger verbreitet, als gemeinhin angenommen wird. Auch im 19. und beginnenden 20. Jahrhundert war diese Wohnform eher die Ausnahme als die Regel. Sie fand sich vor allem beim Adel, gelegentlich im Großbürgertum sowie in der ländlichen Bevölkerung einiger deutscher Regionen. Dort gibt es sie vereinzelt auch heute noch: etwa in der Form, dass die Alten ihr Haus schon zu Lebzeiten an die Jungen vermachen, sich aber ein lebenslängliches Wohnrecht vorbehalten. Die Jungen, die vielleicht nicht genug Geld haben, selbst zu bauen, können nur mit dieser Auflage Hauseigentümer werden. Manchmal ist das Wohnrecht auch mit der Erwartung an die Jungen gekoppelt, im Bedarfsfall die Pflege zu übernehmen.

Vielleicht hält sich der Mythos von der alten Großfamilie bei uns deswegen so hartnäckig, weil sie in den Jahren nach dem Zweiten Weltkrieg tatsächlich häufiger vorkam – als Notlösung. Die vielen Flüchtlinge aus dem Osten und die Ausgebombten aus den Städten versuchten meist, bei Verwandten unterzukriechen. Da so viel Wohnraum zerstört war, mussten viele Familien jahrelang auf engstem Raum zusammenleben. Viele der heute jungen Alten haben diese in der Nachkriegszeit verbreitete Wohnsituation in ihrer Kindheit erlebt. Manche sind von Großeltern betreut und mit erzogen worden. Vielleicht ist das der Grund, warum die Dreigenerationenfamilie unter einem Dach im Rückblick als die herkömmliche Familienform angesehen und womöglich etwas verklärt wird. Dabei besteht kein Zweifel, dass dieses Arrangement höchst konfliktträchtig war und von den beteiligten Erwachsenen sowohl der mittleren als auch der älteren Generation meist als Zwangsgemeinschaft empfunden wurde. So schnell, wie es nur eben ging, bemühten sich alle wieder um eine eigene Wohnung, ein eigenes Haus. Man sehnte sich nach der Kleinfamilie – sie bedeutete die Rückkehr zur Normalität.

Auch heute wünschen sich die meisten Angehörigen der älteren Generation keineswegs, mit ihren erwachsenen Kindern und deren Familien zusammenzuleben. Im Gegenteil: Als Ideal wird es angesehen, wenn die Kinder nicht im gleichen Haus oder gar in der gleichen Wohnung leben, sondern in der Nähe. Nicht zu weit entfernt, man will sie und die Enkel häufig sehen, aber eben nicht andauernd mit ihnen zusammen sein. Die junge Familie soll ihr eigenes Leben führen – und genau das möchte das ältere Paar, der ältere Single auch, ohne ständig vereinnahmt zu werden, ohne ständig auf die Jüngeren Rücksicht nehmen zu müssen, zumal man weiß, dass man umgekehrt auch von diesen nicht mehr viel Anpassung erwarten kann. Kontakte, intensive Beziehungen: ja – aber Zusammenleben: nein.

In der Gerontologie wurde für diesen Trend schon in den 60er Jahren eine magische Formel gefunden: «Intimität auf Abstand» oder auch «innere Nähe bei äußerer Distanz». Schon damals votierte eine große Mehrheit der älteren Menschen für getrennte Haushalte, und heute ist dieser Wunsch noch viel stärker ausgeprägt. Dahinter steht die weise Erkenntnis, dass das Zusammenleben der Generationen die Reibungsflächen vergrößert und Konflikte wahrscheinlicher macht. Ein verstärkter Anpassungsdruck würde aber genau die intensiven Gefühlsbeziehungen verhindern, die man zu den erwachsenen Kindern haben möchte und häufig auch hat. Tatsächlich hat sich bestätigt: Familienbeziehungen werden da als qualitativ besser empfunden, wo die Generationen nicht zu enger räumlicher Nähe gezwungen sind.

Obwohl viele Menschen das Gegenteil vermuten: Die Familie hat durch die zunehmende Mobilität junger Erwachsener, durch die wachsende Notwendigkeit, individuelle Lebensentwürfe immer neu gestalten und veränderten Verhältnissen anpassen zu müssen, nicht an Bedeutung verloren – im Gegenteil. Die hohe Mobilität und die modernen Kommunikationstechniken, vor allem das Telefon, erleichtern den Kontakt auch über räumliche Entfernung hinweg. Die Beziehungen zwischen den Generationen sind in den meisten Familien emotional positiver und entspannter geworden, seit die Notwendigkeit zum Zusammenleben entfällt.[4]

Allerdings sieht die Dreigenerationenfamilie wesentlich anders aus als früher. Sie ist von einer «Pyramide» zur «Bohnenstange» geworden, wie es in der Familiensoziologie heißt. In der Familienpyramide der alten Zeit gab es «oben» nur wenige Alte, die Generation in den mittleren

Erwachsenenjahren war etwas stärker besetzt, und «unten», in der jüngsten Generation, gab es besonders viele Kinder und Jugendliche. Die «Bohnenstange» dagegen ist lang und dünn: Heute leben zeitweise manchmal vier Generationen einer Familie gleichzeitig, doch jede Generation ist mit nur wenigen Personen vertreten: «unten» ein bis zwei Kinder, ein oder zwei Erwachsene in der Elterngeneration (weit weniger Tanten und Onkel, Vettern und Cousinen als früher), «oben» zwei bis vier Großeltern und eventuell «ganz oben» noch ein Urgroßelternteil. Die «Bohnenstangen»-Struktur der Familie bedeutet auch, dass relativ mehr Erwachsene sich für deutlich weniger Kinder verantwortlich fühlen. Das wirkt sich nicht immer konkret bei der Alltagsbetreuung der Kinder aus, durchaus aber symbolisch, gelegentlich auch in finanzieller Hilfeleistung, vor allem aber als eine diffuse allgemeine Bereitschaft, zur Verfügung zu stehen, falls die Eltern ausfallen sollten.

Ich habe von meinen vier Großeltern nur die Großmutter mütterlicherseits erlebt – und diese Situation war für die Angehörigen meiner Generation (Jahrgang 1948) durchaus typisch. Von den Menschen, die 1900 geboren wurden, hatte nur jeder Fünfte (21 %) im Alter von 30 Jahren noch einen lebenden Großelternteil. Dagegen werden gut drei Viertel (76 %) der im Jahre 2000 Geborenen in diesem Alter noch mindestens ein Großelternteil haben! Heute ist es wahrscheinlicher, dass man mit zwanzig noch sämtliche Großeltern hat, als es damals für einen Zwanzigjährigen war, überhaupt noch eine Mutter zu haben! (91 % gegenüber 83 %)![5]

«Bohnenstangenfamilie» bedeutet auch: Je jünger man ist, desto weniger Geschwister hat man. Wo noch Tanten und Onkel, Cousins und Cousinen existieren, sind sie im Allgemeinen weniger wichtig als in früheren Zeiten. Stattdessen gewinnen die Beziehungen in der vertikalen Abstammungslinie, zwischen den Alten, ihren erwachsenen Kindern und den Enkeln, eine immer größere Bedeutung. Zum einen, weil es heute weniger Kinder und Enkel gibt – was seltener ist, wird kostbarer. Weniger Quantität führt manchmal zu mehr Qualität. Zum anderen, weil die Abstammungsfamilie stabil bleibt, während Partnerschaften und Ehen heute tendenziell instabiler werden. Und drittens, weil die Generationen einer Familie heute länger gleichzeitig leben als je zuvor und es deswegen auch ein größeres Zeitfenster für Kontakte zwischen ihnen gibt.

In der Familiensoziologie vermutet man, dass dies die Wahrscheinlichkeit von Generationenkonflikten in Zukunft eher weiter vermindern als vergrößern wird. Es verbindet Menschen, wenn sie über einen längeren Zeitabschnitt die gleiche gesellschaftliche Realität erleben – auch wenn sie in verschiedenen Phasen ihres Lebenszyklus ganz unterschiedlich von dieser Realität tangiert werden. Die große Zeit der Generationenkonflikte, so die übereinstimmende Meinung in der Familienforschung, war die zweite Hälfte des 19. und das beginnende 20. Jahrhundert. Außerdem gab es den Generationenkonflikt zwischen der 68er Generation und ihren Eltern (der allerdings in anderen Ländern deutlich weniger ausgeprägt war als in Westdeutschland). Heute sind, unter anderem aufgrund des liberaleren Erziehungsstils der Zeit nach 1968, die damals typischen Vater-Sohn-Konflikte selten geworden. Die meisten jungen Erwachsenen von heute beschreiben ihre Beziehungen zu den Eltern als freundlich und emotional positiv, als eher freundschaftlich denn distanziert und formell. Besonders intensiv, wenn auch nicht frei von Ambivalenz, sind die Beziehungen zwischen Müttern und ihren erwachsenen Töchtern. Die größte Distanz besteht meist zwischen Söhnen und Vätern.

Während Ehen sich als zunehmend brüchig erweisen

und immer mehr Menschen im Laufe ihres Lebens mehrere Partnerschaften hintereinander haben, bleibt die Abstammungsfamilie erhalten und gewinnt als Insel der Stabilität im wechselhaften Auf und Ab des eigenen Lebens eine immer größere Bedeutung.[6] Nicht selten quartieren sich erwachsene Kinder immer mal wieder für kürzere oder längere Phasen bei den Eltern im «Hotel Mama» ein, zwischen verschiedenen Ausbildungsetappen oder wenn Partnerbeziehungen gescheitert sind. In den USA, wo dieser Trend sich schon eher abzeichnete, wurde der Ausdruck «boomerang kids» für die jungen Erwachsenen geprägt, die zwischenzeitlich immer mal wieder zu Hause unterkriechen, bevor sie endgültig auf eigenen Füßen stehen. Besonders häufig kehren allein erziehende junge Mütter in das Haus oder in die räumliche Nähe der Eltern zurück, um sich die Hilfe der eigenen Mutter bei der Sorge für ihre Kinder zu sichern.

Im Allgemeinen stehen die jungen alten Eltern ihren in diesem Fall gar nicht mehr so jungen Kindern zur Seite, wenn deren Lebensverhältnisse es verlangen und die räumlichen Verhältnisse es erlauben. Noch nie zuvor in der Geschichte haben Kinder bei uns im Durchschnitt so lange im Elternhaus gelebt wie heute – und dennoch macht diese Phase im gesamten Leben der Eltern nur etwa ein Drittel ihrer Zeit aus!

Der Wunsch nach «Intimität auf Distanz» bedeutet jedoch, dass die meisten älteren Paare es nicht nur bedauern, wenn ihr letztes Kind endgültig flügge geworden und aus dem Hause gegangen ist. Nach einer gewissen Übergangszeit genießen sie ihre Lebenssituation zu zweit. Allein stehenden Elternteilen, vor allem allein lebenden Frauen, fällt es meist schwerer, ihre erwachsenen Kinder ziehen zu lassen. Doch auch sie atmen nicht selten nach deren Auszug auf, weil manche Reibereien fortfallen. Die Lebensstile der

Generationen sind eben doch sehr verschieden. Und Konflikte werden noch wahrscheinlicher, wenn nicht nur das eigene erwachsene Kind im Haus lebt, sondern noch dessen Partnerin oder Partner und Kinder hinzukommen.

Wenn die erwachsenen Kinder ihrerseits Kinder haben, treten die Generationenbeziehungen in eine neue Phase ein. Kontakte zu den Enkelkindern spielen im Leben älterer Menschen eine ganz wichtige Rolle, und die Generation in den mittleren Jahren pflegt auch von sich aus in dieser Phase verstärkt die Beziehung zu den Älteren. Bei Umfragen gaben mehr als drei Viertel der über 65-Jährigen Menschen mit Kindern an, täglich bis wöchentlich Kontakt mit ihnen zu haben. Die Kontakthäufigkeit ist am höchsten bei den 65- bis 74-Jährigen und bei den über 85-Jährigen – also zum einen in der Phase, in der die Enkel noch jünger sind, und zum anderen in der Phase, in der die Alten ihrerseits Unterstützung brauchen.

Das Generationenverhältnis in der Familie ist am besten mit dem Stichwort «lebenslange Solidarität» umschrieben. «Vier von fünf aller nicht mehr im selben Haushalt lebenden erwachsenen Kinder und Eltern wohnen höchstens eine Stunde voneinander entfernt. Neun von zehn Eltern berichten von einem engen oder sehr engen Verhältnis zu ihren erwachsenen Kindern außerhalb des Haushalts. 85 % sehen oder sprechen sich mindestens einmal in der Woche. Nicht einmal einer von zehn der 40–85-Jährigen erwähnt Generationenkonflikte ... Über neun von zehn der 40–85-Jährigen beteuern, dass sie immer einspringen werden, wenn ihre Angehörigen Hilfe benötigen.» «Familiale Generationensolidarität ist tatsächlich lebenslang.»[7] Interessant ist auch, dass die Kontakthäufigkeit zwischen alten Menschen und ihren erwachsenen Kindern zwischen 1992 und 2002 deutlich zugenommen hat – besonders stark in der Gruppe der Hochaltrigen.[8]

Großeltern stellen den Familien ihrer Kinder Zeit, Arbeit, finanzielle und symbolische Unterstützung zur Verfügung. Im Allgemeinen wird es heute unterschätzt, wie viele Stunden (natürlich unbezahlter) Kinderbetreuung Großeltern, vor allem Großmütter, übernehmen. Für ein regelmäßiges Engagement bei der Kinderbetreuung muss natürlich eine gewisse räumliche Nähe bestehen. Untersuchungen zeigen, dass sich Großeltern stärker bei der Enkelbetreuung engagieren, wenn die Tochter oder Schwiegertochter erwerbstätig ist. So übernahmen nach einer Zürcher Studie über junge Familien schon im ersten Lebensjahr eines Säuglings 24 % der Eltern der Mutter und 17 % der Schwiegereltern regelmäßig die Säuglingsbetreuung.[9] Für die späteren Jahre ergeben sich ähnliche Zahlen. Viele Großeltern betreuen den oder die Enkel an einem festen Wochentag; sie holen sie gelegentlich oder regelmäßig vom Kindergarten oder von der Schule ab. Sie springen ein, wenn das Kind krank ist und Kindergarten oder Schule nicht besuchen kann und die jungen Eltern berufstätig sind. Sie übernehmen die Enkel, wenn die Eltern mal allein verreisen müssen oder wollen. Am intensivsten ist der Kontakt zwischen Großeltern und Enkelkindern, während diese zwischen sieben und elf Jahre alt sind.[10] Wenn sich die Enkelkinder im Teenageralter von den Eltern abgrenzen, lockert sich meist auch das Verhältnis zu den Großeltern.

Der großelterliche Einsatz wird dann besonders intensiv, wenn die Kleinfamilie bedroht ist – bedroht durch finanzielle Krisen oder durch Krankheit, durch den Tod eines Elternteils oder die Trennung des Elternpaars. In diesem Fall üben die Großeltern häufig eine Art Feuerwehrfunktion aus, vor allem die Mütter der Frauen. Die Chancen für ein Eingreifen der Großeltern väterlicherseits sind im Fall einer Ehekrise beim Elternpaar weitaus geringer als die der Großeltern mütterlicherseits. Nach einer Scheidung schwächt sich nicht selten der Kontakt zwischen den Großeltern väterlicherseits und ihren Enkelinnen und Enkeln ab; manchmal geht er sogar ganz verloren.

«Die Alten sind im Jahrhundert der Singles die Träger der Familienideologie.»[11] Generell sind den Älteren die Beziehungen zu den jüngeren Generationen, zu Kindern, Enkeln, Urenkeln, wichtiger als umgekehrt. So hat sich bei Umfragen herausgestellt, dass erwachsene Kinder regelmäßig die Kontakthäufigkeit zu den alten Eltern etwas niedriger einschätzen als umgekehrt. Und Großeltern bezeichnen ihre Beziehung zu den Enkeln deutlich öfter als «sehr wichtig» und «wichtig» für sich selbst als die Enkel umgekehrt ihre Beziehung zu den Großeltern.[12] In der Familiensoziologie spricht man in diesem Zusammenhang von einem größeren «Investment» der älteren in die jüngeren Generationen und erklärt es mit einem soziobiologisch verankerten Interesse am Überleben der eigenen Sippe.

Wer allerdings von der Klischeevorstellung ausgeht, die Großeltern früherer Zeiten hätten stets bei den Familien ihrer Kinder gelebt (was ja schon aufgrund der Tatsache, dass sie meist viele Kinder hatten, gar nicht möglich war), wird das gegenwärtige Engagement immer als gering empfinden. Möglicherweise kommt es heute seltener vor, dass Enkelkinder ihre Schulferien bei den Großeltern verbringen, was in den 50er, 60er und auch noch in den 70er Jahren des vergangenen Jahrhunderts bei uns oft der Fall war. Das hängt aber auch damit zusammen, dass man heute Kinder erst später selbstständig verreisen lässt – und dann sind sie schon bald in dem Alter, in dem sie in den Ferien lieber mit Gleichaltrigen als mit den Großeltern zusammen sind. Dafür verreisen heute Großeltern häufiger als früher zusammen mit Kindern und Enkeln.

Großelterliches Engagement gehört offenbar für die jungen Alten von heute zu den befriedigenden Rollen, weil es freiwillig ist; es kann nicht automatisch eingefordert werden. Außerdem kann der Kontakt zu den Enkeln individuell gestaltet werden. Während das Großeltern-Enkel-Verhältnis früherer Zeiten eher instrumentell war und auf formaler Autorität beruhte, ist es heute stark individualisiert und eher emotional. Das heutige Wertesystem betont die Freiheit und Unabhängigkeit der Generationen, die Freiwilligkeit ihrer Beziehungen zueinander, wenn sie als positiv und belohnend empfunden werden sollen. Es gibt eine ungeschriebene Regel, die da lautet: Großeltern sollten sich nicht in die Erziehung einmischen. Umgekehrt pochen aber auch die Großeltern von heute auf ihre Autonomie und wollen von den Familien ihrer Kinder nicht ungefragt eingeplant und automatisch vereinnahmt werden.

In der Phase des Familienzyklus, in der die Enkel noch Kinder sind, ist die Beziehung zwischen der älteren und der mittleren Generation vor allem von den Hilfeleistungen der Alten an die Jungen geprägt, genau genommen: von der Unterstützung, die die jungen Alten den erwachsenen Kindern und ihren jungen Enkelkindern geben. Umgekehrte Hilfeleistung (von der mittleren an die ältere Generation oder von den Enkeln an die Großeltern) gibt es in dieser Phase dagegen kaum. Die Großeltern unterstützen ihre Kinder und Enkel auch häufiger finanziell als umgekehrt. Das hängt natürlich mit der bereits mehrfach erwähnten Tatsache zusammen, dass die heutige Generation junger Alter finanziell recht gut gestellt ist, jedenfalls in ihrer Mehrheit. Nicht selten helfen sie den erwachsenen Kindern bei besonderen Anschaffungen, beim Hausbau oder Wohnungskauf, oder sie bessern das Taschengeld der Enkelinnen und Enkel auf.

Dieses Phänomen der von «oben» nach «unten» fließenden materiellen Transfers in der Familie ist neu und in der Gerontologie in den letzten Jahren recht gut untersucht worden. Es ist auch deswegen bemerkenswert, weil in der öffentlichen Diskussion um den «Kampf der Generationen» gern das Bild von den Alten beschworen wird, die auf Kosten der Jüngeren leben. Tatsache ist, dass die vergleichsweise gute Absicherung durch Rente und Pension es großen Teilen der älteren Generation erstmals möglich macht, ihre erwachsenen Kinder finanziell zu unterstützen, gelegentlich oder regelmäßig, in kleinerem oder größerem Ausmaß, meist bei besonderen Anlässen. Manch alter Mensch früherer Generationen war umgekehrt auf eine finanzielle Unterstützung der Kinder angewiesen, weil die Rente nicht reichte. Das führte nicht selten zu angespannten Familienbeziehungen.

Die staatliche Sozialversicherung hat die traditionelle familiale Solidarität nicht etwa verdrängt und zerstört, sondern im Gegenteil verbessert. Denn wenn die Grundbedürfnisse erfüllt sind, können sich die Familienbeziehungen auf ein anderes Niveau verlagern.[13]

In den vergangenen Jahrzehnten hat unser Rentenversicherungssystem eine Menge zur Reduzierung der Armut im Alter und zur Angleichung der Lebenssituation von Rentnern untereinander beigetragen. Die früher sprichwörtliche Armut im Alter ist um die Jahrtausendwende zu einem Ausnahmephänomen geworden. Trotzdem stehen nicht alle Rentner und Rentnerinnen finanziell so da, dass sie ihren Kindern und Enkeln nennenswert unter die Arme greifen könnten. In Zukunft werden es wohl wieder deutlich weniger werden. Während einige sehr vermögende Alte dann beachtliche Vermögenswerte an ihre Nachkommen verschenken oder vererben werden, können andere Jüngere von solchen Vorteilen nicht profitieren. Der binnenfamiliäre Finanzausgleich wird also, wie das Erben, die soziale Ungleichheit innerhalb der jetzt jüngeren Generation in Zukunft noch weiter verstärken.

Familienbeziehungen sind stets nach dem Austauschprinzip organisiert: Geben und Nehmen. Wer wie viel von was jeweils gibt und nimmt – das ist in verschiedenen Phasen des Lebens- und Familienzyklus sehr unterschiedlich. Die Bilanz zwischen den Generationen ist nicht zu jedem Zeitpunkt ausgeglichen – doch das scheint für die Beteiligten nicht so wichtig. Hauptsache, die Bilanz stimmt langfristig.

Während in der Phase des jungen Alters die Großeltern vor allem an Kinder und Enkel geben, häufen sich in der Phase des späten Alters die Unterstützungsleistungen in umgekehrter Richtung, von den Mittelalten an die Alten. Die Hochaltrigen empfangen dann von ihren Kindern mehr, als sie geben, zumeist Hilfe bei Alltagsgeschäften. Die Kinder der Hochaltrigen, die dann häufig ihrerseits schon junge Alte sind, besuchen ihre Eltern. Sie begleiten sie bei Einkaufs- und Behördengängen, bei Arztbesuchen, sie leisten Hilfe beim gelegentlichen Aufräumen und Putzen der Wohnung. Der Umfang solcher Hilfeleistungen nimmt mit dem Alter der hochbetagten Eltern zu. Allerdings gibt es auch im höchsten Alter noch ein Geben der Älteren an die Jüngeren.[14] Auch die finanziellen Transfers, wenn es sie gibt, fließen noch immer in der Abstammungslinie eher von «oben» nach «unten» als umgekehrt – meist von den Hochaltrigen direkt an die Enkelkinder.

Die letzte Lebensphase der Hochaltrigen kann von Pflegebedürftigkeit geprägt sein. Die allererste und wichtigste Pflegeperson der Hochaltrigen ist die Partnerin oder der Partner, auch dann, wenn er oder sie selber schon sehr alt ist. Im Allgemeinen pflegen die alten Frauen ihre Männer und bleiben dann allein zurück. Diese Situation ergibt sich aufgrund der höheren Lebenserwartung der Frauen und des gewöhnlich etwas höheren Alters der Ehemänner häufiger als die umgekehrte. Doch wenn bei einem hochbetagten Paar die Frau als Erste pflegebedürftig wird, dann kümmern sich heute auch die meisten Männer aufopfernd um ihre Frauen.[15]

Töchter oder Schwiegertöchter springen meist erst dann in nennenswertem Umfang ein, wenn das ältere Paar nicht mehr in der Lage ist, einander beizustehen – oder eben im Fall der Pflegebedürftigkeit eines allein lebenden Elternteils. Dies kann dann auch der Zeitpunkt einer Übersiedlung ins Heim sein, wenn keines der Kinder die Pflege übernehmen kann oder will und ambulante Pflege nicht mehr ausreicht. Die meisten pflegebedürftigen Hochaltrigen nehmen lieber professionelle Hilfe in Anspruch, als dass sie ihre erwachsenen Kinder um direkte körperliche Pflege bitten. Enkelinnen und Enkel kümmern sich nur extrem selten um die Pflege ihrer hochbetagten Großeltern.

Es ist bekannt, dass in der jüngeren Generation die Bereitschaft nachlässt, ältere Verwandte selbst zu pflegen. Die Pflegebereitschaft ist verständlicherweise bei berufstätigen Frauen deutlich geringer ausgeprägt als bei nicht berufstätigen Frauen – und sie ist bei Frauen und Männern mit einem «modernen Lebensentwurf», der Werten wie Individualität und Unabhängigkeit hohe Bedeutung beimisst, deutlich geringer als bei Menschen mit eher traditioneller Weltanschauung. Bei theoretischen Überlegungen, ob man im Bedarfsfall eher selbst pflegen oder eher Heimpflege für die Angehörigen in Anspruch nehmen würde, spielen offenbar Kosten-Nutzen-Erwägungen eine größere Rolle als moralische Gesichtspunkte. Die Pflegeversicherung, die denjenigen, die selbst pflegen, ein kleines Zusatzeinkommen bietet, hat eine gewisse Attraktivität für Menschen mit niedrigerem Einkommen und für nicht erwerbstätige Frauen, für die gleichzeitig die hohen Kosten der Heimpflege abschreckend sind. Umgekehrt lockt der finanzielle Anreiz der Pflegeversicherung kaum diejenigen, die für häusliche

Pflege auf eine eigene Erwerbstätigkeit verzichten müssten und deren Einkommen so gut ist, dass eine Heimpflege im Vergleich nicht extrem teuer erscheint.[16]

Zunehmend wird die Pflege älterer Menschen von der Familie allein nicht mehr geleistet werden können, und die Alternative «Pflege durch die Familie der Kinder» oder «Pflege im Heim» wird immer unbefriedigender. Wenn es immer mehr pflegebedürftige Hochaltrige gibt, müssen ganz neue Mischformen zwischen privater Solidarität und professionellen Dienstleistungen entwickelt werden. In diesem Zusammenhang könnten auf Freundschaft begründete soziale Netze und ehrenamtliches Engagement eine wichtige Rolle spielen.

Das ist auch deswegen wichtig, weil es in Zukunft sehr viele kinderlose ältere Menschen geben wird. Heute ist es noch so, dass die ganz Alten (die Altersgruppe «85 plus») häufiger ohne Kinder und Enkel dastehen als die jungen Alten (die Altersgruppe der 60- bis 75-Jährigen). Das ist ein «Kohorteneffekt»: Durch den Krieg blieben viele Frauen unverheiratet und deswegen auch kinderlos. So blieben von den zwischen 1911 und 1915 geborenen Frauen 25 % kinderlos; von den zwischen 1931 und 1935 geborenen Frauen 15 %; von den 1940 geborenen Frauen dagegen waren nur 10 % kinderlos![17] Die fortpflanzungsfähige Zeit der heute jungen Alten fiel in den Zeitraum, den die Soziologen das «goldene Zeitalter der Familie» nennen, in die 50er und 60er Jahre, als die meisten Menschen heirateten und Kinder bekamen, wenn auch meist nur zwei pro Familie.

Wenn einmal die nach 1960 Geborenen, die Babyboomer, alt werden, wird es einen gewaltigen Anteil kinder- und noch mehr enkelloser Alter geben, denn diese Generation hat deutlich weniger Kinder geboren als die der heute jungen Alten. Ob man Enkel hat, hängt außerdem nicht nur vom eigenen Fortpflanzungsverhalten ab, sondern auch noch von dem der nächsten Generation. Spätestens dann wird die Frage von brennender Bedeutung, welche anderen sozialen Netze im Alter, neben dem der Familie, noch existieren und ausgebaut werden können.

Alle empirischen Untersuchungen belegen, dass Familienbeziehungen für das Wohlbefinden älterer Menschen eine große Bedeutung haben. Zwar löst die Familie immer seltener das Pflegeproblem im höchsten Alter. Doch ältere Menschen, die Kinder und Enkel haben, fühlen sich seltener einsam als Ältere ohne solchen Anhang. Denn es ist von unschätzbarem Wert für das psychische Wohlbefinden, Menschen zu haben, die man als zugehörig betrachtet, mit denen man lange vertraut ist, die einen regelmäßig besuchen, mit denen man telefonieren kann, wenn man Zuspruch braucht. Das gilt ganz besonders dann, wenn die Mobilität eingeschränkt und der Gesundheitszustand beklagenswert ist. Die Angehörigen können einen vielleicht, der Entfernung oder ihrer eigenen Verpflichtungen wegen, nur wenig bei Alltagsverrichtungen unterstützen. Doch es tut schon gut, sich mitteilen und Rat und Trost einholen zu können.

Früher war die Familie das einzige soziale Netz im Alter. Sie ist nach wie vor wichtig – vermutlich wird sie sogar noch wichtiger werden in einer Gesellschaft, in der ein älterer Mensch nur noch ein Kind und ein Enkelkind hat – im günstigen Fall. Aber die Familie ist nicht mehr das einzige soziale Netz. Freundschaften gewinnen immer mehr an Bedeutung – und sie werden immer häufiger die fehlende Familie ersetzen müssen.

6
Das alte Paar und die späte Liebe

Falls Sie es noch nicht gewusst haben: Die große Zeit des Paares ist das Alter, nicht etwa die Jugend!

In der Jugend und in den mittleren Erwachsenenjahren ist die Paarbeziehung ständig bedroht, von vielen inneren und äußeren Störungen. Das schlägt sich in den Scheidungsstatistiken nieder. Jede dritte, tendenziell jede zweite Ehe wird geschieden, und am größten ist die Scheidungshäufigkeit nach fünf bis zehn Ehejahren.

Nichtsdestoweniger gab es bei uns noch nie so viele alte und uralte Ehepaare wie heute. Die durchschnittliche Ehedauer der verheiratet Gebliebenen hat sich innerhalb des vergangenen Jahrhunderts verdoppelt – und das trotz der ständig steigenden Scheidungszahlen, die die Durchschnittswerte nach unten drücken![1] Während die durchschnittliche Ehedauer der unter 45-Jährigen sinkt, wächst die der Seniorinnen und Senioren beständig an. Sie betrug in Deutschland im Jahre 2003 für die über 65-jährigen Ehemänner 44,1 Jahre und für die Ehefrauen dieser Altersgruppe 46,3 Jahre. Das heißt: Wer einmal im Zustand der Ehe alt geworden ist, hat gute Chancen, die «goldene Hochzeit» (50 Ehejahre), die «diamantene Hochzeit» (60 Ehejahre) oder gar die «eiserne Hochzeit» (65 Ehejahre) zu erleben. Die verlängerte Lebenserwartung macht es möglich sowie die Tatsache, dass sich Paare nach dreißig oder vierzig Jahren Ehedauer nur noch selten trennen. Wenn man einmal so lange zusammengeblieben ist, dann gilt tatsächlich der schwer wiegende Satz: bis dass der Tod uns scheidet![2]

Doch leben diese vielen alten Paare auch glücklich und zufrieden miteinander? Diesen Eindruck könnte man gewinnen, wenn man die Geschichten über die Hochzeitsjubiläen in der Lokalzeitung liest. «Mit viel Humor das Leben gemeistert – Wilhelmina und Otto T. feiern ihre eiserne Hochzeit», «Acht Kinder, siebzehn Enkel, fünfzehn Urenkel – langweilig war es beim diamentenen Hochzeitspaar Yvonne und Julius N. noch nie», «Sie sind als Oma und Opa sehr gefragt – Rosa und Karl J. feiern ihre goldene Hochzeit» – so lauten einige der Überschriften.

Wenn die Jubilare nach dem Erfolgsrezept für ihr langes Zusammenleben befragt werden, äußern sie meist sehr einfache Dinge: «Liebe und Vertrauen sind das Wichtigste für ein harmonisches Zusammenleben.» «Man hält zusammen und meistert das Alltägliche.» «Das Wichtigste ist halt, dass man sich versteht und dass man Rücksicht aufeinander nimmt.» «Wenn man nicht zusammen an einem Strang zieht, dann funktioniert nichts.» «Wenn man mal einen Streit hat, dann soll man sich nicht zur Ruhe begeben, bevor der Streit geschlichtet ist.»[3]

Natürlich ist nicht jede lang dauernde Ehe auch eine glückliche und ganz bestimmt nicht immer eine lebendige Ehe. Doch wer mit seiner Lebenssituation hadert, wird das kaum öffentlich zugeben, wenn der Redakteur vom Lokalblatt kommt, um einen Artikel über das Ehejubiläum zu schreiben. Umgekehrt haben positive spontane Äußerungen durchaus eine gewisse Aussagekraft, Sätze wie: «Ich würde ihn noch einmal heiraten!» oder «Wir sind dankbar, dass wir einander noch haben.» Und auffällig viele der alten Paare betonen, dass sie das Alter genießen, weil sie jetzt mehr Zeit miteinander verbringen können. «Jetzt machen wir es uns gemütlich.» «Die schönste Zeit genießen wir jetzt ... Wir haben unsere Ruhe, wir können unterwegs sein, wenn wir es wollen.» «Die Kinder sind aus dem Haus, und wir haben jetzt viel mehr Zeit füreinander.» «Wir leben jetzt so, wie wir eigentlich in unserer Verlobungszeit gelebt haben.» Im Alter, sagt eine Ehejubilarin, sei es leichter, einander zu verstehen und aufeinander Rücksicht zu nehmen, «weil man nicht mehr so viel Hektik hat».[4]

In der Generation der jetzt Hochaltrigen, die derzeit die beeindruckenden Ehejubiläen feiern, herrschen allerdings verbreitet noch die traditionellen Vorstellungen von einer guten Ehe. Früher galt die Anpassung als höchste eheliche Tugend und nicht etwa das Kommunizieren über Meinungsverschiedenheiten und das Aushandeln von Lösungen. Die erhöhten Ansprüche an Intimität und Intensität der Paarbeziehung, die sich in den vergangenen Jahrzehnten im städtischen Mittelschichtmilieu entwickelt haben, breiten sich allmählich auch ins ländliche Milieu und in die städtischen Unterschichten aus. Sie bestimmen heute schon die Erwartungen vieler junger Alter an ihre Paarbeziehung, die sich, wenn sie mit dem ersten Partner zusammengeblieben sind, erst irgendwo zwischen der silbernen und der goldenen Hochzeit bewegen.

Junge Ehen werden, wie erwähnt, häufiger geschieden als alte Ehen. Doch es gibt noch einmal eine merkliche Häufung der Scheidungszahlen nach ungefähr 20 Ehejahren. Dies ist die kritische Phase, in der erwachsene Kinder das Haus verlassen. So wie die Geburt von Kindern und das Leben mit kleinen Kindern in der frühen Phase der Ehe eine Anpassungskrise bedeuten, an der viele Beziehungen zerbrechen, so kann auch der Auszug der Kinder für das Paar zum Problem werden. Viele Frauen orientieren sich in dieser Phase wieder stärker nach außen, manchmal starten sie in ihrer Karriere noch einmal durch, während sich bei den Männern gelegentlich schon erste berufliche Ermüdungserscheinungen zeigen und sie sich gern wieder mehr ihrem Privatbereich zuwenden würden. In dieser Zeit wird oft eine vorher verdeckte Entfremdung zwischen den Ehepartnern sichtbar.

Die nächste schwierige Anpassungskrise für das alte Paar, das zusammenbleibt, ergibt sich, wenn der Mann oder die Frau oder beide ihre Erwerbstätigkeit aufgeben. Dann müssen die Rahmenbedingungen des Alltagslebens, die Arbeitsteilung, die Kräfteverhältnisse völlig neu ausgehandelt werden. Es kann heftige und verstörende Auseinandersetzungen auslösen, wenn das Paar nach Jahrzehnten, in denen Außenanforderungen im Mittelpunkt standen, wieder auf seine Zweisamkeit zurückverwiesen wird. Lange Zeit waren Kinder, Beruf, Existenzsicherung ein Drittes, das einerseits Gemeinsamkeit herstellte, andererseits aber auch zur Abgrenzung voneinander dienen konnte. Wenn auch diese Umstellung gemeistert ist, bleibt das Paar meist bis zum Lebensende zusammen. Beeinträchtigung durch Krankheit und Pflegebedürftigkeit bilden vielleicht irgendwann ein neues Drittes, eine gemeinsame Aufgabe, die man bewältigen muss.

Die neuen Herausforderungen, die sich dem alternden Paar stellen, hat der Paartherapeut Hans Jellouschek so umrissen:

Ein neues Drittes muss gefunden werden, das an die Stelle der Kinder und des Berufs tritt. Das könnte die Großelternrolle, aber auch ein gesellschaftspolitisches, ein kulturelles, ein kirchliches Engagement oder Ehrenamt sein. Unerledigtes aus der Vergangenheit, das störend in die Beziehung hineinwirkt, muss bearbeitet werden, so etwa übermäßige Sorge um erwachsene Kinder, wenn man das Gefühl hat, in der Elternrolle versagt zu haben. Auch Verletzungen, die man einander in der Vergangenheit zugefügt hat, können jetzt die Gegenwartsbeziehung stören. Da hilft nur Aufdecken und Durcharbeiten, am Ende vielleicht ein Ritual des Loslassens und Verzeihens. Danach sollte man die Zukunft ins Auge fassen, das, was man noch miteinander machen kann.

Das alternde Paar wird zunehmend mit der Erfahrung von Leistungsminderung und körperlichem Verfall konfrontiert, bei sich selbst wie beim Partner. In dieser Situation ist es gefährlich, feste Rollen zu entwickeln, in der Weise, dass eines von beiden immer klagt, das andere stets beschwichtigt oder tröstet, dass eines die Zukunft immer in düstersten Farben sieht, während das andere negative Entwicklungen beiseite wischt oder leugnet. Es ist wichtig zu lernen, die zunehmenden Einschränkungen gemeinsam, mit Gelassenheit und Humor zu tragen.

Ein weiteres Problem für das ältere Paar kann entstehen, wenn jahrzehntelang eingefahrene Beziehungsmuster durch den Alterungsprozess auf den Kopf gestellt werden. Über viele Ehejahre hat sich eine mehr oder minder gut funktionierende Balance zwischen Autonomie und Bindung, zwischen Durchsetzung und Anpassung, zwischen Geben und Nehmen eingespielt, die durch Krankheit und Pflegebedürftigkeit völlig durcheinander geraten kann. Falls beispielsweise der Mann immer der große Held war, der nach außen glänzte, während sie ihn bewunderte, dann kann es das Zusammenleben erschüttern, wenn Krankheit ihn plötzlich schwach und abhängig macht, während ihr nun auf einmal die dominante Rolle zufällt. Oder wenn sie, die immer die rastlos Schaffende war, durch Krankheit an den Rollstuhl gefesselt und nun auf seine Hilfe angewiesen ist.

In alten Paarbeziehungen ändern sich Erotik und Sexualität. Hans Jellouschek bringt das auf die Formel: «Die Frauen wollen mehr – die Männer können weniger.» Frauen sind oft, nach Einbrüchen des sexuellen Verlangens während des Klimakteriums, an Sexualität ähnlich interessiert wie zuvor, während bei den Männern die Potenz allmählich nachlässt, auch durch Krankheit bedroht sein kann. Die Sexualität im Alter muss eine andere werden, weniger leistungsorientiert, stärker alle Sinne einbeziehend.

Schließlich stellt sich, so Jelloschek, dem alten Paar die Aufgabe der Auseinandersetzung mit dem nahenden Tod, der auch die Paarbeziehung zerreißen wird. Gedanken und Gefühle, auch Ängste in diesem Zusammenhang sollten dem Partner, der Partnerin mitgeteilt werden. Wenn eines der beiden sie für sich behält, kann in der Paarbeziehung eine große Einsamkeit entstehen. Manchmal hilft es, gemeinsam einen spirituellen Weg zu finden, der den Gedanken an das Ende erträglicher und versöhnlicher macht. Aber letztlich muss hier jeder Mensch seinen eigenen Weg suchen.[5]

Auch schon lange bestehende Partnerschaften können scheitern: weil es keine Gemeinsamkeiten mehr gibt. Weil man im Laufe des Lebens anspruchsvoller geworden ist. Weil Fundamente, die zu Beginn der Beziehung gelegt wurden, nicht mehr tragen und weil die persönlichen Entwicklungsprozesse der beiden Beteiligten zu sehr divergieren. Weil man nicht an der Beziehung «gearbeitet» hat. Wenn Ehen in Routine erstarrt oder die Beziehungen feindselig und zerstörerisch geworden sind, versuchen manche, noch einmal neue Wege zu gehen, indem sie sich trennen, allein leben oder es noch einmal mit einem anderen Partner versuchen.

Doch längst nicht alle Paare, deren Beziehungen schlecht sind, gehen auseinander. So finden sich auch bei den Altersehen sehr unterschiedliche Arrangements. Der Gerontologe Leopold Rosenmayr unterscheidet zwischen «Festungspaaren», «ambivalenten Paaren» und «lebendigen Paaren»:

«Festungspaare» zeigen nach außen hin häufig Einheit, erschöpfen sich aber nach innen hin mit Grabenkämpfen im Alltagsleben und in rückwärts gerichteten Schuldzuweisungen. Manchmal wurde über viele Jahre hinweg eine größere Nähe dadurch abgewehrt, dass eines von beiden (meist der Mann) nur noch für den Beruf lebte oder (meist die Frau) sich verstärkt in die Beziehung zu einem Kind oder Enkel stürzte. Fällt im Alter der Beruf als Puffer gegen die Partnerin fort, kann ein Hobby an seine Stelle treten. Beziehungen zu Dritten, hinter denen man sich vor dem Partner verbarrikadieren kann, lassen sich auch im Alter noch herstellen oder aufrechterhalten.

Während das «Festungspaar» in der Distanz zueinander erstarrt ist, wechseln beim «ambivalenten Paar» Phasen positiver Gefühle füreinander mit Phasen von Aggression und Hass ab. Immer wieder folgen auf Versuche der Annäherung Episoden feindseliger Auseinandersetzungen. In den mittleren Erwachsenenjahren gibt es nicht selten sexuelle Affären, die kompensieren sollen, was in der Beziehung fehlt. Oft werden Migräne, Magenbeschwerden, Depressionen und andere psychosomatische Leiden jahrelang kultiviert, um den Partner unter Druck und ins Unrecht zu setzen. Dieses Muster kann, leichter als die Seitensprünge, bis ins hohe Alter beibehalten werden. Auch in solchen desolaten Beziehungen bleiben viele Paare zusammen und negativ aneinander gebunden, ohne die zerstörerischen Muster auflösen zu können.

«Geglückte Zweisamkeit», so Leopold Rosenmayr, findet sich in lebendigen Beziehungen, in denen beide Partner sowohl die Fähigkeit zur Intimität als auch zur Abgrenzung besitzen.[6] Dann kann sich anstelle der «Kollusion», der unbewussten wechselseitigen Abhängigkeit voneinander, eine Ko-Evolution entwickeln: Beide Partner akzeptieren das Anderssein und die Eigenheit des anderen, bleiben aber in lebendigem Kontakt miteinander, so dass sich beide auch im Alter für sich allein und miteinander weiterentwickeln können.[7]

Ältere Menschen, die zufrieden mit ihrer Ehe sind, sind insgesamt mit dem Leben zufriedener und auch gesünder als unglücklich Verheiratete oder allein stehende Ältere. Dieser Zusammenhang gilt noch stärker für die Männer als für die Frauen. Doch egal, wie es um die Qualität der Beziehung steht, ob nun Liebe oder Hassliebe, Wertschätzung und Freundschaft oder die bloße Gewöhnung das Paar zusammenhält: Je länger man im Alter miteinander lebt, desto wichtiger wird der Partner als Bezugsperson. Neu in unserer Zeit ist aber nicht nur, dass es immer mehr uralte Paare gibt – neu ist auch, dass auf der anderen Seite immer mehr Paare erst im späteren Leben zueinander finden.

Uwe Timm erzählt in seinem Buch «Am Beispiel meines Bruders» die anrührende Geschichte seiner älteren Schwester, die unverheiratet geblieben war und ihr Leben als gescheitert ansah. Bis sie, im Alter von 72 Jahren, nach einer schweren Operation, als sie eigentlich schon mit allem abgeschlossen hatte, zufällig bei einem Spaziergang im Park «dem Mann» begegnete. Dieser Mann ist der frühere Hausarzt der Familie, 76 Jahre alt, schon länger im Ruhestand und erst kürzlich verwitwet. Er sieht schlecht aus, weil er sich in seinem tiefen Kummer selber vernachlässigt, und erweckt wohl zunächst die mütterlichen und fürsorglichen Gefühle der Frau. «Sie müssen sich rasieren», erklärt sie und fährt ihm spontan mit der Hand über die Wange, obwohl er für sie als ehemaliger Hausarzt eigentlich eine Respektsperson ist. «Für wen, fragte er, und so, wie er das aussprach, lag darin eine gewisse Schärfe.» Zwei Tage später trifft die Frau den Mann wieder im Park und stellt fest, dass er sich rasiert hat. «Zunächst redeten sie über Belangloses, dann aber sagte er unvermittelt: Fühlen Sie, und hielt ihr die Wange hin. Sie strich ihm über die Wange, und sie war weich und glatt. – So begann es. Das, von dem sie sagte, es sei das Glück gewesen in ihrem Leben.» Uwe Timms

Schwester hat noch zweieinhalb Jahre Zeit, mit dieser Liebe zu leben, bevor sie stirbt.[8]

In Literatur und Film wird die späte Liebe neuerdings häufiger thematisiert, so von Garcia Marquez in seinem Buch «Die Liebe in den Zeiten der Cholera». Dort vollendet sich die Liebe zwischen dem Helden Florentino und seiner Angebeten Fermina, die er schon als Schulmädchen liebte, erst nach einundfünfzig Jahren, als er 76 und sie 73 Jahre alt ist. In dem 2004 sehr erfolgreichen Kinofilm «Was das Herz begehrt» (mit Jack Nicholson und Diane Keaton) verliebt sich ein alternder Dandy, der lange Zeit immer jüngere Geliebte brauchte, um sich noch lebendig und potent zu fühlen, ganz wider Erwarten in die gleichaltrige Mutter einer seiner jungen Freundinnen. Inzwischen gibt es Partneragenturen (wie etwa die Internetagentur «DerzweiteFrühling.de»), die sich ganz auf Partnersuchende in der zweiten Lebenshälfte spezialisiert haben – wohl wissend, dass hier ein Zukunftsmarkt liegt.

Die amerikanische Psychotherapeutin Eileen Simpson hat ein Buch über die «späte Liebe» geschrieben. Sie befragte Männer und Frauen im Seniorenalter, die einander erst spät, erst jenseits der 60 und 70, gefunden hatten. Sie wollte erfahren, wie diese Menschen sich kennen gelernt hatten, wie sie ihre Liebe erlebten, welche Rolle die Sexualität für sie spielte, auf welche Schwierigkeiten die Partner miteinander und in ihrer Umwelt gestoßen waren und wieweit diese Beziehungen glücklich waren.[9]

Fast alle ihre Gesprächspartner waren schon einmal verheiratet gewesen, einmal oder mehrfach, und verwitwet oder geschieden. Nicht selten waren sie einander schon einmal in einer früheren Phase ihres Lebens begegnet und hatten sich zwischendurch Jahrzehnte aus den Augen verloren. Manches späte Paar wurde von Freunden oder gemeinsamen Bekannten zusammengebracht. Andere kannten einander schon länger flüchtig, während sie noch mit anderen zusammenlebten, und die späte Liebe entwickelte sich, nachdem frühere Beziehungen durch Tod oder Scheidung zerbrochen waren.

Späte Ehen, so schlussfolgert Eileen Simpson nach ihren Recherchen, unterscheiden sich von vielen langjährigen Ehen dadurch, dass sie besonders lebendig sind – es gibt viel Anteilnahme aneinander, viele gemeinsame Unternehmungen und gemeinsam miteinander verbrachte Zeit, einen lebendigen Gedankenaustausch und auch viel Zärtlichkeit. Die Arbeitsteilung ist im Allgemeinen weniger traditionell, als sie es bei den meisten in der Ehe der frühen und mittleren Jahre ist – man lebt gleichberechtigter und teilt sich die Lebenshaltungskosten und die Alltagsarbeiten.

Noch vor ein, zwei Jahrzehnten mussten Paare, die sich im fortgeschrittenen Alter verliebten, mit massiven Schwierigkeiten in ihrem sozialen Umfeld rechnen. Dazu ein Beispiel aus meinem Bekanntenkreis: Willi verliebte sich nach dem Tod seiner lange an Krebs leidenden Frau in Hilde, die ebenfalls verwitwete Frau eines Jugendfreundes. Alle vier hatten einander gut gekannt und freundschaftlich miteinander verkehrt; Hilde war schon länger verwitwet, aber erst nachdem auch Willi Witwer geworden war, wurde aus der Sympathie Liebe. Sie waren sehr glücklich miteinander und heirateten nach drei Jahren. Die 69-jährige Hilde gab ihre Wohnung in einer anderen Stadt und mit ihr den Alltagskontakt zu Kindern, Enkeln und Freundinnen auf, als sie zu dem 70-jährigen Willi ins Haus zog. Dem glücklich verliebten alten Paar, das gern Händchen haltend durch den Park spazierte, schlugen damals, im Jahre 1970, Wellen der Missbilligung von Seiten ihrer beider erwachsenen Kinder entgegen. Es ging dabei weniger um das Erbe – die finanziellen Verhältnisse waren mit Rücksicht auf die jeweiligen Nachkommen vor der Hochzeit geregelt worden –, sondern vor allem um die von der jüngeren Generation empfundene Peinlichkeit dieser Altersliebe. Willis und Hildes Ehe dauerte nur drei Jahre und fand ein jähes Ende, als er an einem Herzinfarkt starb. Sie kehrte in ihre frühere Stadt zurück und musste zum zweiten Mal Trauer ertragen und lernen, wieder allein zu sein.

Inzwischen ist die vor drei Jahrzehnten noch stark verbreitete gesellschaftliche Ablehnung einer späten Liebesbeziehung und Ehe einer eher wohlwollenden Haltung gewichen. Doch auch heute noch haben erwachsene Kinder nicht selten Schwierigkeiten mit einer neuen Partnerschaft ihrer alten Eltern, sei es, weil sie die Existenz des oder der Neuen als Verrat an dem (verstorbenen oder geschiedenen) Elternteil erleben, sei es, weil sie sich an eine exklusive, vielleicht sogar besitzergreifende Beziehung zum allein lebenden Elternteil gewöhnt haben. Es gibt nicht wenig erwachsene Kinder, die ständig über ihre Eltern verfügen wollen, sie vielleicht schon lange vereinnahmt haben, ihnen zu wenig Raum für ein neues eigenes Leben lassen oder Schwierigkeiten haben, einen neuen Menschen in die Familie aufzunehmen. Andere wiederum fürchten sich davor, dass der neue Partner oder die Partnerin ihrer alten Mutter oder ihres alten Vaters ihnen ein Teil des Erbes streitig machen könnte.

Schwierigkeiten für eine späte Liebesbeziehung entstehen auch aus dem biografischen Gepäck, das zwei ältere Menschen mit sich herumschleppen. So mag es sein, dass eines der beiden vielleicht die Trauer um einen verstorbenen Ehegatten noch nicht gut bewältigt hat – dann wird manchmal der frühere Partner, die frühere Partnerin idealisiert, und die «Neuen» werden im Alltag nach einer kurzen Phase des Glücks auf dem Hintergrund des verklärten Bilds der Ehemaligen drastisch abgewertet. Georges Simenon hat diesen Prozess des Scheiterns einer späten Ehe in seinem Roman «Die Katze» beklemmend gut dargestellt.

Besonders schwierig ist es, sich im Alltag an einen neuen Menschen anzupassen, wenn man vorher jahrzehntelang ein selbstbestimmtes Leben geführt hat. Schwierigkeiten bereitet schon die Frage: Ziehst du zu mir, ziehe ich zu dir? Oder suchen wir uns gemeinsam eine neue Wohnung, ein neues Haus?

Diesen Problemen geht man aus dem Weg, indem man das eigene Terrain, das ja auch die eigene gewachsene Identität symbolisiert, gar nicht erst aufgibt. Viele späte Paare bei uns leben nicht in einem gemeinsamen Haushalt und wollen auch nicht unbedingt heiraten, teils der Rentenansprüche, teils der Autonomie wegen. Sie ziehen es vor, getrennte Wohnsitze zu behalten und eine Art Besuchsehe zu praktizieren – das, was man in der Familiensoziologie «getrennt Zusammenleben» nennt («living apart together»). So ist es auch schwer zu sagen, wie viele Paare sich bei uns in Deutschland noch im Alter finden, weil die nichtehelichen Lebensgemeinschaften in getrennten Haushalten durch die Statistik nicht erfasst werden. Die absoluten Zahlen für eine späte Heirat sind nicht sehr hoch: Im Jahre 2000 heirateten insgesamt 20 861 Menschen, die älter als 60 waren – 14 181 Männer und 6 680 Frauen. Das sind weniger als 3 % aller Eheschließenden in diesem Jahr. Knapp zwei Drittel davon waren vorher geschieden, weniger als ein Drittel verwitwet, etwa 10 % ledig.[10] Das Eingehen einer neuen Beziehung scheint für Verwitwete schwieriger als für Geschiedene; während von den Geschiedenen über die Hälfte wieder heiratet, tut das nur etwa ein Viertel der Verwitweten.[11]

Über der späten Liebe liegt ein großer Schatten, gerade dann, wenn die Beziehung besonders glücklich und befriedigend ist: die Tatsache, dass man nicht mehr ein ganzes Leben füreinander Zeit hat. Immer ist da auch das Wissen, dass eines von beiden den Partner, die Partnerin vielleicht schon bald durch den Tod verlieren wird. So ist die Angst vor Krankheit und Tod des anderen ein steter Begleiter des Glücks. «Späte Liebe ist eine existentielle Form der Liebe. In ihr spiegelt sich das schmerzliche Wissen um die Vergänglichkeit allen Lebens, um die Begrenztheit der eigenen Existenz wider … Die romantischeren, gefühlvolleren und zärtlicheren Aspekte der Sexualität können in den späteren Jahren wieder mehr in den Vordergrund treten.»[12]

Für viele der Paare, die sich erst spät gefunden haben, spielt die Sexualität noch eine ganz wichtige Rolle – nicht selten, weil eines oder beide vorher längere Zeit allein gelebt oder in der vorausgegangenen Beziehung einen kranken Partner gepflegt haben, so dass es eine lange Phase sexueller Abstinenz gab. Tendenziell sind Paare, die sich erst im Alter finden, interessierter an der sexuellen Seite ihrer Beziehung als Paare, die schon viele Jahrzehnte zusammen sind. «Wenn sich ältere Menschen verlieben, wird bei vielen das sexuelle Verlangen neu geweckt, während in vielen langjährigen Ehen das Verlangen langsam abstirbt», stellt Eileen Simpson in ihrer Untersuchung über späte Ehen fest.[13]

Auch für manches miteinander alt gewordene Paar kann die Sexualität noch wichtig sein. Entscheidend in diesem Zusammenhang ist weniger das tatsächliche Alter als das individuelle sexuelle Temperament und die sexuelle Biografie der beiden Beteiligten, insbesondere die Frage: Wie wichtig war für diese Menschen die Sexualität in früheren Lebensphasen? Im Allgemeinen gilt, dass die, für die die Sexualität in der Jugend wichtig war, ihr auch im Alter eine größere Bedeutung beimessen und umgekehrt. «If sex meant little in youth, it will mean nothing in age.»[14] Natürlich spielt auch der Gesundheitszustand eine große Rolle. So gibt es bei den älteren Paaren das ganze Spektrum von «Sex ist für uns nicht mehr wichtig» bis zu «Wir haben viel

Spaß daran und tun es oft – öfter und mit mehr Vergnügen, als die Jungen denken!»

In der Öffentlichkeit stellt man sich das Alter meist noch immer asexuell vor. Philemon und Baucis, das alte Paar aus der griechischen Mythologie, in zwei Bäume verwandelt, leben dicht beieinander, aber sie berühren einander nicht. Wenn die Beatles singen «Will you still need me, will you still feed me, when I'm sixty-four?», dann beschwören sie Bilder liebevoller Vertrautheit: Die Enkel turnen auf Omas und Opas Knien. Sie strickt einen Pullover am Kamin, er geht abends noch zu seinem Stammtisch, ohne dass sie ihn deswegen fertig macht. Er wünscht sich, dass sie ihm am Valentinstag einen Gruß schickt – Erinnerung daran, dass sie einmal ein Liebespaar waren. Doch Intimität, körperliche Zärtlichkeit, Sexualität kommt in der Beatles-Version vom Alter nicht vor.

Bezeichnenderweise berührte auch die große ZEIT-Reportage über ältere Menschen heute aus dem Jahr 2004 den Themenkreis der Liebe und Partnerschaft im Alter nicht. Da wurde über die neuen Entwicklungen in den Bereichen Beruf und Ruhestand, über die Großelternrolle, Freizeitbeschäftigungen und gesellschaftspolitisches Engagement berichtet, sogar über die positive Bedeutung des Haustieres für Ältere – nicht aber über Liebe und Sexualität.[15]

Den meisten, die sich mit dem Alter befassen, fallen eher Stichworte wie Krankheit und Pflegebedürftigkeit ein als Intimität und Zärtlichkeit. Die Idee von der Körperlichkeit im Alter hat wohl besonders für diejenigen, die noch nicht alt sind, eher etwas Bedrückendes, wenn nicht gar Abstoßendes. Jedenfalls können sich viele die Sexualität im Alter nur schwer im positiven Sinne aufregend vorstellen.

Als Madame de Maintenon, die Mätresse und spätere Ehefrau des Königs von Frankreich fünfundsiebzig und

Ludwig siebzig Jahre alt war, soll sie ihren Beichtvater gefragt haben, ob sie dem Gatten wirklich zweimal am Tag zu Willen sein müsse; es greife sie so an.[16] Die Fürstin Metternich antwortete auf die Frage, ab welchem Alter eine Frau «von ihrem Körper nicht mehr behelligt» werde: «Ich weiß es nicht, ich bin erst 65 Jahre alt.» Die Dichterin Claire Goll, die noch nach ihrem 80. Geburtstag die körperliche Liebe mit einem jüngeren Mann erlebte, stellte fest: «Die Liebe hat weder mit dem Geburtsdatum noch mit Schönheit oder Gesundheit zu tun. Mit achtzig Jahren kann man lieben wie mit sechzehn.»[17]

Das mögen ungewöhnliche Fälle sein, doch wahrscheinlich hat es immer ältere Paare gegeben, die sexuell noch sehr aktiv waren. Weil sie wussten, dass die öffentliche Meinung ihr Verhalten nicht billigte, taten sie aber vermutlich, was sie taten, eher diskret und in aller Stille. Jedenfalls löste der Kinsey-Report, als er in den 50er Jahren mit der Vorstellung vom asexuellen Alter aufräumte, ein gewaltiges öffentliches Erstaunen aus. Inzwischen haben sich die Zeiten gründlich gewandelt. Die sexuelle Revolution der 70er Jahre brachte nicht nur eine Lockerung der Sexualmoral für die Jugendlichen und für die Frauen, sondern auch die neue Botschaft, dass Sexualität lebenslang Freude bereiten kann.

«Das höhere Alter», so der Gerontologe Leopold Rosenmayr, «ist, was die sexuelle Biografie anlangt, eine viel bewegtere Phase, als allgemein angenommen wird.»[18] Nach den Daten einer amerikanischen Längsschnittstudie aus dem Jahre 1981 sind von den Paaren zwischen 60 und 74 Jahren noch 60 % sexuell aktiv. Bei den Paaren zwischen 75 und 84 sind es noch 30 % und bei denen über 85 Jahren immerhin noch 10 %.[19] Im Allgemeinen hören die Männer mit dem Geschlechtsverkehr auf, wenn sie Ende sechzig sind (der Durchschnittswert liegt bei 68 Jahren), und die

Frauen beenden den Geschlechtsverkehr zwischen dem 60. und dem 65. Lebensjahr. Der Altersunterschied hängt natürlich vor allem damit zusammen, dass sie in der Ehe meist einige Jahre jünger sind als ihre Männer.[20]

Zu Beginn der 70er Jahre, bevor die so genannte sexuelle Revolution ihre volle Wirksamkeit entfaltet hatte, stand die Öffentlichkeit der Sexualität im Alter spürbar negativ gegenüber. Bei einer repräsentativen Umfrage in Köln im Jahre 1971 äußerten sich interessanterweise die Älteren selbst deutlich negativer und kritischer zur Alterssexualität als die Jüngeren. So waren die über 50-Jährigen häufiger als die unter 50-Jährigen der Ansicht, dass Sex im Alter der Gesundheit schade und dass es einfach lächerlich sei, wenn Ältere tanzen gingen oder noch einmal heirateten. Dem Satz «Ein älterer Mensch, der durch sein Äußeres versucht, auf das andere Geschlecht noch anziehend zu wirken, ist lächerlich» stimmten damals knapp die Hälfte der über 50-Jährigen, aber nur ein Viertel der unter 50-Jährigen zu.[21] 58 % der Älteren, aber nur 25 % der Jüngeren hielten Selbstbefriedigung im Alter für krankhaft. Die Aussage «Ein älterer Mann, der noch sexuelle Wünsche hat, sollte sich ärztlich behandeln lassen, statt seine Frau zu belästigen» wurde 1971 noch von einem Viertel der über 50-jährigen Befragten unterschrieben (bei den unter 50-jährigen waren es 13 %.) Es ist besonders aufschlussreich, dass damals vor allem die älteren Frauen eine negative Einstellung zur Sexualität zeigten. Die älteren Männer äußerten sich liberaler als die älteren Frauen und nur wenig restriktiver als die jüngeren Männer. Die jüngeren Frauen dagegen erwiesen sich noch deutlich freizügiger als die jüngeren Männer![22]

Die damals über 50-Jährigen sind, wenn sie noch leben, die heute Hochaltrigen, und die bei dieser Befragung Dreißigjährigen sind inzwischen junge Alte, die ihre entscheidenden Erfahrungen in der Zeit der sexuellen Liberalisierung gemacht haben. Das bestimmt nun auch ihre Erwartungen an die Sexualität in der zweiten Lebenshälfte.

Wie sehr sich das sexuelle Verhalten geändert hat, macht auch ein statistischer Vergleichswert deutlich: Zu Beginn der 80er Jahre entsprach die Koitusfrequenz der Sechzigjährigen der der Vierzigjährigen zur Zeit des Kinsey-Reports (also in den 50er Jahren).[23] Doch natürlich wäre es viel zu eng, das Interesse an der Sexualität nur über den Geschlechtsverkehr zu erfassen, wie das die meisten sexualwissenschaftlichen oder gerontologischen Untersuchungen tun. Damit wird man der Sexualität im Alter nicht gerecht, die eben gerade weniger eindimensional nur am Koitus ausgerichtet ist. Sexualität ist viel mehr; sie ist, im weitesten Sinne, die Fähigkeit des Menschen, durch intimen körperlichen Kontakt, durch sexuelle Träume und Phantasien wie auch durch Selbstbefriedigung Lust zu empfinden.

Auf jeden Fall bekommt die Sexualität im Alter eine andere Qualität als in jüngeren Jahren. «Obwohl es stimmt, dass genitaler Sex nie aufhört, wird das Liebesspiel weniger zielgerichtet als in jungen Jahren. Es ist sanfter, einfühlsamer und zärtlicher. Liebevolle Gesten der Zuwendung (Streicheln, Umarmungen) ersetzen die rein sexuelle Stimulation.»[24] Das macht es gerade für Frauen, die diese Facetten der Sexualität meist auch in früheren Jahren als besonders befriedigend empfinden und dabei oft zu kurz kommen, attraktiv. Manche ältere Frau lernt, anders als in früheren Jahren, auch von sich aus die Initiative zum und beim Liebesspiel zu ergreifen. Die Liebe wird häufig unverkrampfter, lockerer, entspannter erlebt als früher, weil der Leistungsdruck geringer ist. Möglicherweise wird die weitere Verbreitung von die Potenz steigernden Mitteln wie Viagra noch einmal befreiende Auswirkungen auf die Sexualität älterer Menschen haben. Doch darüber gibt es noch keine gesicherten Untersuchungsergebnisse.

«Erotisches Glück reicht – potentiell – nun auch tiefer in die späteren Lebensjahre hinein ... Eine befreitere, vollere körperliche Liebesfähigkeit kann zu einem zunehmend wichtigen Anteil ‹später Freiheit› werden, einer Freiheit, die aber bindungsfähig ist.» Paare, die im Alter noch sexuell aktiv sind, neigen weniger zur Depression, und sie haben insgesamt ein stärkeres Interesse am sozialen Geschehen um sich her.

Eine entscheidende Veränderung der letzten drei Jahrzehnte dürfte die gewandelte Einstellung älterer Frauen zur Sexualität sein. Während die jetzt hochaltrigen Frauen, die im ersten Drittel des 20. Jahrhunderts geboren wurden, noch mit einer sehr engen Sexualmoral aufwuchsen und ihre sexuellen Erfahrungen noch durch die permanente Angst vor Schwangerschaft belastet waren, gibt es unter den heute jungen Alten weitaus mehr Frauen, die ihre Sexualität in ihrer Jugend freier entfalten konnten. Bei vielen von ihnen bleibt das Interesse an der Sexualität länger erhalten.

In ihrem Buch «Verschwiegene Lust. Frauen über 60 erzählen von Liebe und Sexualität» hat Renate Daimler aufschlussreiche Gesprächsprotokolle mit älteren Frauen aufgezeichnet. Schon die Überschriften der einzelnen Berichte sprechen für sich und spiegeln das breite Spektrum von Erfahrungen, Bewertungen, Wünschen und Phantasien: «Ich hätte nie gedacht, dass Sex noch einmal so wichtig werden könnte» (Juliane G., 68 Jahre). «Ich habe erst im Alter angefangen zu lieben, dann aber heftig» (Marcella, 83 Jahre). «Mit der Sexualität ist es wie mit dem Essen. Wenn man einmal gut gegessen hat, will man es immer wieder» (Carla G., 73 Jahre). «Das Schlimme ist, dass mit zunehmendem Alter und schwindenden Reizen die Ansprüche steigen» (Rebecca L., 65 Jahre). «Ohne einen Mann im Bett möchte ich nie leben» (Elisabeth H., 60 Jahre). «Ich unterdrücke meine Sehnsucht nach Zärtlichkeit, nach Sexualität» (Judith, 71 Jahre). Unerwartet viele Frauen berichten da noch von befriedigenden Erlebnissen, doch es gibt auch viele Geschichten von unbefriedigter Sehnsucht und Trauer über den Verlust an Möglichkeiten. «Alles ist möglich», stellte die Autorin bei ihren Recherchen fest, «die Dürre, die Fülle, die Resignation und der Mut zur Lust.»[26]

Eine entscheidende Rahmenbedingung für die Sexualität im Alter ist natürlich die Frage, ob ein Partner vorhanden ist oder nicht – und damit steht fest, dass die Situation der Frauen sich um ein Vielfaches ungünstiger darstellt als die der Männer. Da Männer über 65 Jahre noch zu zwei Dritteln verheiratet sind, während dies nur noch für ein Drittel der Frauen gilt, bietet sich sehr viel mehr Männern als Frauen die Möglichkeit zu sexuellen Kontakten in der Ehe. Darüber hinaus dürfte es für ältere Frauen erheblich schwieriger sein, noch außereheliche Beziehungen aufzunehmen als für Männer. In den USA kommt auf sechs Millionen Witwen eine Million Witwer. «Vereinfacht ausgedrückt, besteht die über siebzigjährige Bevölkerung nur noch aus verheirateten Männern und Witwen», erklärt eine Statistikerin ironisch.[27]

Für viele Paare von heute spielt die Sexualität im Alter offenbar eine wichtigere Rolle als für die meisten älteren Paare früherer Generationen. Doch es ist wichtig festzuhalten, dass es durchaus auch unter den sexuell inaktiven älteren Paaren solche gibt, die glücklich miteinander leben und eine innige Gefühlsbeziehung haben. Meist waren diese Menschen schon in früheren Jahren nicht sonderlich an Sexualität interessiert. Oder sie haben ihre sexuellen Beziehungen aufgrund von gesundheitlichen Problemen aufgeben.

Neu ist, dass es heute immer mehr Paare gibt, die seit vielen Jahrzehnten zusammen sind – vielleicht wird sich das in

Zukunft ändern, wenn die Scheidungsquote in jüngeren Jahren noch mehr anwächst. Neu ist aber auch, dass es immer mehr Paare gibt, die einander erst im späten Leben finden, mit all den damit verbundenen Freuden und Problemen. Und dieser Trend wird sich in Zukunft noch weiter verstärken.

Eine gute Paarbeziehung im Alter ist für alle, die sie haben, ein großes Glück. Sie ist die beste Stütze gegen all die schicksalhaften Widrigkeiten, die man früher oder später doch zu gewärtigen hat. Wer also einen echten Lebensgefährten im Alter haben möchte, ist gut beraten, sich schon in jüngeren Jahren um eine lebendige Beziehung zu bemühen. Kinder zu bekommen und gemeinsam großzuziehen – das reicht heute als gemeinsamer Inhalt nicht mehr für dreißig oder sechzig Jahre des Zusammenlebens aus.

7
«Ein Freund, ein guter Freund, ist das Beste, was es gibt auf der Welt ...»

Meine Großmutter Else erhielt in den letzten zwanzig Jahren ihres Lebens an jedem Samstagnachmittag Besuch von ihrer Freundin Ella. Sie traf Ella auch öfter am Mittwoch, dem Tag, an dem sie zum Einkaufen in die Stadt fuhr, nach vollbrachter Tat, zu einem Schwätzchen im Kaffeehaus. Während der Theatersaison hatten die beiden ein gemeinsames Abonnement und sahen sich regelmäßig bei den Aufführungen. Doch besonders ergiebig für die Freundschaft waren die Samstagnachmittage. Ella kam immer mit dem gleichen Bus. Die beiden alten Damen saßen zusammen, strickten oder stopften und redeten über die Dinge des Lebens: ihre gesundheitlichen Probleme, die Freuden und Sorgen mit Kindern und Enkeln, Kochrezepte, Erfahrungen mit Ärzten, Fußpflegern, Frisösen und Busfahrern, jede Menge Kleinstadttratsch und später auch Urlaubserlebnisse.

Das Leben meiner Großmutter Else (geboren 1885, gestorben 1971) wäre bestimmt um vieles freudloser gewesen, hätte sie nicht Ella gehabt. Beide Frauen waren schon früh, mit Ende dreißig, Witwen geworden und in der kritischen Phase ihres Lebens, als sie lernen mussten, sich allein mit ihren Kindern durchzuschlagen, Nachbarinnen gewesen. Das hatte sie einander nahe gebracht. Später zog Ella in die Kreisstadt, während Else in ihrem Villenvorort blieb, und sie entwickelten das rituelle Muster ihrer Treffen. Ella und Else waren einander, obwohl beide in der Dreigenerationenfamilie verwurzelt, für viele Jahrzehnte engste Vertraute, emotionale Stütze und wichtigste Gesprächspartnerin. In gewisser Weise ersetzten sie sich wohl auch die früh verlorenen Ehemänner.

Verwitwet sein und allein leben im Alter ist im Wesentlichen ein Frauenschicksal. Das gilt nicht nur für die Generation, deren Männer dem Krieg zum Opfer fielen, sondern auch heute noch. In diesem Zusammenhang spielt nicht nur die höhere Lebenserwartung der Frauen eine Rolle, sondern auch ihr im Durchschnitt etwas niedrigeres Alter bei der Heirat und ihre geringere Wiederverheiratungsquote nach einer Scheidung oder dem Tod des Mannes. Mehr als die Hälfte der geschiedenen Männer heiratet noch einmal, aber nur ein Viertel der geschiedenen Frauen; 10 % der Witwer, aber nur 2 % der Witwen heiraten noch einmal. Zwei Drittel der Männer über 65 Jahren sind verheiratet, aber nur noch ein Drittel der Frauen. Während bei den Menschen unter 55 Jahren mehr Männer als Frauen allein leben, steigt jenseits der 55 Jahre der Anteil allein lebender Frauen rasant an: 37 % der «jungen alten» Frauen (55 bis 75 Jahre) leben allein, jedoch nur 16 % der Männer dieser Altersgruppe. Von den über 75-jährigen Frauen leben sogar knapp zwei Drittel (64 %) allein – während es bei den Männern nur knapp ein Viertel (24 %) sind.[1]

Wer als alter Mensch noch in einer Partnerschaft lebt und Kinder hat, ist weniger bedroht durch Einsamkeitsgefühle und Depressionen. Doch es sind die Sozialkontakte außerhalb von Familie und Verwandtschaft, die sich besonders positiv auf das Wohlbefinden auswirken und ein gutes Selbstwertgefühl herstellen.[2] Für die Alleinstehenden haben Freundschaften natürlich eine besonders große Bedeutung. Meine Großmutter Else und ihre Freundin Ella lebten die längste Zeit ihres für damalige Verhältnisse langen Alters in Dreigenerationenhaushalten, in denen sie als Großmütter gebraucht wurden. Doch ihre Freundschaft fügte ihrem Leben noch eine ganz andere Dimension hinzu: Sie kannten und schätzten einander lange, eben nicht nur in ihren Familienrollen, sondern als ganze Person, mit ihrer ganzen gewachsenen Biografie.

Meine Schwiegermutter Lina dagegen, eine Soldatenwitwe des Zweiten Weltkriegs, hatte keine beste Freundin, obwohl sie eine Generation jünger war als meine Großmutter Else, Jahrgang 1909. Sie war Bäuerin, und ihr traditionelles soziales Umfeld, in dem die Alten noch vollständig und ausschließlich in die Familie eingebunden waren, löste sich im Zuge der landwirtschaftlichen Strukturveränderungen der 60er Jahre mehr oder weniger auf. Doch auch nachdem sie selbst ihren Hof aufgegeben hatte, den keines der beiden Kinder übernehmen wollte, und zu der verheirateten Tochter in die Stadt gezogen war, spielten die Vettern und Basen, Schwager und Schwägerinnen, die noch auf Bauernhöfen lebten, weiterhin in ihrem Leben eine wichtige Rolle. Sie besuchte ihre Verwandten, wenn geerntet oder geschlachtet wurde, und half in diesen Zeiten großen Arbeitsanfalls reihum aus – oder sie «hütete ein», wenn die Verwandten mal verreisen wollten, kümmerte sich um Haus und Hof und die Tiere. Im hohen Alter, als dergleichen für sie zu anstrengend wurde, entwickelte sie noch einmal «städtische» Aktivitätsmuster: Sie besuchte Seidenmal- und Emaillierkurse, die die örtliche Kirchengemeinde den Senioren anbot, und nahm an Gruppenreisen teil, die der Verband der Kriegsopfer und Hinterbliebenen organisierte. Dabei schloss sie keine engen Freundschaften mehr, aber sie fand doch noch eine Reihe von guten Bekannten.

Freundschaft ist schwierig zu definieren: Was für den einen nur «gute Bekannte» sind, sind für die anderen schon Freunde. Wer als «Freund» oder «Freundin» bezeichnet wird und was die Freundschaft für einen Stellenwert hat, unterscheidet sich von Person zu Person und ist darüber hinaus auch interkulturell verschieden. In den USA nennt man Menschen Freunde, die bei uns nur als «Bekannte» rangieren würden. Auch verschiedene soziale Milieus und verschiedene Alterskohorten innerhalb einer Gesellschaft haben einen unterschiedlichen Begriff von Freundschaft. Auf jeden Fall sind Freundschaften vom Individuum frei gewählte außerfamiliäre Sozialbeziehungen. Mit wem unternimmt man in der Freizeit gemeinsam etwas? Mit wem spricht man über persönliche Angelegenheiten? Von wem lässt man sich bei schwierigen Entscheidungen raten und in schweren Zeiten trösten? Wer hilft einem, wenn nötig, bei Alltagsgeschäften? Das alles können Kriterien für Freundschaft sein.

Freunde stammen überwiegend aus einem ähnlichen sozialen Umfeld und aus der gleichen Alterskohorte wie man selbst. Freundschaften entstehen und stabilisieren sich meist aufgrund einer ähnlichen Weltsicht und ähnlicher Lebenserfahrungen. «Beste Freunde» sind in der Regel Angehörige des gleichen Geschlechts: Frauen haben Freundinnen, Männer haben Freunde. Das gilt vor allem für Verheiratete, denn bei Alleinlebenden kann der beste Freund auch schon einmal dem anderen Geschlecht angehören. Vor allem Männer, die allein leben, haben häufiger eine «beste Freundin» als einen «besten Freund».[3]

Die heute alten Menschen haben weniger Freunde als die jüngeren. Sie geben bei Umfragen viel häufiger an, keinen «besten Freund» oder keine «beste Freundin» zu haben, unabhängig vom Familienstand und von der Wohnform. So nennen gut drei Viertel der Menschen zwischen 40 und 54 Jahren, wenn sie nach «wichtigen Unterstützungspersonen» gefragt werden, Freunde. Das tun aber nur die Hälfte der 70- bis 85-Jährigen.[4] Für die andere Hälfte der Älteren kommen als «wichtige Unterstützungspersonen» nur der Partner oder die Kinder in Betracht.

Heißt das, dass die Beziehungen zu guten Freundinnen und Freunden im höchsten Alter unwichtiger werden, dass dann nur noch die Familie zählt? Oder handelt es sich um Menschen wie meine Schwiegermutter Lina, die auch in vorangegangenen Phase ihres Lebens seltener Freunde gehabt haben? Vieles deutet darauf hin, dass Freundschaften in den letzten Jahrzehnten für die Menschen in unserer Gesellschaft insgesamt wichtiger geworden sind – und dass sie in der Zukunft noch weiter an Bedeutung gewinnen werden.

Im Allgemeinen bestanden die sozialen Netzwerke der Menschen früher vor allem aus verwandtschaftlichen und nachbarschaftlichen Beziehungen. Das galt vor allem für das ländliche Milieu. In vielen Gegenden überlappten sich Verwandtschaft und Nachbarschaft: Tanten und Onkel, Cousinen oder Cousins wohnten in der Nähe, im gleichen Dorf, ein paar Gehöfte weiter oder im Nachbardorf. Mit manchen Verwandten konnte man besser, mit anderen weniger gut, das Gleiche galt für die Nachbarn. Zu denen, die man mehr mochte, entwickelten sich intensivere Kontakte, während die Beziehungen zu den anderen Verwandten und Nachbarn funktionaler, formaler und äußerlicher blieben. Auch in den dörflichen Vereinen, die überwiegend Männervereine waren, stieß man wieder auf Verwandte und Nachbarn.

Im städtisch-bürgerlichen Milieu sah das etwas anders aus. Dort spielten (gleichgeschlechtliche) Freundschaften schon in früheren Zeiten eine größere Rolle, allerdings typischerweise vor allem in der Kindheit und Jugend, bis zur Heirat. Danach beherrschten auch dort die Familie und die Verwandtschaft das soziale Leben, vor allem bei den Frauen. In einem eingegrenzten Rahmen existierten gleichgeschlechtliche Gruppierungen auch neben der Ehe, vor allem für die Männer: Da waren die männliche Kumpanei im Vereinswesen, die Korpsbrüderschaften, die Stammtische. Für die Frauen gab es vergleichsweise weniger soziale Orte der Geselligkeit mit anderen Frauen, die nicht zur Verwandtschaft zählten. Die «Kränzchen» und Kaffeerunden des bürgerlichen Milieus gehörten meist der vorehelichen Lebensphase an. Manchmal gab es Handarbeitszirkel verheirateter Frauen oder Gruppierungen im Umfeld der Kirche, Bibelkreise oder Frauengruppen, die sozialkaritativ tätig waren, die Feste des Kirchenjahres oder Wohltätigkeitsbasare vorbereiteten.

Es ist eine der wichtigsten gesellschaftlichen Veränderungen unserer Zeit, dass Freundschaften im Zuge der Individualisierung einen immer größeren Platz in unserem Leben einnehmen. Das ist ein Trend, den man auch in Zahlen messen kann. Zwischen 1978 und 1988 stieg die Zahl derer, die in Westdeutschland bei einer repräsentativen Umfrage sagten, sie hätten mindestens eine enge freundschaftliche Beziehung, von 74 % auf 81 %.[5] Noch aufschlussreicher sind Daten aus der Schweiz: Zwischen 1979 und 1994 sank der Anteil der über 65-Jährigen, die keine engen Freunde hatten, im Zentralwallis von 38 % auf 23 %, in Genf von 37 % auf 19 %.[6] Freundschaften gewinnen jetzt auch in den Milieus an Bedeutung, in denen früher traditionellerweise nur verwandtschaftliche Kontakte gepflegt wurden.

Freundschaften sind in jeder Lebensphase wichtig. Besonders im Alter sind Freundschaftsbeziehungen «… für ein positives Lebensgefühl … wichtiger als häufige Interaktionen mit den eigenen Kindern».[7] Selbst gewählte Beziehungen zu Menschen, die man der persönlichen Nähe und Übereinstimmung willen als Freunde empfindet, haben mit der eigenen Individualität zu tun. Sie vermitteln soziale Anerkennung und stabilisieren das Selbstwertgefühl ungleich mehr als die selbstverständlicheren Familienkontakte.[8]

In einer Studie über das soziale Verhalten der jungen Alten in Wien hatte ein Drittel der Befragten mindestens zwei Freundinnen bzw. Freunde, ein weiteres Drittel mindestens vier. Zwei Drittel der Befragten gaben an, dass sie sich mindestens einmal in der Woche mit Freunden oder Bekannten treffen.[9] In Deutschland treffen jeder vierte Mann und jede dritte Frau zwischen 55 und 69 Jahren mehrmals in der Woche Freunde; mehr als zwei Drittel beider Geschlechter treffen zumindest ein- bis dreimal im Monat Freunde. In der Altersgruppe der 70–85-Jährigen sehen nur noch jeder fünfte Mann und jede dritte Frau mehrmals pro Woche Freundinnen oder Freunde.[10]

Freunde muss man erwerben, Freundschaften wollen langfristig aufgebaut und gepflegt werden. Der Onkel bleibt der Onkel, auch wenn man ihn im Jahr nur zweimal anruft, und gute Nachbarschaft ist auch dann noch möglich, wenn man nichts weiter tut als freundlich zu grüßen. Doch Freundschaften bleiben nur dann erhalten, wenn die subtile Balance aus Geben und Nehmen stimmt.

Es verwundert nicht, dass Menschen, die sozial attraktiv sind, mehr soziale Kontakte haben als andere. Wer eine angenehme Persönlichkeit besitzt, auf andere eingehen und ein angemessenes Gleichgewicht zwischen Nähe und Distanz finden kann, tut sich leichter mit Freundschaften. Auch Menschen mit einem relativ hohen Sozialstatus sind als Freunde attraktiver. Dieser Zusammenhang besteht in jedem Lebensalter, und er zeigt sich auch in gerontologischen Studien für die Älteren: Je höher die soziale Schicht, je besser die Schulbildung, je größer das Einkommen, desto mehr freundschaftliche Kontakte besitzt man.

Zwar schrumpfen die sozialen Netze aller Menschen im höchsten Alter. Achtzigjährige haben im Durchschnitt weniger Sozialkontakte als Sechzigjährige. Doch wer in den mittleren Lebensjahren gute Freunde hat, nennt auch im höheren Alter noch Freunde als wichtige Kontaktpersonen.[11] Für die Lebenszufriedenheit ist dann weniger die Quantität als die Qualität der Beziehungen entscheidend. Die verringerte Mobilität, die verhindern kann, dass man seine Freunde persönlich trifft, lässt sich bis zu einem gewissen Grad noch durch die moderne Kommunikationstechnik ausgleichen. Auch per Telefon sind befriedigende und intensive Gespräche möglich. Doch da Freunde meist aus der gleichen Altersgruppe stammen, bedroht im höchsten Alter der Tod die persönlichen Netzwerke.

Für alte Freunde, die man schon lange kennt, bleibt man wegen der gemeinsamen Geschichte, wegen des über einen langen Zeitraum fortgesetzten Erfahrungsaustauschs wichtig und wertvoll; für sie muss man nicht ständig interessant sein und dauernd etwas Neues zu bieten haben. Das sieht anders aus, wenn es darum geht, neue Freunde zu gewinnen. Im höchsten Alter hat man da nicht mehr so gute Karten. Soziale Attraktivität ist nämlich auch situationsabhängig. Ärgerlicherweise ist man gerade dann für andere Menschen nicht besonders attraktiv, wenn es einem selbst schlecht geht, wenn man wenig zu bieten hat, weil man selber bedürftig ist und umso mehr Zuwendung gebrauchen könnte. Und ein reduzierter Gesundheitszustand und geringere Mobilität reduzieren die Möglichkeiten, nach außen zu gehen und neue Menschen kennen zu lernen.[12] Auch wenn man das Glück hat, sich im höchsten Alter noch bewegen und am sozialen Geschehen außerhalb der eigenen vier Wände teilnehmen zu können, begegnet man dabei doch immer weniger Menschen der eigenen Altersgruppe, die noch ähnlich mobil und interessiert sind. Und Jüngeren gegenüber hat man zunehmend das Gefühl, an sozialer Attraktivität zu verlieren, je älter man wird. Umso besser sind diejenigen dran, die schon in einer früheren Lebensphase gute Freundschaften hergestellt haben, die sie bis ins hohe Alter begleiten. Solche Freundschaften stellen dann so etwas wie eine Kontinuität der Identität her. Sie stabilisieren das Selbstbild und das Selbstwertgefühl und können so eine emotionale Stütze darstellen.

Für die meisten Menschen, die heute hochbetagt sind, steht die Familie im Kontaktnetz an oberster Stelle – danach kommen die Freunde und erst an letzter Stelle sonstige Verwandte, Nachbarn und professionelle Helfer.

Während die sozialen Netzwerke der Verwitweten ähnlich aussehen wie die der Verheirateten, unterscheiden sich die der Kinderlosen deutlich von denen Älterer mit Kindern.[13] In jungen Jahren haben kinderlose Paare und Familien noch relativ ähnliche soziale Netze, doch die entwickeln sich dann mit zunehmendem Alter anders. Später lassen bei den kinderlosen Paaren vor allem die Kontakte zu Verwandten deutlich nach. Auch haben Kinderlose und ledige Hochbetagte kleinere soziale Netze als Hochbetagte mit Kindern. Für sie rangieren Freunde und – mit einigem Abstand – Nachbarn an oberster Stelle als Kontaktpersonen.[14]

Auf der anderen Seite stehen die allein lebenden Alten in Sachen Freundschaft besser da als die verheirateten Alten. «Ich habe keinen Besuchskontakt mit Freunden», sagten bei den unter 75-Jährigen 45 % der Verheirateten, aber nur 29 % der Alleinlebenden. Und bei den über 75-Jährigen war der Unterschied sogar noch krasser: 68 % der Verheirateten, aber nur 38 % der Alleinlebenden hatten keinen Besuchskontakt mit Freunden![15]

Wahrscheinlich haben die Alleinlebenden im jungen wie im hohen Alter schon deswegen mehr freundschaftliche Beziehungen, weil sie stärker darauf angewiesen sind; sie müssen das Fehlen eines Partners durch intensive Freundschaften kompensieren. Verheiratete Paare haben einander und sind deswegen weniger darauf angewiesen, für soziale und emotionale Unterstützung nach außen zu gehen. Im höchsten Alter geraten die Ehepaare dann nach und nach in eine Minderheitenposition. Während es bis zu einem gewissen Alter «normal» ist, als Paar zu leben, werden mit fortschreitendem Alter die Alleinstehenden zur Mehrheit. Das mag dazu führen, dass sich die Ehepaare, denen sich immer weniger Gelegenheit zu Kontakt mit ihresgleichen bietet, noch stärker aufeinander beziehen und noch weniger nach außen gehen. Das macht die Situation dann für den Überlebenden eines sehr alten Paares noch schwerer, wenn er oder sie sich nach dem Tod des Partners neu orientieren muss. In diesem Falle wendet sich, was vorher ein großes Plus im Altersprozess war, in sein Gegenteil und wird zu einem schweren Nachteil. Die Vereinsamung des Überlebenden, der keine engen Freunde hat, ist umso größer.

Geschwisterbeziehungen spielen für die meisten Menschen heute nicht mehr dieselbe Rolle wie früher. Sie gehören nur selten zu den «wichtigen Unterstützungspersonen» im Alter, und sie übernehmen kaum je die Betreuung pflegebedürftiger Brüder oder Schwestern. Und doch sind sie wichtige Figuren, weil sie dem älter werdenden Menschen ein Gefühl für die Kontinuität der eigenen Identität geben. Sie erinnern an die eigenen biografischen Wurzeln und vermitteln so zwischen der Familienvergangenheit und der gelebten Gegenwart. Häufig kommen sich ältere Geschwister nach dem Tod der (hochaltrigen) Eltern noch einmal näher. Das ist besonders dann der Fall, wenn auch die Partner verloren gegangen sind und sich die Geschwister in der vergleichbaren Situation des Alleinlebens wiederfinden. Immer wieder lässt sich beobachten, dass früher ausgeprägte Geschwisterrivalitäten in späteren Lebensjahren in den Hintergrund treten. Besonders Schwestern entwickeln in dieser Phase oft noch einmal enge Beziehungen. Für die kommenden Generationen werden allerdings Geschwisterbeziehungen im Alter schon deswegen eine geringere Rolle spielen, weil immer mehr Menschen heute als Einzelkinder aufwachsen.

Nachbarn haben nur noch einen geringen Stellenwert in den sozialen Netzwerken von heute. Zwar wird gute Nachbarschaft durchaus geschätzt. Man grüßt sich und hält vielleicht im Treppenhaus, über den Zaun oder auf der Straße ein kurzes Schwätzchen. Doch die Beziehungen zu Nachbarinnen und Nachbarn bleiben meist oberflächlich, vor allem im städtischen Milieu – auch wenn es Versuche gibt, dem durch Aktivitäten wie Straßenfeste und Ähnliches entgegenzuwirken. Untersuchungen haben gezeigt, dass sich die nachbarschaftlichen Beziehungen innerhalb der letzten zwei Jahrzehnte noch einmal gelockert haben.[16] Nur ein Drittel aller Menschen übernimmt gelegentlich kleine Dienstleistungen für Nachbarn – fehlende Nahrungsmittel oder Werkzeuge ausleihen, Postsendungen annehmen, in Abwesenheit der Nachbarn deren Blumen gießen, Rasen mähen oder Haustiere füttern, gelegentlich beim Einkauf etwas mitbesorgen und Ähnliches. Im höchsten Alter allerdings, wenn die Mobilität und damit auch die Möglichkeit zu anderen Kontakten nachlassen, kann so etwas wie Nachbarschaftshilfe wieder eine größere Rolle spielen. Jedenfalls sind Hochaltrige stärker in ihre Nachbarschaft eingebunden als jüngere Menschen.[17]

Sicher ist, dass die Menschen, die in zwanzig bis dreißig Jahren in Rente gehen, andere Kontaktnetze haben werden als die heutigen Rentnerinnen und Rentner, vielfältigere und zugleich problematische: Sie werden seltener Kinder und noch viel seltener Enkel haben, dafür im Laufe ihres Lebens mehr angeheiratete Verwandte erwerben, zu denen der Kontakt mit einer gewissen Wahrscheinlichkeit nur flüchtig bleibt und nach Trennung, Scheidung und Wiederheirat abbricht. Mit Sicherheit werden Freundschaften eine noch viel größere Rolle spielen als heute. Die sozialen Netze der Zukunft könnten aber durch eine erhöhte Mobilität anfällig und zerbrechlicher werden.[18]

Am besten altert man wohl mit einem «durchmischten» sozialen Netz, in dem es Kontakte zur Familie, zu Kindern, zu Freunden, Nachbarn, ehemaligen Arbeitskollegen und sonstigen Bekannten gibt und, falls erforderlich, auch zu professionellen Helferinnen und Helfern. Ein solches soziales Netz kann differenziert und arbeitsteilig ganz verschiedene Bedürfnisse abdecken. Freunde sind meist besonders wichtig für die emotionale Unterstützung, für den persönlichen Austausch von Gedanken und Gefühlen wie auch als Begleitpersonen für Freizeitaktivitäten. Die familiären Beziehungen dagegen haben sich als tragfähiger für die Alltagsunterstützung erwiesen, für die kleinen Hilfen bei Alltagsgeschäften, die im höchsten Alter wichtiger werden.

Intensive Freundschaften entstehen sicher häufiger in den jungen und mittleren Erwachsenenjahren, wenn sich die Persönlichkeit noch formt, als im fortgeschrittenen Alter. Doch auch kritische Lebensereignisse können zum Entstehen von neuen Freundschaften führen. Wer eine schwere Lebenskrise – wie Trennung, Scheidung, ernsthafte Erkrankung oder Tod des Partners, eigene schwere Krankheit – durchgestanden hat, sucht häufig den Kontakt zu Menschen mit vergleichbaren Erfahrungen. Auch die Berufsaufgabe oder ein Ortswechsel stellen große Umbrüche dar. Manche dieser Erfahrungen machen Menschen gehäuft in der zweiten Lebenshälfte. Dann suchen sie heutzutage eher noch nach neuen Freundschaften als in früheren Zeiten.

Insgesamt gibt es heute für ältere Menschen, vor allem für die jungen Alten, sehr viel mehr Möglichkeiten, noch neue Kontakte aufzunehmen und Freundschaften zu schließen, als vor ein oder zwei Generationen. Früher gab es nur wenige soziale Orte, an denen allein stehende Ältere – besonders allein lebende Frauen – andere Menschen treffen konnten. Die sozialen Bewegungen der 70er und 80er Jahre und der von ihnen ausgelöste Individualisierungsschub haben ein soziales Klima geschaffen, in dem auch junge Alte sich als Einzelpersonen leichter und freier in der Öffentlichkeit bewegen können. Zu den Zeiten meiner Großmutter Else und auch noch zu den Zeiten meiner Schwiegermutter Lina wäre es undenkbar gewesen, dass zwei Frauen allein abends ein Restaurant besucht hätten – ihnen stand gerade einmal das Café am Nachmittag offen. Heute gibt es ein vielfältiges soziales Leben, getragen von zahlreichen Organisationen und Gruppierungen. Volkshochschulen, Institutionen der Erwachsenenbildung, Sportvereine, Bürgerinitiativen und ganz neue politische und gesellschaftspolitische Gruppierungen bieten Foren für Kontakte aller Art, Kurse und Seminare, Weiterbildung, Gruppenreisen, Veranstaltungen in Sport, Freizeit, Kultur – alles neue Phänomene, die es vor einigen Jahrzehnten in dieser Art und Häufung noch nicht gab. Hier entfalten sich auch ein neues Selbstbewusstsein und Selbstverständnis der jungen Alten.

Freunde zu haben und sich in solchen gesellschaftlichen Zusammenhängen zu bewegen, bedingt sich gegenseitig. Die meisten Menschen gehen nicht gern allein, sondern lieber in Begleitung von Freunden zu sozialen und kulturellen Veranstaltungen. Andererseits lassen sich bei derlei Anlässen soziale Kontakte knüpfen, aus denen wiederum Freundschaften entstehen können. Natürlich sind es tendenziell eher Menschen mit höherer Schulbildung, mit einer gehobenen Berufsbiografie und einem besseren Einkommen, die sich an solchen sozialen Orten bewegen, für solche Aktivitäten interessieren und dort auch einen «Markt» für neue Sozialkontakte im fortgeschrittenen Alter finden. Der Zusammenhang zwischen hohem Bildungsgrad, zahlreichen Aktivitäten und Sozialkontakten und freundschaftlichen Beziehungen ist nachgewiesen – und interessanterweise bei den Frauen noch ausgeprägter als bei den Männern.

Ältere Männer haben ohnehin im Allgemeinen weniger Freunde als ältere Frauen.[19] Das hängt vermutlich damit zusammen, dass sie sich während der mittleren Erwachsenenjahre stärker über ihre berufliche Tätigkeit definieren. In dieser Phase haben sie sich weniger Zeit genommen, freundschaftliche Beziehungen und andere soziale Aktivitäten zu pflegen, ihr Kontaktnetz wurde vor allem von den Arbeitskollegen und der Familie bestimmt. Arbeitskollegen werden aber wegen des immer präsenten Konkurrenzdrucks nicht unbedingt auch Freunde und Freundinnen.

Else und Ella waren zu ihrer Zeit eine glückliche Ausnahme. Denn eigentlich ist es eine neue Entwicklung, dass Freundschaften neben den Familienbeziehungen im Alter so wichtig werden. Sie spielen schon für die heute jungen Alten eine größere Rolle als für die Generation ihrer Eltern. Und für zukünftige Altengenerationen werden frei gewählte Beziehungen und Sozialkontakte eine noch größere Bedeutung haben.

Freundschaften aufzubauen und zu pflegen, ist ein ganz wesentlicher Teil der Vorsorge für das eigene Alter – mindestens ebenso wichtig wie die materielle Vorsorge durch Zusatzrenten, Versicherungen und eine geschickte Vermögensanlage.

8
Wie wollen wir im Alter wohnen?

Vor einiger Zeit gab es in meiner Stadt eine Tagung über Projekte gemeinschaftlichen Wohnens im Alter. «Weiter wohnen wie gewohnt?» hieß das Thema. Es ging um die Alternativen zum Alleinleben.

Die Veranstaltung war in der Presse angekündigt; ich konnte nur daran teilnehmen, weil ich mich zeitig angemeldet hatte. Andere waren weniger glücklich. Die Veranstalter hatten mit etwa hundert Teilnehmern gerechnet, doch es gab dreimal so viele Interessenten, die meisten mussten abgewiesen werden, weil die Räumlichkeiten diesem Andrang nicht gewachsen waren. Auf der Tagung stellten sich verschiedene Wohnprojekte in unterschiedlichen Stadien vor: größere und kleinere, noch lockere oder geschlossene Gruppen, solche, die erst über ihre Vorstellungen diskutierten, neben schon verwirklichten Projekten. Vertreten war ein breites Spektrum ganz verschiedener Initiativen, von Großgruppen, die gemeinsam eine Wohnungsbaugenossenschaft gegründet hatten und in einer Wohnanlage Nachbarschaft zwischen den Generationen erprobten, bis hin zu Gruppen befreundeter Paare, die gemeinsam ein Haus mit Privatwohnungen und Gemeinschaftsräumen gebaut hatten.

Beeindruckend auf dieser Veranstaltung war nicht nur die Vielfalt der schon existierenden Projekte für gemeinschaftliches Wohnen, sondern auch die Aufbruchsstimmung, die dort herrschte. Hier waren Menschen versammelt, denen der Gedanke gefiel, ihre Lebenssituation im

Alter noch einmal aktiv zu gestalten. Seit einigen Jahren gibt es in vielen Städten und Regionen vergleichbare Initiativen. Neue gemeinschaftliche Wohnformen interessieren immer mehr ältere Menschen.

Doch vermutlich wird die Mehrheit auch zukünftiger Altengenerationen in der letzten Phase ihres Lebens «weiter wohnen wollen wie gewohnt» – das heißt in der Wohnung oder in dem Haus, in dem sie schon die Jahre zuvor verbracht haben, ganz besonders dann, wenn es Eigentum ist oder sie schon lange dort beheimatet waren. Man will mit dem Partner leben, solange es ihn gibt, und allein, wenn man schon lange allein war oder nach dessen Tod übrig geblieben ist. Man hofft inständig darauf, dass man bis ins höchste Alter zurechtkommt und dass man vor seinem Lebensende nicht pflegebedürftig wird. Sollte man doch irgendwann auf fremde Hilfe angewiesen sein, setzt man auf ambulante Dienste und hofft wiederum, die dann auch bezahlen zu können. Nur im äußersten Notfall wird man in ein Heim übersiedeln.

Weil die meisten so denken, wird der Eintritt in ein Altenheim mehr und mehr zu einem unfreiwilligen Schritt, der erst dann erfolgt, wenn einem das Schicksal das Heft der Selbstbestimmung aus der Hand geschlagen hat. Dementsprechend wird die Klientel der Altenheime im Durchschnitt immer älter, kränker und bedürftiger – was natürlich das Heimleben für diejenigen, die noch mobil und geistig wach sind, zunehmend unattraktiver macht. Nur 20 % der Heimbewohner sind unter 75 Jahre alt; 23 % sind älter als 90 Jahre; viele von ihnen leiden an Demenzerkrankungen.[1]

Die eigene Wohnung hat in jeder Lebensphase eine große Bedeutung. Sie ist ein Ort des Rückzugs, in dem man sich geschützt fühlt, den man nach eigenen Wünschen und Bedürfnissen gestaltet, ein Symbol für die äußere und innere Heimat. Je länger man in seiner Wohnung lebt, desto eher wird sie wie ein Teil der eigenen Person. Im hohen Alter, wenn sich der äußere Bewegungsradius verkleinert, verstärkt sich die Bedeutung der eigenen Wohnung noch, weil man hier die meiste Zeit verbringt.

Gut zwei Drittel der Hochaltrigen leben allein, gegenüber nur einem Drittel der jungen Alten, und in Zukunft wird es noch viel mehr Einzelhaushalte sehr alter Menschen geben.[2] Die meisten Hochaltrigen bleiben bis an ihr Lebensende in ihrer angestammten Wohnung. Der deutsche Alters-Survey ergab, dass die meisten über 70-Jährigen schon länger als zwanzig Jahre in der gegenwärtigen Wohnung sind und dass sie keine konkreten Veränderungspläne haben. Nur jede/r Zehnte der 70- bis 85-Jährigen denkt daran, noch einmal umzuziehen.[3] Auf dem Hintergrund dieser generell niedrigen Umzugsbereitschaft zeichnet sich bei den jungen Alten aber seit einiger Zeit eine leicht wachsende Bereitschaft zu einer Veränderung ihrer Wohnsituation ab.[4]

Die Wohnqualität in den von älteren Menschen schon lange bewohnten Behausungen ist nicht immer gut und keineswegs im Normalfall den Bedürfnissen des hohen Alters angepasst, obwohl der Standard sich zumindest im Westen Deutschlands in den letzten Jahrzehnten sehr verbessert hat. Die Wohnungen alter Menschen sind oft extrem unpraktisch und nicht selten viel zu groß – das ist ein Ergebnis der «passiven Wohnraumexpansion» nach dem Auszug der Kinder und dem Tod des Partners oder der Partnerin. Schon die jungen Alten haben, verglichen mit der übrigen Bevölkerung, überdurchschnittlich große Wohnungen; mehr Wohnraum als alle anderen haben die über 70-Jährigen allein lebenden Frauen. Das kann auch zu einer Belastung werden, denn diese zu großen Wohnungen oder Häuser, in denen die alten Frauen allein zurückgeblieben sind, müssen in Ordnung gehalten werden – außerdem sind nicht selten die Mieten in Relation zum Einkommen zu hoch.[5]

Wer im hohen Alter für sich allein lebt, ist ganz besonders auf ein gutes soziales Netzwerk aus Familienbeziehungen und freundschaftlichen Kontakten angewiesen. Allerdings wohnen die erwachsenen Kinder nicht immer in der gleichen Stadt und die guten Freunde nicht immer um die Ecke. Meine Großmutter Else und ihre Freundin Ella konnten sich bis zuletzt gegenseitig besuchen, weil beide so beweglich blieben, dass der Bus als Transportmittel ihre wöchentlichen Treffen gewährleistete. Heute ist das eigene Auto für die meisten älteren Menschen das hochgeschätzte Transportmittel, der Garant für Freiheit und Unabhängigkeit und damit so etwas wie ein Symbol der Fortdauer ewiger Jugend. «Alt ist man erst, wenn man nicht mehr Auto fahren kann», sagten viele Ältere in einer Umfrage.[6]

Doch was, wenn die Kinder nicht in der Nähe leben (oder es gar keine Kinder gibt) und die Freunde selbst so alt geworden sind, dass sie nicht mehr Auto fahren und mich besuchen können? Wenn ich selber nicht mehr zu ihnen kann? Was, wenn meine guten Freunde in Hamburg oder Leipzig wohnen, ich aber in München? Die große Mobilität und die modernen Kommunikationstechniken machen es möglich, Familienbeziehungen und Freundschaften über Distanz lebendig zu erhalten. Im hohen Alter werden diese wichtigen Menschen dann aber für mich persönlich unerreichbar. Wer im Alter in ländlichen Regionen lebt, ist in einer besonders ungünstigen Situation, wenn er oder sie nicht mehr Auto fahren kann. Denn um die öffentlichen Verkehrsmittel ist es meist nicht gut bestellt, und die Menschen, die nicht mehr gewohnt waren, sie zu benutzen, werden kaum im höchsten Alter wieder damit beginnen. Über das Telefon mögen noch Gespräche, emotionale Unterstützung, Trost, Rat und Anregung möglich sein. Doch die entfernt lebenden Kinder und Freunde können mich nicht ins Konzert begleiten, wenn ich nicht mehr gern allein ausgehe, sie können nicht mit mir zum Arzt gehen, wenn ich mich unsicher auf den Beinen fühle, nicht mal eben für mich einkaufen, wenn ich das Haus an einem schlechten Tag nicht verlassen kann. Sie können mir nicht mittags einen Topf Suppe bringen, wenn ich mit einer Erkältung im Bett liege.

Wenn man Glück hat, tritt diese Situation erst weit jenseits der achtzig ein. Doch was, wenn man allein nicht mehr gut zurechtkommt, doch nicht zu den Kindern ziehen will oder kann und ganz bestimmt nicht in ein herkömmliches Altenheim umsiedeln will? In den letzten Jahrzehnten hat sich bei uns ein breites Spektrum neuer Wohnmodelle für ältere Menschen entwickelt. Auf der einen Seite geht es darum, Wohnungen so zu bauen oder umzubauen, dass es auch in ihrer Beweglichkeit sehr eingeschränkten älteren Menschen möglich wird, lange allein in der bisherigen Wohnung weiterzuleben; auf der anderen Seite haben sich neue Formen «betreuten Wohnens» und «gemeinschaftlichen Wohnens» entwickelt, die sich deutlich vom traditionellen Altenheim unterscheiden.

Lange allein weiterleben kann man in den so genannten barrierefreien Wohnungen: Neubauten, die von vornherein den Bedürfnissen hochaltriger und behinderter Menschen angepasst sind. So gibt es zum Beispiel keine Stufen oder Schwellen, die Türen sind so breit, dass man mit einer Gehhilfe oder einem Rollstuhl problemlos passieren kann; es gibt genügend Wendeflächen für einen Rollstuhl. Arbeitsflächen, Einbauschränke, Türklinken, Lichtschalter sind so angebracht, dass man sie auch im Sitzen oder von einem Rollstuhl aus erreichen kann.

Von einer «angepassten» Wohnung spricht man, wenn schon bestehende Wohnungen durch bauliche Veränderungen den Bedürfnissen hochbetagter Menschen entsprechend umgestaltet werden. Dabei geht es einerseits um die Beseitigung von Barrieren und Gefahrenquellen, andererseits darum, dass zusätzliche Bequemlichkeiten und Erleichterungen geschaffen werden. Bad und Küche sind die kritischen Bereiche. Die meisten Veränderungen sind im Allgemeinen im Badezimmer erforderlich: Einstiegshilfen in die Badewanne – oder der Abriss der Badewanne zugunsten des Einbaus einer Dusche ohne Beckenrand für ein problemloses Hinein- und Heraustreten, die Anpassung der Sitzhöhe der Toilette durch einen Aufsatz, Haltegriffe an verschiedenen strategischen Orten und Ähnliches mehr. Wenn die angestammte Wohnung entsprechend umgestaltet wird, kann auch ein körperlich sehr beeinträchtigter Mensch mit etwas Glück darin bis ins höchste Alter ein selbstständiges Leben führen.

Es gibt einen nachweisbaren Zusammenhang zwischen der objektiven Wohnqualität und dem Grad der Selbständigkeit im hohen Lebensalter: Wer als alter Mensch in gut ausgestatteten Wohnungen lebt, bleibt länger selbständig. Wer hingegen in Wohnungen mit ungünstiger Ausstattung lebt, wird deutlich eher hilfs- und pflegebedürftig.[7]

Wer sich mehr Hilfe und Unterstützung wünscht, als das in der bisherigen Wohnung möglich ist, für den gibt es die verschiedenen Wohnmodelle des «betreuten Wohnens». «Betreutes Wohnen», auch «Service-Wohnen» genannt, verbindet altersgerechte Wohnungen mit einem Angebot verschiedener Betreuungsleistungen, wie etwa Notrufservice, Reinigungsdienst, Versorgung mit Mahlzeiten, gegebenenfalls Pflegedienste.

«Betreutes Wohnen» ist auch zu Hause möglich. Man schließt dann einen Betreuungsvertrag mit professionellen Dienstleistern ab – etwa einem ambulanten Dienst, einer Sozialstation, einem Betreuungsverein –, die regelmäßige

Hausbesuche machen und sich um das jeweils Erforderliche kümmern, von den Mahlzeiten auf Rädern über die stundenweise Haushaltshilfe bis zur kleinen oder großen Wäsche, dem morgendlichen und abendlichen An- und Auskleiden.

«Betreutes Wohnen» ist das Prinzip vieler eigens dafür geschaffener Wohnanlagen. Hier bewohnt man seine eigene, von vornherein altersgerecht gestaltete Wohnung und schließt zugleich mit dem Mietvertrag auch einen Betreuungsvertrag ab. Einige Formen betreuten Wohnens, wie Wohnstifte und Seniorenresidenzen, unterliegen dem Heimgesetz, andere werden auf dem freien Markt von kommerziellen Trägern angeboten. Verschiedene Wohnmodelle «betreuten Wohnens» bieten eine breite Palette von Serviceleistungen an, von denen einige grundsätzlich abgenommen werden müssen, während andere erst auf Wunsch im Bedarfsfall in Anspruch genommen werden können – und dann natürlich zusätzlich bezahlt werden müssen. Das Wohnen in betreuten Wohnanlagen bietet ein Maximum von Versorgung im Verein mit einem Maximum an Selbstbestimmung und unterscheidet sich damit vom herkömmlichen Altenheim. «Betreutes Wohnen» ist allerdings nicht billig. In vielen Wohnanlagen ist außerdem vertraglich geregelt, dass die Mieter ihre Wohnungen verlassen und in ein Pflegeheim übersiedeln müssen, wenn sie bettlägerig werden.

Neben diesen Wohnformen, bei denen die professionelle Betreuung im Vordergrund steht, gibt es noch die «selbst organisierten Projekte für gemeinschaftliches Wohnen im Alter», salopp auch «Altenwohngemeinschaften» genannt. Hier handelt es sich um Wohn- oder Hausgemeinschaften in gemieteten, gekauften oder eigens dafür gebauten Häusern, manchmal auch um ganze Siedlungsgemeinschaften oder Dörfer, in denen entweder nur ältere Menschen zusammenleben oder auch ältere und jüngere gemeinsam. Fast immer leben die Bewohnerinnen und Bewohner in jeweils eigenen Wohnungen oder abgeschlossenen Wohneinheiten. Meistens gibt es darüber hinaus noch Räume, die von allen gemeinsam genutzt werden. Wie das Gemeinschaftsleben der Gruppe aussieht, ist sehr verschieden und wird von den Bewohnern selbst geregelt. Das Gleiche gilt für die gegenseitigen Hilfe- und Unterstützungsleistungen. Manche Wohngruppen stellen gemeinsam eine professionelle Pflegekraft ein oder finanzieren sie im Bedarfsfall gemeinsam. Das entscheidende Kennzeichen solcher Projekte gemeinschaftlichen Wohnens ist, dass sie nicht von kommerziellen Unternehmen oder Trägern der Altenhilfe geplant und Interessierten als Fertigpaket angeboten werden, sondern dass sie in privaten Initiativen von Menschen entwickelt werden, die diese Lebensform für sich selbst in der Gruppe planen und verwirklichen.

In der Vorstellung der meisten Menschen existieren nur drei Lebensformen im Alter: «allein», «bei den Kindern» oder «im Altenheim»; sie haben keine Ahnung, wie breit das Spektrum der Möglichkeiten inzwischen ist. Doch die Pluralisierung der Lebensstile und der Lebensformen, die sich in anderen Lebensphasen schon länger abzeichnete, hat inzwischen auch das Alter erreicht und wird in den nächsten Jahrzehnten noch weiter zunehmen.

Das Bundesministerium für Familie, Senioren, Frauen und Jugend informierte im April 2004 im Zusammenhang mit seinem Modellprogramm «Selbstbestimmt wohnen im Alter» über die verschiedenen Wohnmodelle.[8] Eine größere Öffentlichkeit erreichte eine umfassende Reportage der Zeitschrift «Stern» über die verschiedenen existierenden Wohnmodelle im Sommer 2004.[9] Beim Kuratorium Deutsche Altershilfe läuft zurzeit (von 2002 bis 2005) ein dreijähriges Projekt «Leben und Wohnen im Alter», das eine einigermaßen vollständige Bestandsaufnahme leisten soll: Welche Wohnmodelle gibt es, wie unterscheiden sie sich voneinander, wie viele ältere Menschen leben in welcher Wohnform? Dabei sollen die verschiedenen Wohnmodelle im Einzelnen bewertet und mitsamt ihren Vor- und Nachteilen, den Voraussetzungen und Kosten, einer breiteren Öffentlichkeit bekannt gemacht werden.[10]

Alle Menschen, die sich wissenschaftlich oder politisch oder ganz privat mit dem Alter befassen, sind sich darüber einig, dass in den kommenden Jahrzehnten gerade das Spektrum der neuen Wohnformen zwischen dem Alleinleben in der eigenen Wohnung einerseits und der Rundumversorgung im herkömmlichen Alten- und Pflegeheim andererseits ausgebaut werden muss. Nicht nur, weil die konventionelle Heimunterbringung für die in Zukunft noch viel größere Zahl hilfs- und pflegebedürftiger Hochaltriger gesellschaftlich nicht mehr finanzierbar sein wird. Sondern auch, weil die Alten der Zukunft, die an einen hohen Grad von Individualität und Selbstbestimmung gewöhnt sind, sich immer schwerer tun werden, Wohnformen zu akzeptieren, die eine gewisse Entmündigung mit sich bringen.

Die Initiative zum Ausbau der neuen Wohnformen geht von der Generation der jungen Alten aus. Vor allem bei ihnen stoßen die Wohnalternativen auf ein wachsendes Interesse, obwohl sie insgesamt quantitativ noch nicht sehr ins Gewicht fallen. Es gibt bisher keine verlässlichen Statistiken, doch Schätzungen gehen davon aus, dass in Deutschland bisher etwa 200 000 bis 250 000 ältere Menschen in neuen Wohnformen leben; davon etwa 150 000 bis 230 000 in Wohnanlagen mit betreutem Wohnen und ca. 8000 Personen in selbst organisierten Projekten gemeinschaftlichen Wohnens. Die Zahl der Haus- und Wohngemeinschaftsprojekte wird von Experten zurzeit auf etwa

250 geschätzt.[11] Insgesamt entspricht das einer Versorgungsquote von nur 1,8 % bis 2 % der über 65-Jährigen.[12] Zum Vergleich: Ca. 3 % der über 65-Jährigen leben in Pflegeheimen oder Hospizen; 1,5 % bis 2 % in herkömmlichen Altenheimen, Altenwohnheimen oder Wohnstiften; 1 % bis 1,5 % in speziellen Altenwohnungen – und 93 % der über 65-Jährigen wohnen weiterhin in «normalen» Wohnungen.[13]

Die absoluten Zahlen sind also noch verschwindend gering. Umso erstaunlicher ist das breite Interesse, das diese Wohnmodelle inzwischen hervorrufen. Der deutsche Alters-Survey, die repräsentative Umfrage bei den Deutschen in der zweiten Lebenshälfte, ergab, dass sich in den alten Bundesländern immerhin jede/r Siebte aus der Altersgruppe der 40–54-Jährigen so etwas wie eine Wohn- oder Hausgemeinschaft im Alter vorstellen kann. In den neuen Bundesländern dagegen ist es nicht einmal jede/r Dreißigste.[14] Auch in meinem Umfeld gibt es Freunde und Bekannte, die sich mit solchen Wohnprojekten beschäftigen, einige nur in Gedanken, immer mal wieder, andere aber auch schon recht konkret.

Meine Freundin Anna, die in einer westdeutschen Großstadt lebt, ist Anfang 60, ihr Mann Ende siebzig, und die beiden wollen gemeinsam mit zwei Freundinnen, die Ende fünfzig, Anfang sechzig sind, ein Haus mit drei Wohnungen kaufen. Sie suchen intensiv nach einem Objekt, das günstig gelegen und bezahlbar ist. Dieses Modell gibt es sehr viel häufiger, als man denkt, und es wird noch nicht einmal in den Statistiken über gemeinschaftliche Wohnmodelle im Alter geführt.

Sabine, eine Bekannte, wird in Kürze in einen Neubau einziehen, in dem insgesamt zehn Wohnungen an allein lebende Frauen vermietet werden, die alle älter als Mitte fünfzig sind und die Familienphase hinter sich haben.

Eigentümer des Hauses ist ein Verein, den die Initiativgruppe gegründet hat, die dieses Wohnprojekt seit Jahren vorbereitet. Bei ihren regelmäßigen Treffen haben die zukünftigen Bewohnerinnen des Hauses ihre Vorstellungen über ein gemeinschaftliches Leben im Alter miteinander diskutiert und einander angeglichen.

Gernot und Ingrid, ein mir bekanntes Paar, Ende fünfzig, Anfang sechzig, werden in eine Neubausiedlung mit etwa hundert Wohneinheiten ziehen, die zurzeit gebaut wird. Es sind Eigenheime und Mietwohnungen darunter, einige davon sind altersgerecht, andere davon besonders für junge Familien gestaltet. Auch die zukünftigen Bewohner dieser Siedlung entwickeln seit Jahren gemeinsame Vorstellungen für ihr nachbarschaftliches Leben in diesem Wohnareal, in dem ein Miteinander aller Generationen angestrebt wird.

Die Idee, die hinter solchen Projekten für gemeinschaftliches Wohnen steht, geht dahin, Freunde zu Nachbarn zu machen – oder sich Nachbarn zu suchen, mit denen man in freundschaftlicher Verbundenheit so leben kann, dass ein tragfähiges Netz gegenseitiger Hilfe- und Unterstützungsleistungen aufgebaut wird. «Wahlverwandtschaften» sollen an die Stelle der verwandtschaftlichen Zwangsbeziehungen früherer Zeiten treten. Solche Gruppeninitiativen sind getragen von dem scheinbar paradoxen Bedürfnis, Autonomie und Verbundenheit gleichzeitig zu leben. Die Gratwanderung zwischen diesen Polen ist ein altes Thema der Achtundsechziger- wie auch der Nach-Achtundsechziger-Generation.

In einer Jugendstilvilla in Göttingen lebt seit nun mehr als zehn Jahren eine der ersten selbst organisierten Wohngruppen älterer Menschen in Deutschland, die auf großes Medieninteresse gestoßen ist.[15] Es gibt eine Buchveröffentlichung, die die Entwicklung der ersten sechs Jahre dieser Wohngruppe dokumentiert.[16]

Die Göttinger Altenwohngemeinschaft ist unter anderem deswegen interessant, weil es ganz «normale» Frauen waren, die Anfang 1994 dort einzogen; keine von ihnen hatte besondere Gruppenerfahrung. Wohngemeinschaften kannten diese Frauen allenfalls als juvenile Lebensform aus den Erzählungen ihrer Kinder. Sie waren zwischen 69 und 85 Jahren alt. Alle hatten zuvor allein gelebt, sich ein wenig isoliert und einsam gefühlt nach dem Ende der Berufstätigkeit, dem Tod des Mannes, dem Auszug der Kinder. Sie hatten manchmal Ängste beim Gedanken daran, wie es mit ihnen weitergehen würde im hohen Alter. Sie alle wünschten sich ein selbstständiges Leben innerhalb der eigenen vier Wände. Manche fanden ihre Häuser und Wohnungen zu groß oder zu abgelegen auf dem Land und fühlten, dass sie mit ihren nachlassenden Kräften bald nicht mehr imstande sein würden, die Arbeit in Haus und Garten zu bewältigen. Der Postbote war an manchen Tagen der einzige Gesprächspartner. Sie konnten sich auch nicht vorstellen, mit ihren erwachsenen Kindern unter einem Dach zu leben; das hätten sie als einengend empfunden. Den Gedanken an ein Altenheim fanden alle grässlich.

Die Entstehung dieser Altenwohngemeinschaft geht auf die Arbeit des gemeinnützigen Vereins «Freie Altenarbeit Göttingen e. V.» zurück, der es sich zum Ziel gesetzt hat, die Idee der Selbstorganisation Betroffener in die herkömmliche Altenhilfe zu tragen. 1989 fanden in Göttingen erste Veranstaltungen des Vereins zum Thema «Wie möchte ich im Alter wohnen?» statt, die auf großes öffentliches Interesse stießen. Damals bildete sich eine Kerngruppe Älterer, die bereit war, ein neues Wohnmodell selbst zu erproben. Bald darauf bekam der Verein von der Sozialdezernentin der Stadt die Jugendstilvilla für ein Modellprojekt angeboten.

Anfangs hatten sich die Antragsteller an studentischen WGs orientiert und sich vorgestellt, dass drei oder vier

Badezimmer für elf Bewohnerinnen reichen müssten. Außerdem war in dem ersten Projektantrag nur eine Gemeinschaftsküche vorgesehen, zur Förderung des Gemeinschaftslebens. Beides war für die Frauen, die in das Haus einziehen wollten, eine Horrorvorstellung. Es erinnerte sie an die Notwohngemeinschaften der Nachkriegszeit. Die Pläne wurden revidiert, und von da ab war die Gruppe der zukünftigen Bewohnerinnen an allen Planungen beteiligt.

In dem Haus, das weiterhin der Stadt Göttingen gehört, fungiert der Verein Freie Altenarbeit als Hauptmieter, der mit den einzelnen Bewohnerinnen Mietverträge abschließt. Die Bewohnerinnen aber sind als Wohngruppe völlig autonom und unabhängig vom Verein; sie regeln selbstständig alle Belange ihres Zusammenlebens. «Das Haus bietet nunmehr elf abgeschlossene Appartements, verteilt über drei Etagen, zwei große Gemeinschaftsräume, eine große Küche, zwei Gästewohnungen, ein behindertengerechtes Bad, einen großen Boden und Keller, eine Terrasse und einen parkähnlichen Garten. Im Mietpreis enthalten sind die Gemeinschaftsräume mit immerhin 335 qm.»[17] Die privaten Wohneinheiten in der Jugendstilvilla sind zwischen 30 und 47 qm groß, alle haben ein eigenes Duschbad und eine kleine Küche oder Kochnische; die große Gemeinschaftsküche ist besonderen Anlässen vorbehalten. Die Mieten lagen bei unter 1000 DM.

Über zwei Jahre traf sich die Gruppe der zukünftigen Bewohnerinnen regelmäßig und begleitete mit ihren Gesprächen den Umbau. Am Anfang überwog bei allen eine abwartende Haltung. Es gab viele Befürchtungen, die aber nur vorsichtig thematisiert wurden. Der Verein bot der Wohngruppe von Anfang an eine professionelle Projektbegleitung. Das erwies sich als nützlich, zumal man in dieser Generation nicht über Ängste zu reden gelernt hat und Konflikte eher zu meiden als auszutragen sucht. Die Projektbegleitung endete, nachdem die Frauen in das Haus eingezogen waren. Von da an organisierten sie ihr Gemeinschaftsleben und den Gruppenprozess selbst.

Die Frauen stammten aus ganz verschiedenen sozialen Milieus – was sicher für von Anfang an selbst organisierte Wohnprojekte eher untypisch ist. «Da traf die ledige Akademikerin auf die verwitwete Hausfrau, die Therapeutin auf die Bäuerin, die wohlhabende Pensionärin auf Frauen, deren Rente gerade für das Nötigste reicht. Auch in politischen und religiösen Überzeugungen: mehr Differenz als Gemeinsamkeit ... Wären sie einander an einem anderen Ort begegnet, dann wären sie, wie sie selbst bekennen, sicher nicht aufeinander zugegangen.»[18] Die große Aufmerksamkeit der Öffentlichkeit stellte die Göttinger Altenwohngemeinschaft unter einen gewissen Druck. Die Frauen schwankten in ihren Vorstellungen zwischen dem Ideal einer Gesinnungswohngemeinschaft, die sich einer gemeinsamen Idee verpflichtet fühlt, und einer Zweckwohngemeinschaft, die pragmatisch ein möglichst gutes Leben im Alter anstrebt. «Die Tatsache, dass sie zu Akteurinnen eines Pilotprojekts für innovatives Wohnen im Alter wurden, machte die Sache nicht leichter.»[19] Glücklicherweise entschieden sie sich als Gruppe für einen pragmatischen Ansatz; alles andere hätte das Gelingen des Alltags sicher gefährdet.

Natürlich gab es auch Konflikte, wie bei jedem Zusammenleben. Nach dem Einzug traf man sich einmal wöchentlich, um alles zu besprechen, was gemeinsam geklärt werden musste. Erwartungsgemäß war die Arbeitsteilung ein Konfliktfeld – wer übernimmt welche Verpflichtungen im Haus? Wie überall gab es Einzelne, die sich sehr einsetzten, dafür aber auch dominieren wollten, und andere, die sich lieber am Rande hielten. Man entschied sich, stundenweise einen Gärtner und eine Putzfrau zu beschäftigen. Auf die Modalitäten für die Auswahl neuer Bewerberinnen einigte man sich leichter.

Die Frauen der Göttinger WG legen Wert auf eine gewisse Distanz und siezen einander weiterhin. Wenn man sich gegenseitig besucht, ruft man im Allgemeinen vorher an. Allen ist es ganz wichtig, ihre Tür hinter sich abschließen zu können, eine eigene Privatsphäre zu haben. «Der Wunsch, sich auf sich selbst zurückziehen zu können, das wird gewiss immer stärker, je älter wir werden», sagt Frau H., eine der Bewohnerinnen.[20] Nicht alle sind untereinander befreundet, man sieht aber trotzdem mehr als bloße Nachbarinnen in den anderen. Am ehesten würde man die Wohngemeinschaft als Wahlfamilie bezeichnen. Als Vorteil empfinden es alle, dass es für viele Themen Gesprächspartnerinnen gibt; immer ist jemand da für einen kleinen Schwatz. Wenn man ein akutes praktisches Problem hat, findet sich immer eine andere, die hilft, die Bescheid weiß, einen Rat oder eine Lösung anbietet. Viele genießen besonders das zwanglose Geben und Nehmen, mal einen Kaffee miteinander trinken, Süßigkeiten miteinander teilen. Feste werden sehr vergnügt gefeiert. Einige besuchen miteinander Konzerte oder Vortragsveranstaltungen. Die Mitbewohnerinnen wissen, wer gerade verreist, unterwegs oder zu Hause ist. Sie sind auch in groben Zügen über das Familienleben, das Leben der Kinder und Enkel der anderen informiert und nehmen Anteil daran. Und «es guckt jemand nach mir, wenn ich mich mal einen Tag nicht sehen lasse oder länger weg bin, und ich weiß, ich kann mal jemand in den Arm nehmen und drücken», sagt eine Frau.[21]

«Entstanden ist daraus eine Kultur der gegenseitigen Anteilnahme und Fürsorge, die weit über die üblichen nachbarschaftlichen Hilfestellungen hinausgeht.»[22] Die Göttinger Frauen kümmerten sich abwechselnd um eine Mitbewohnerin, die sich den Fußknöchel gebrochen hatte.

Als sich während des Krankenhausaufenthalts einer anderen abzeichnete, dass sie zum Pflegefall werden würde, traf man im Haus Vorbereitungen, sie zu betreuen. In ihrer Wohnung wurde ein Krankenhausbett aufgestellt, es wurden Informationsgespräche mit ihrem Arzt geführt. Mit der eigentlichen Pflege hätten die Mitbewohnerinnen sich überfordert gefühlt, die sollte von einer professionellen Kraft des Vereins Freie Altenarbeit übernommen werden. Doch die Frauen wollten sich nach Kräften abwechselnd um ihre kranke Mitbewohnerin kümmern, sie regelmäßig besuchen, was schon deswegen nicht zur Last werden würde, weil es sich auf viele verteilte. Es kam dann aber nicht mehr dazu, weil Frau P. bereits im Krankenhaus verstarb.

Als sechs Jahre nach dem Einzug das Buch über die Göttinger Alten-WG erschien, lebten zwei der ursprünglichen Bewohnerinnen nicht mehr. Nur eine war wieder ausgezogen, weil sie mit ihrer Rolle in der Gruppe nicht zurechtkam. Der Rest stand dem Leben in der Gemeinschaft überwiegend positiv gegenüber. Auch die Kinder der Bewohnerinnen empfanden die Gruppe als eine Bereicherung des Lebens ihrer Mütter. Besonders die Töchter fühlten sich ein Stück von der Alleinverantwortung für deren Wohlergehen entlastet und empfanden den Kontakt zu den Müttern gegenüber früheren Zeiten als deutlich entspannter.

Das Leben in einer Wohn- oder Hausgemeinschaft ist sicher nicht die bequemste Form des Wohnens im Alter. Es verlangt eine gewisse soziale Kompetenz und die Bereitschaft, sich auf andere Menschen einzulassen. Wer zu viel Nähe scheut, wird sich in Wohnanlagen des betreuten Wohnens, wo man auf sich gestellt bleibt und den Service kommerziell zur Verfügung gestellt bekommt, wohler fühlen. Doch für manche hat die Vorstellung, ihre Lebensumstände noch einmal selbst entscheidend zu gestalten, einen großen Reiz. Mit Freunden gemeinsam ein Haus zu kaufen oder zu bauen, eine Gruppe ähnlich denkender Menschen zu finden, mit denen gemeinsam man eine Form des Miteinanders plant, das macht Altern noch einmal zu einem wirklichen Abenteuer.

Das Göttinger Projekt profitierte von dem Umstand, dass der Wohngruppe von der Kommune ein geeignetes Haus zur Verfügung gestellt wurde. Solche günstigen Umstände sind selten. Meistens bilden sich zunächst Initiativgruppen, die über längere Zeit ihre Vorstellungen diskutieren und dann erst nach geeigneten Objekten suchen oder zu bauen beginnen. Während der sich lang hinziehenden Vorbereitungsphasen springen erfahrungsgemäß viele Interessenten wieder ab, weil die Dinge, wenn sie Konturen annehmen, dann doch nicht ihren Vorstellungen entsprechen. Manche Projektgruppen zerbrechen an ungünstig verlaufenden gruppendynamischen Prozessen, oder der Anfangselan verbraucht sich, wenn die praktisch-technischen Hindernisse zu groß scheinen. Viele Projektgruppen scheitern am Mangel an geeigneten Wohnobjekten, an fehlenden Möglichkeiten der Finanzierung, am Dschungel städtebaulicher und baurechtlicher Vorschriften, an mangelndem Wissen über geeignete juristische Organisationsformen.

Die ersten Altenwohnprojekte, die sich schon in den späten 80er Jahren in einigen Städten bildeten, hatten besonders große Schwierigkeiten. Sie arbeiteten vereinzelt vor sich hin und konnten noch nicht auf andere Erfahrungen zurückgreifen. Aus diesem Mangel heraus entstand nach einigen überregionalen Veranstaltungen das «Forum für gemeinschaftliches Wohnen im Alter», seit 1992 ein gemeinnütziger eingetragener Verein (FGWA e. V.). Das Forum hat es sich zum Ziel gesetzt, Wohnprojekte miteinander zu vernetzen, zum Informationsaustausch zwischen Politik, Verwaltung, Wohnungswirtschaft auf der einen

Seite und Privatleuten und Initiativen auf der anderen Seite beizutragen.

Das Forum hat eine starke Internetpräsenz. Unter anderem gibt es eine Projektbörse, wo Initiativen ihre in Entstehung befindlichen Wohnprojekte bekannt machen, wo Interessierte einander finden können. «Ich bin 61 Jahre, noch rundum beweglich, allein lebend und möchte in Stuttgart Menschen finden, die auch gern in Hausgemeinschaft, jeder in eigener Wohnung, leben möchten»; «Wer möchte mit in eine Hausgemeinschaft in Dresden einziehen? Es entstehen vierzehn Wohnungen»; «Im Bekanntenkreis entsteht der Wunsch nach gemeinsamem Wohnen im Alter. Wir stehen fast alle noch im Berufsleben, wollen dieses Projekt jedoch gedanklich und praktisch schon angehen» – so lauten typische Anzeigen. Seit dem Start der Homepage im Februar 2003 verzeichnet die Site ständig wachsende Zugriffszahlen.[23] Auch die Zahl der dem Forum angeschlossenen Mitgliedsorganisationen steigt laufend. All das belegt das große öffentliche Interesse an der Idee des gemeinschaftlichen Wohnens im Alter.

Viele der neuen Wohnprojekte wurden und werden von Menschen angeregt, die in ihren jungen Erwachsenenjahren von den sozialen Bewegungen der 70er und 80er Jahre des 20. Jahrhunderts geprägt worden sind. Es sind die in die Jahre gekommenen Angehörigen der 68er Generation, die jetzt ihr eigenes Altern selbstbestimmt gestalten wollen. Trotzdem sind solche Projekte in ihrer überwiegenden Mehrzahl keine Gesinnungswohngemeinschaften, wie sich das Christine Brückner 1989 in ihrem Roman «Die letzte Strophe» ausgemalt hatte.

In ihrer Geschichte gründen ein Journalist und eine reiche Witwe, die von ihrem Mann ein großes Anwesen mit parkähnlichem Garten samt ansehnlichem Vermögen geerbt hat, eine Altenwohngemeinschaft. Sie versammeln

Menschen um sich, die sich einsam fühlen und vom Gefühl der Sinnleere der noch vor ihnen liegenden Jahre geplagt werden. Die Wohngruppe in diesem Roman, in der es übrigens untypisch viele Männer gibt, ist durch ein gemeinsames weltanschauliches Bekenntnis verbunden: «Wer eines Tages in dem hier geplanten Utopia leben will, sollte sich zuständig fühlen für die Erde, über die er geht, für die Erzeugnisse, von denen er lebt, für die Luft, die er atmet, das Wasser, das er trinkt, und den Geist, der hier einmal wehen soll ... Es wird nicht in jeder Wohneinheit eine Waschmaschine stehen, es wird nicht jeder ein eigenes Auto besitzen, aber es werden im Bedarfsfall Autos zur Verfügung stehen. Man wird zu Fuß gehen, Rad fahren, öffentliche Verkehrsmittel benutzen ...»[24]

Von einem solch ausgeprägten ideologischen Überbau würden sich die meisten Menschen, die heute Wohnprojekte planen und realisieren, vermutlich abgeschreckt fühlen, auch wenn eine gewisse soziale Homogenität der Mitglieder zumindest in den meisten kleineren Wohnprojekten sicher die Regel ist. In größeren Städten, die über entsprechende Subkulturen verfügen, gibt es einige Wohnprojekte, die ihre Wurzeln deutlich in den alternativen Bewegungen vom Ende des 20. Jahrhunderts haben. Feministinnen haben Modelle zu «Beghinenhäusern» entwickelt, in denen Frauen jenseits der Lebensmitte gemeinschaftlich wohnen. Es gibt Initiativen für lesbische und schwule Altenwohnanlagen, so den Berliner Verein «Village», der 2005 ein eigenes Seniorenheim für homosexuelle Männer und Frauen eröffnen will. Auch dort soll selbstständiges Wohnen mit einem Kontaktnetz verbunden sein, das der Vereinsamung im Alter entgegenwirkt. «Biografiegerechtes Wohnen im Alter» heißt ein zentrales Stichwort der neuen Altenhilfe, die sich stärker an den Prinzipien Selbstbestimmung und Selbstorganisation orientiert. Gerade für gleichgeschlechtlich liebende

Menschen, bei denen die Familie als Unterstützungsinstanz und Pflegeressource im Alter häufig völlig entfällt, ist es wichtig, ein soziales Netz zur gegenseitigen Hilfe und Unterstützung aufzubauen. In anderen Großstädten, wo es eine entsprechende Community gibt, sind ähnliche Projekte geplant – so z. B. das «Andersheim» in Zürich und das «Altenpflegayheim» in Frankfurt.[25]

Doch die Idee des gemeinschaftlichen Wohnens im Alter hat längst über eine engere Szene und über Subkulturen hinaus in die Mitte der Gesellschaft aller jungen Alten Einzug gehalten, vor allem in Kreisen der städtischen Mittelschicht.

Ein spezielles Phänomen sind die Wohngemeinschaften für demenzkranke Menschen, die in kleinen Gruppen zusammenleben und sowohl von professionellen Kräften als auch von freiwillig mitarbeitenden Angehörigen unterstützt werden. Durch solche Wohnmodelle werden einerseits die Angehörigen entlastet, die durch die Pflege Demenzkranker in der eigenen Familie oft hoffnungslos überfordert sind. Andererseits können solche Wohngruppen erfahrungsgemäß eine gewisse Selbstständigkeit Demenzkranker über eine längere Zeit aufrechterhalten, während sie im Pflegeheim schnell verfallen würden.[26]

Im Übrigen sind mehr Frauen als Männer an neuen Modellen gemeinschaftlichen Wohnens im Alter interessiert. «Ich fürchte, wir sind froh, dass keine Männer da sind!», erklärten die meisten Frauen aus der Göttinger WG. Auch die Autorin des Buches meint: «Es spricht vieles dafür, dass die Männer der älteren Generation sich nicht gerade zu Hoffnungsträgern in Sachen Alten-WG eignen.»[27] Sie erklärt das damit, dass Männer schnell die Führungsfunktionen übernehmen wollen, aber auch damit, dass Frauen in gemischtgeschlechtlichen Gruppen zu verstärkter Konkurrenz untereinander neigen. Womöglich sind viele Männer gerade der älteren Generation auch weniger anpassungsfähig.

Doch der wichtigste Grund für die Tatsache, dass weniger Männer als Frauen in Wohnprojekten Älterer zu finden sind, ist viel einfacher: Männer kommen erheblich seltener in die Verlegenheit, darüber nachdenken zu müssen, wie sie im höchsten Alter leben wollen, weil sich diese Situation für sie viel seltener ergibt – nur jeder fünfte Bewohner eines Altenpflegeheimes oder Hospizes ist ein Mann.[28] Die meisten alten Männer können ganz einfach weiterleben wie gewohnt, weil sie meist eine etwas jüngere Ehefrau haben, die sich im Bedarfsfall um ihre Pflege kümmern wird, und weil sie im Allgemeinen vor dieser Frau sterben.

Das Thema zukünftiger Wohnmodelle im Alter treibt also vor allem die Frauen um.

9
Es gibt viel zu tun – packen wir es an! Was ältere Menschen freiwillig für die Gesellschaft leisten

Ich habe mich immer gefragt, was meine Cousine Gerda und ihr Mann Fritz mit all ihrer Zeit anfangen würden, nachdem sie beide vorzeitig in den Ruhestand gingen. Er ließ sich schon mit 56 Jahren frühverrenten, aus einem körperlich anstrengenden Beruf, dem er in den letzten Jahren gesundheitlich immer weniger gewachsen war. Während sie noch einige Jahre, bis zu ihrem 62. Geburtstag, in ihrem Beruf als städtische Angestellte weiterarbeitete, übernahm er den größten Teil der Hausarbeit, das Einkaufen, Kochen und Putzen, was sie sehr entlastete. Ich fragte mich, was sie tun würden, wenn sie beide nicht mehr berufstätig wären, zumal sie kinderlos sind, einen relativ kleinen Freundeskreis haben und keine ausgeprägten Freizeitinteressen. Ein kleines Reihenhaus und ein Handtuch von einem Garten halten einen doch nicht tagaus, tagein beschäftigt, wenn man noch gesund und fit ist, dachte ich. Die beiden werden sich zu Tode langweilen.

Doch bald bekam ich am Telefon erstaunliche Dinge zu hören: Gerda und Fritz begannen regelmäßig einer älteren Bekannten zu helfen, die gerade erst verwitwet, gehbehindert und mit ihrem großen Garten überfordert war. Sie übernahmen für mehrere Nachbarn, mit denen sie während ihrer Berufstätigkeit kaum Kontakt gehabt hatten, die Urlaubsbetreuung der Gärten, mähten die Rasen, wässerten die Blumen, zogen regelmäßig in den leer stehenden

Häusern die Jalousien herauf und hinunter, fütterten Katzen und Wellensittiche. «Fritz ist jetzt der Hausmeister für die ganze Straße», berichtete mir Gerda stolz. Als ein Nachbar starb, erledigten sie für dessen einzige, weit entfernt lebende Tochter, die sich aufgrund von Berufs- und Familienpflichten nur wenig kümmern konnte, die zeitaufwändige Entrümpelung des Hauses – alles unentgeltlich, aus reiner Gefälligkeit. Dabei genossen sie spürbar die mit ihrer neuen Rolle verbundene Anerkennung durch ihre Umgebung.

Solche spontanen informellen Hilfeleistungen werden in den meisten Statistiken über das ehrenamtliche Engagement der jungen Alten von heute nur selten erfasst. Es gibt aber weit mehr davon, als man gemeinhin denkt, sporadisch oder regelmäßig, neben den organisierten Formen des Ehrenamts.

Immer wieder hört und liest man die Frage: Was machen die jungen Alten eigentlich mit all ihrer neu dazugewonnenen Zeit? Ein Klischeebild sieht sie nur um sich selbst kreisen: schlafen, essen und trinken, den lieben langen Tag nichts tun und sich dann vom Nichtstun erholen – je nach Geldbeutel konsumieren, reisen, einkaufen gehen. Die böse Rede vom «Freizeitpark Deutschland» scheint ganz besonders auf diese Altersgruppe zu passen, die noch dazu auf ihr Recht pocht, nach dem Erwerbsleben mit gutem Gewissen müßig sein zu dürfen – das, was man den Jugendlichen unserer Gesellschaft stets übel nahm und nimmt.

Doch das Klischee von den egoistischen Alten täuscht. Viele, wahrscheinlich die meisten Menschen suchen sich nach dem Ende ihrer Berufstätigkeit neue Aufgaben, und sie genießen dabei vor allem die Freiwilligkeit ihres neuen Engagements. Manchmal sind das ganz unspektakuläre Tätigkeiten. Einige stecken die nunmehr frei werdende Zeit und Energie in die Großelternrolle. Andere kümmern sich verstärkt um hochaltrige Menschen, die sie besuchen, unterstützen oder pflegen, meist Eltern oder sonstige Verwandte. Heiner, ein Freund, der seine über 90-jährige Mutter in den letzten beiden Jahren ihres Lebens fast täglich in einem nahe gelegenen Altenheim besucht hat, engagiert sich auch nach deren Tod weiterhin in diesem Heim. Etwa einmal wöchentlich taucht er dort auf, besucht einige der älteren Damen, die mit seiner Mutter Kontakt hatten, und fährt sie im Rollstuhl spazieren. Er unterstützt das Heimpersonal bei besonderen Anlässen wie Festen und Basaren und am Tag der offenen Tür.

Andere bauen ihr ehrenamtliches Engagement in der Kirchengemeinde, in Vereinen, Clubs, Bürgerinitiativen aus, in denen sie schon tätig waren, bevor sie in den Ruhestand gingen. Sie machen Stadtteilarbeit, organisieren kulturelle Veranstaltungen oder Straßenfeste. Manche suchen sich ganz neue Betätigungsfelder, lassen sich vielleicht sogar noch einmal für ein Ehrenamt ausbilden, wie meine Nachbarin Anna. Die besucht, nachdem sie sich wegen einer schweren Rheumaerkrankung frühzeitig hat verrenten lassen, im Rahmen der katholischen Krankenhaushilfe einmal wöchentlich Patienten auf Station. Gleichzeitig lässt sie sich in der regionalen Hospizgruppe für die ambulante Sterbebegleitung ausbilden.

Ehrenamtliche Tätigkeit ist das «freiwillige, nicht auf Entgelt abzielende gesellschaftliche und sozialpolitische Engagement ... Sie ist an Träger der öffentlichen und freien Wohlfahrtspflege nicht gebunden, wird aber in der Regel innerhalb einer Organisation erbracht.» So die Definition der Bundesarbeitsgemeinschaft der Senioren-Organisationen (BAGSO).[1] «Unser Gemeinwesen lebt davon, dass Millionen von Bürgerinnen und Bürgern aus freiem Entschluss bereit sind, sich in Wohlfahrtsverbänden, in Kirchengemeinden und Vereinen, Parteien, in Bürgerinitiativen und Selbsthilfegruppen für ihre Mitmenschen und für das Gemeinwohl einzusetzen», sagte der damalige Bundespräsident Rau anlässlich des Internationalen Jahrs der Freiwilligen 2001.[2] «Wohlfahrtsverbände, Kirchengemeinden, Vereine und Parteien», das sind die traditionellen Träger der klassischen ehrenamtlichen Arbeit. «Bürgerinitiativen und Selbsthilfegruppen» dagegen repräsentieren das «neue Ehrenamt», auch «bürgerschaftliches Engagement» genannt.

Viele der Freiwilligen rekrutieren sich aus der Generation der jungen Alten, und sie engagieren sich in einer unüberschaubaren Vielzahl von Tätigkeiten in Kirche, Sport, Freizeit, im politischen oder sozialen Bereich. Das Spektrum reicht von organisierten, mit einer gewissen Verbindlichkeit und Dauer ausgeübten Tätigkeiten auf der einen Seite bis zu informellem, spontanem und sporadischem Engagement auf der anderen Seite.

Die bisher umfassendste Befragung zum Thema Freiwilligenarbeit, Ehrenamt und bürgerschaftliches Engagement in Deutschland wurde 1999 vom Bundesministerium für Frauen, Senioren, Familie und Jugend (BMFSFJ) durchgeführt. Danach engagiert sich bei uns ein gutes Drittel aller Bürgerinnen und Bürger, quer durch die Bevölkerungsschichten und Lebensalter, ehrenamtlich in Verbänden, Vereinen und Projekten. Ein weiteres Drittel ist in einem Kreis oder einer Gruppe aktiv, ohne ehrenamtliche Aufgaben zu übernehmen. Von den 60- bis 69-Jährigen sind noch 31 % ehrenamtlich tätig; bei den über 70-Jährigen sinkt die Quote auf 26 %. Ältere Zahlen zur Freiwilligenarbeit lagen niedriger: Nach Statistiken von 1996 waren in den alten Bundesländern 27 % der 40- bis 54-Jährigen, 19 % der 55- bis 69-Jährigen und nur noch knapp 10 % der über 70-Jährigen ehrenamtlich tätig; in den neuen Bundesländern noch weniger.[3]

Der Gerontologe Leopold Rosenmayr konstatiert bei den älteren Menschen in Wien ein beachtliches ehrenamtliches und bürgerschaftliches Engagement. Nach seinen Untersuchungen sind dort 51 % der 60- bis 75-Jährigen Mitglied in Vereinen. Allerdings beteiligt sich nur jede und jeder Dritte aktiv am Vereinsleben. 12 % sind bei den Wohlfahrtsorganisationen aktiv, 11 % sind Mitglied politischer Parteien und 9 % Mitglied von Kultur- oder Sportvereinen. Ein Drittel der befragten Älteren gibt an, in mindestens einem Bereich freiwilliger Arbeit tätig zu sein; von diesem Drittel engagieren sich die meisten (nämlich vier Fünftel) auf mehr als einem Gebiet. Die am häufigsten freiwillig geleistete Arbeit ist die nachbarschaftliche Versorgung von Haustieren; gesellschaftspolitisches Engagement dagegen kommt nur relativ selten vor.[4]

Insgesamt variieren die Zahlen über das Ausmaß ehrenamtlicher Tätigkeit von Statistik zu Statistik sehr stark, je nachdem, welche Vorstellung von Freiwilligenarbeit zugrunde gelegt wird. Im 3. Altenbericht der Bundesregierung heißt es: «Die ausgewiesenen Quoten ehrenamtlich Engagierter reichen von 16 % bis rund 40 %.»[5] Doch alle Untersuchungen stimmen darin überein, dass die Bereitschaft zur Freiwilligenarbeit im letzten Jahrzehnt gewachsen und weiter im Wachsen begriffen ist, vor allem bei den jungen Alten und besonders in den neuen Formen des Ehrenamtes, meist «bürgerschaftliches Engagement» genannt, die nicht an traditionelle Institutionen und Organisationsformen angebunden sind.

Die meisten aktiven Älteren sind im sportlichen, im kirchlichen, sozialen und kulturellen Bereich tätig; weit weniger engagieren sich in politischer Interessenvertretung, im Umwelt-, Natur-, Tier- und Denkmalschutz, im Gesundheitsbereich und anderen Feldern. Ältere Frauen sind überdurchschnittlich stark im sozialen Bereich und in der kirchlichen Arbeit vertreten, während ältere Männer in allen anderen Betätigungsfeldern zahlenmäßig stärker repräsentiert sind. Männer engagieren sich stärker in Vereinen, Verbänden, Parteien und Gewerkschaften; Frauen zieht es dagegen eher in Kirchen und religiöse Verbindungen einerseits sowie in selbst organisierte Gruppen andererseits.

Es wird häufig darauf hingewiesen, dass das freiwillige Engagement in Deutschland geringer ausgeprägt sei als in anderen vergleichbaren Ländern, allen voran die USA, wo die ehrenamtliche Tätigkeit traditionell ein großes Ausmaß hat und gesellschaftlich viel anerkannter ist.[6] Die Situation in den USA hängt damit zusammen, dass die soziale Wohlfahrt dort immer als karitative Aufgabe und aktive Christenpflicht jedes Einzelnen angesehen wurde, als Beweis tätiger Nächstenliebe und weit weniger als zentrale Verantwortung des Staates. Bei uns dagegen wurde im Laufe des 20. Jahrhunderts die staatliche Wohlfahrtspolitik mit wachsendem Wohlstand immer weiter ausgebaut, so dass die Menschen sich an den Gedanken gewöhnten, es sei Aufgabe von Vater Staat, allen ein gutes und bequemes Leben zu gewährleisten. Gleichzeitig rückten Eigenverantwortung und Eigeninitiative in den Hintergrund. Doch die sozialen Bewegungen zu Ende des 20. Jahrhunderts haben bei uns die Idee der Selbsthilfe und der Selbstorganisation kleiner Gruppen in den Mittelpunkt gestellt und damit die Grundlagen für eine neue bürgerschaftlich engagierte Öffentlichkeit geschaffen, die als ein dritter Sektor zwischen Markt und Staat entsteht.

Dem entspricht die Beobachtung, dass in jüngster Zeit, vor allem seit den 90er Jahren des vorigen Jahrhunderts, ein Paradigmenwechsel in der Altenhilfe stattfindet – ein geradezu revolutionärer Umbruch: weg vom Bild des passiven alten Menschen, um den sich staatliche Stellen kümmern müssen, und hin zum Bild der aktiven Seniorinnen und Senioren, die ihre Belange selbst in die Hand nehmen. Zwar hat das neue Denken die Politik der traditionellen

Wohlfahrtsverbände noch nicht ganz erobert; es berührt sie eben erst. Doch es haben sich neue Organisationen gebildet, die ein Ausdruck des veränderten Denkens sind, so beispielsweise die BAGSO – die Bundesarbeitsgemeinschaft der Senioren-Organisationen. Ihre Parole lautet nicht: «Wir müssen etwas für die bemitleidenswerten armen Alten tun!», sondern: «Lasst uns unsere Potentiale, die beachtlichen Potentiale aller älteren Menschen, nutzen!»

Die im Abstand von zwei bis drei Jahren von der BAGSO organisierten «Deutschen Seniorentage», große Kongresse mit Fachvorträgen, Workshops, Ausstellungen und Kulturprogramm, sind dabei, das Bild des Alters in der Öffentlichkeit zu verändern. Die «Seniorentage» und die BAGSO selbst sind ein wichtiger Meilenstein auf dem Weg zu einer neuen Altenkultur, einem neuen Selbstbewusstsein älterer Menschen. Ältere Menschen, die sich heute freiwillig, ehrenamtlich oder im Bereich der Selbsthilfe engagieren, wollen selbstbestimmt tätig sein. Sie wollen gebraucht, aber nicht ausgenutzt werden. Sie wollen sich mit ihrem freiwilligen Engagement zunehmend selbst am sozialen Wandel unserer Gesellschaft beteiligen, ihn mitgestalten. In Zukunft kann es nicht mehr nur darum gehen, welche Ressourcen die Gesellschaft für die älteren Menschen bereitstellt – es muss zunehmend auch um die Ressourcen gehen, die die älteren Menschen der Gesellschaft zur Verfügung stellen. Das kann man nun auch im 3. Altenbericht der Bundesregierung nachlesen.[7]

«Ältere sind häufiger die Gebenden als die Nehmenden», heißt es in einer Pressemitteilung der BAGSO. Damit will sie dem verbreiteten Vorurteil entgegentreten, die Älteren seien eine Last für die Gesellschaft. Die BAGSO weist zum einen auf die gewaltigen materiellen Transfers hin, die jährlich von der älteren an die mittlere Generation fließen, Erbschaften sowie Schenkungen und Unterstützungen an

Kinder und Enkel zu Lebzeiten (vgl. Kap. 5). Außerdem werden die vielfältigen Formen der Hilfeleistungen bei der Betreuung von Enkelkindern und bei der Pflege Hochaltriger erwähnt. Darüber hinaus macht die BAGSO auf das umfängliche und vielfältige außerfamiliäre Engagement Älterer aufmerksam, wie es sich in den Tätigkeiten ihrer Mitgliedsverbände spiegelt: «Daten und Fakten, die die außerordentlichen Leistungen der älteren Generation für unsere Gesellschaft aufzeigen, sind kaum bekannt und selten publiziert ... Senioren leisten Hilfe, solidarisch und sozial, sie unterstützen Nachbarn und ehemalige Berufskollegen, pflegen Kultur und Geselligkeit, fördern Gesundheit und Fitness, setzen sich in Kirche und Gemeinden für andere ein, realisieren die interessenpolitische Vertretung Älterer, geben Kompetenzen und Erfahrungswissen weiter und engagieren sich für lebenslanges Lernen.»[8]

Die Bundesarbeitsgemeinschaft der Senioren-Organisationen (BAGSO) wurde 1989 von elf Verbänden gegründet, die ihre Kooperation bereits bei den Deutschen Seniorentagen 1987 und 1988 in Düsseldorf erprobt hatten und diese Plattform nutzen wollten, um eine «Lobby der Alten» zu bilden. «Damit wurde eine rasante Entwicklung in Gang gesetzt», heißt es in der Internetselbstdarstellung der BAGSO.[9] Inzwischen gehören der BAGSO achtzig Verbände an, die mehr als zwölf Millionen älterer Menschen vertreten. Zum 7. Deutschen Seniorentag 2003 in Hannover kamen rund 10 000 Besucherinnen und Besucher. Von ihren Aktivitäten her lassen sich die Mitgliedsverbände der BAGSO sowohl im Bereich des traditionellen Ehrenamts wie auch in den neuen Formen bürgerschaftlichen Engagements verorten.

Mit dem traditionellen Ehrenamt verbinden die meisten von uns Tätigkeiten beim Deutschen Roten Kreuz oder der Diakonie, beim Caritas-Verband oder der Aktion Mensch,

Aufgaben bei der Freiwilligen Feuerwehr und der Bahnhofsmission, die Rolle des Kassenwarts und der Schriftführerin im Sport- oder Schrebergartenverein, die Elternvertretung in Kindergärten und Schulen, die Leitung von Gesprächskreisen in den Kirchengemeinden, soziales Engagement in der Krankenhaushilfe und der Hospizbewegung und Ähnliches. In vielen dieser Bereiche engagieren sich auch ältere Menschen. Ein großer Teil des traditionellen, vor allem des ländlichen Vereinswesens liegt in Händen der Älteren, die nicht mehr erwerbstätig sind. Das kann ich in meinem dörflichen Umfeld immer wieder beobachten. Vor allem die jungen Alten organisieren Veranstaltungen und Feste; die Männer bauen die Stände auf, die Frauen backen die Kuchen, die dem Verein gespendet werden.

Die Soziologen Kohli und Kühnemund haben den Versuch unternommen, die freiwillige Arbeit der über 59-Jährigen in den Bereichen «Ehrenamt in Vereinen und Verbänden», «Betreuung von Enkelkindern» und «Pflege kranker und hochaltriger Verwandter» einmal ökonomisch zu bewerten. Dabei kommen sie auf die Summe von insgesamt 39 715 im Monat unentgeltlich geleisteter Arbeitsstunden. Hochgerechnet auf die Gesamtzahl der 60- bis 85-Jährigen, unter Berücksichtigung von zwei Monaten Urlaub und sonstiger Ausfallzeiten, kommen sie, wenn sie pro Stunde einen durchschnittlichen Nettolohn von 23 DM ansetzen, auf einen volkswirtschaftlichen Wert von 80,8 Milliarden DM, den ältere Menschen jährlich freiwillig und weitgehend unentgeltlich erbringen. Das entspricht, so Kohli und Kühnemund, etwa einem Fünftel dessen, was die Älteren jährlich vom Staat an Altersrenten beziehen.[10]

Längst haben die politischen Parteien die Alten entdeckt und so etwas wie eigene «Altenteile» eingerichtet: Die 1988 gegründete «Senioren-Union» ist eine Vereinigung der CDU mit 360 Kreisvereinigungen bundesweit und etwa 75 000

Mitgliedern. Mitmachen können alle, die über sechzig Jahre alt sind. Die «SPD 60 plus» hatte im Jahr 2000 sogar rund 260 000 Mitglieder – allerdings nur deshalb, weil zu dieser Gruppierung automatisch alle über 60-jährigen Parteimitglieder zählen. Die Älteren in SPD und CDU machten aber gesellschaftspolitisch bisher wenig von sich reden. Die Grünen, die auch allmählich in die Jahre kommen, haben ihre Senioren-Organisation, die «Grünen Alten», erst im Jahr 2004 gegründet; sie fassen das Alter weiter und verstehen sich als die Altersgruppe «50 plus».

Mehr öffentliche Aufmerksamkeit als politische Gruppierung haben die Grauen Panther bekommen. Sie wurden 1975 zunächst als «Seniorenschutzbund Graue Panther» von der ehemaligen Bundestagsabgeordneten Trude Unruh gegründet und sind seit 1989 eine politische Partei, «Die Grauen». Ursprünglich waren die Hauptanliegen der Grauen Panther die Verbesserung der Wohn- und Pflegesituation und die ausreichende finanzielle Sicherung im Alter. Inzwischen verstehen sie sich in einem weiteren Sinn als Interessenvertretung Älterer. Sie treten für ein neues Altersbild in der Öffentlichkeit und unter dem Motto «Heute wir, morgen ihr» für einen Dialog zwischen den Generationen ein. Mitglied bei den Grauen Panthern kann man bereits ab achtzehn werden; ein Drittel der Mitglieder sind nicht im Seniorenalter. Bei der Europawahl 2004 schnitten die Grauen mit 1,2 % als «große» unter den Kleinstparteien ab; in Berlin erzielten sie sogar 4,3 % der Stimmen.

Seit Ende der 70er, Anfang der 80er Jahre sind in vielen Kommunen und Kreisen «Seniorenbeiräte» und «Seniorenvertretungen» entstanden. Sie haben sich in allen sechzehn Bundesländern zu Landesseniorenvertretungen (LSV) zusammengeschlossen, aus denen sich 2002 die Bundesarbeitsgemeinschaft der Landesseniorenvertretungen (BAG LSV) bildete. Die Seniorenräte sind in verschiedenen Städten und Regionen unterschiedlich strukturiert und ausgestattet; mancherorts bestehen sie aus gewählten Vertreterinnen und Vertretern, anderenorts aus berufenen Delegierten. Sie arbeiten im vorparlamentarischen Raum, als politische Interessenvertretung der älteren Generation und als Bindeglied zwischen Politik, Verwaltung und älterer Bevölkerung. Sie sind unabhängig von Parteien, Verbänden, Konfessionen und Regierungsinstitutionen, sehr stark kommunal verankert und politisch beratend tätig.[11] Ende der 80er, Anfang der 90er Jahre gab es zwischen 150 und 200 Seniorenbeiräte im Bundesgebiet, meist auf kommunaler Ebene.[12] Inzwischen ist ihre Zahl auf bundesweit 1066 gestiegen.[13]

Die Zahl der Menschen, die sich in der politischen Interessenvertretung der Älteren engagieren, ist, auf die Gesamtzahl der Seniorinnen und Senioren bezogen, vergleichsweise gering. Auch die Zahl derer, die sich in neuen Formen freiwilligen Engagements betätigen, mag niedrig sein im Verhältnis zu denen, die im traditionellen Ehrenamt tätig sind. Dennoch möchte ich hier noch ein paar eher zufällig zusammengestellte Beispiele für neue und weniger bekannte Formen der freiwilligen Arbeit Älterer vorstellen.

Greenpeace ist allen bekannt als große, weltweit operierende Organisation mit vergleichsweise wenigen hauptamtlichen und vielen ehrenamtlichen Mitarbeitern, die sicher ein eher jugendliches Image hat. Nur wenige wissen, dass es seit 1994 bei Greenpeace auch ein «Team 50 plus» gibt, das der Organisation Zeit, Kompetenz und Lebenserfahrung ehrenamtlich zur Verfügung stellt. «Mitmacher beim Team 50 plus setzen einen Kontrapunkt in Zeiten, in denen ältere Menschen scheinbar keinen Job oder Kredit mehr wert sind», erklärte Cathrin Groll, die Koordinatorin, anlässlich des zehnjährigen Bestehens des Teams. «Auch wenn sie nicht im Schlauchboot Walfängern hinterherjagen oder sich von Schornsteinen abseilen – mit ihrer

Hartnäckigkeit und einem hohen Maß an Glaubwürdigkeit im Einsatz für den Umweltschutz sind die Mitglieder des Team 50 plus eine Bereicherung für Greenpeace.» Zu den ersten Aktivitäten dieser Gruppe gehörte die Organisation der bundesweiten Protestaktion gegen die Versenkung der Ölplattform Brent Spar.[14]

In den letzten beiden Jahrzehnten hat sich der Senior Experten Service (SES) durch seine erfolgreiche Beratertätigkeit in Ländern der Dritten Welt einen guten Ruf gemacht. «Kaffeekränzchen, Bridgeabende, tägliche Museumsbesuche – so wollte Ruth Nowakowski ihren Ruhestand nicht verbringen», heißt es in einem Zeitungsbericht über die Arbeit dieser Oragnisation. Stattdessen ging die 74-jährige Ernährungsberaterin als Senior-Expertin für ein Taschengeld von 15 Euro täglich nach Afrika, «brachte in Uganda ein Waisenhaus auf Vordermann, baute Waschküchen und Zisternen».[15]

Der 1983 gegründete Senior Experten Service (SES) ist eine Stiftung der deutschen Wirtschaft für internationale Zusammenarbeit. Im Rahmen des SES leisten Fachleute, die aus dem Berufsleben ausgeschieden sind, in den Schwellenländern Asiens, Afrikas und Lateinamerikas sowie in Mittel- und Osteuropa ehrenamtliche Arbeit vor allem in kleineren und mittleren Unternehmen, aber auch in öffentlichen Einrichtungen. Sie werden auf Wunsch der sie anfordernden Firmen und Institutionen eingesetzt bei Organisationsentwicklung und Mitarbeiterschulung, bei der Vermittlung handwerklicher und praktischer Fähigkeiten, bei Produktentwicklung und -verbesserung. Ziel ihrer Tätigkeit ist die Hilfe zur Selbsthilfe vor Ort. Die Senior-Expertinnen und -Experten stellen ihr Fachwissen freiwillig, nur gegen ein Taschengeld, für eine begrenzte Zeit überall auf der Welt zur Verfügung.

In einem 1996 veröffentlichten Tätigkeitsbericht wurden

4000 Einsätze von Senior-Expertinnen und -Experten in etwa 120 Ländern genannt.[16] Anfang 2005 konnte der SES schon auf über 13 500 Einsätze in 152 Ländern zurückblicken. Während 1996 ca. 4000 Fachleute beim SES registriert waren, waren es Anfang 2005 bereits über 6300 Expertinnen und Experten aus über 50 Branchen. Die Senior-Experten verfügen im Durchschnitt über eine sehr gute schulische und berufliche Qualifikation, viele von ihnen waren vor dem Ruhestand in leitenden Funktionen von Wirtschaft und Verwaltung tätig. In den Anfangsjahren waren besonders Fachleute aus den technischen und kaufmännischen Berufen gefragt. Im vergangenen Jahr suchten die Partner des SES vor allem Experten aus dem Bildungswesen, der Nahrungsmittelindustrie, dem Gesundheitswesen, der Touristik, der Chemie und der Metallverarbeitung.

«Aufbruchstimmung im SES!», lautete die Schlagzeile einer Pressemitteilung vom Januar 2005, in der der Senior Experten Service bekannt gab, dass allein innerhalb des vergangenen Jahres die Auslandseinsätze um 22 %, die Einsätze in deutschen Firmen um 25 % gesteigert werden konnten.[17] «Die langjährige Berufserfahrung der Senior-Experten ist der ausschlaggebende Faktor dafür, dass die bisherigen Einsätze des SES weit überwiegend ein Erfolg waren, obwohl die Bedingungen vor Ort oft alles andere als einfach sind. Es hat sich gezeigt, dass die weit verbreitete Meinung, Mitarbeiter über fünfzig Jahren erlitten in der Regel Einbußen in der Flexibilität und Leistungsfähigkeit, oft auf Vorurteilen beruht.»[18] Die erfolgreiche Arbeit des SES ist nicht nur unter entwicklungspolitischen Gesichtspunkten wichtig; sie hat auch Auswirkungen auf das Altersbild in der Öffentlichkeit: Hier geht es nicht um den «Betreuungsfall Alter», hier agieren kompetente, produktive ältere Menschen, die einen wichtigen gesellschaftlichen Beitrag leisten. In anderen westlichen Industriegesellschaften, zum Beispiel in den USA, Frankreich, Großbritannien, Kanada und den Niederlanden, auch in Japan, bestehen Schwesternorganisationen des SES, die ebenfalls schon länger mit gutem Erfolg arbeiten und aus der internationalen Zusammenarbeit nicht mehr wegzudenken sind.

Manche Organisationen haben «Mentoring»-Projekte ins Leben gerufen, gelegentlich auch «Senior-Partnerschaften» genannt, die auf einem ähnlichen Gedanken beruhen wie die Arbeit des Senior Experten Service: Ältere Menschen stellen jüngeren ihre Kompetenz, ihr Fachwissen, ihre Lebenserfahrung unentgeltlich zur Verfügung. Mancherorts entstehen solche Partnerschaften auch spontan, nicht angebunden an Verbände, Vereine, Stiftungen, Kommunen. Die Bundesarbeitsgemeinschaft der Senioren-Organisationen (BAGSO) hat in einer Dokumentation einige solcher Mentoring-Projekte vorgestellt. Da fördern Senioren aus verschiedenen Berufssparten Schulabgänger mit schlechten Einstiegschancen ins Berufsleben, indem sie ihnen die Spielregeln erklären, sie für Bewerbungsgespräche vorbereiten oder sich durch den Einsatz eigener Kontakte als «Türöffner» betätigen. «Berufswahlpaten» helfen jungen Leuten bei der generellen Orientierung. Senioren betätigen sich im Rahmen einer Stadtteilinitiative als Lotsen und Begleiter für arbeitslose Nachbarn und Ähnliches.[19]

Auch eine Art von Mentoring: An der Carl-Kraemer-Schule im Berliner Stadtteil Wedding betreut eine auf privater Initiative entstandene Seniorengruppe seit vier Jahren nachmittags sozial benachteiligte Kinder, um deren Leistungsfähigkeit zu verbessern. Die Arbeitslosenquote in diesem Stadtteil liegt bei 20 %, und 80 % der Schülerinnen und Schüler stammen aus Migrantenfamilien. Von den 500 Kindern der Schule nutzen etwa 50 das Angebot der ca. 30 Seniorinnen und Senioren, die ehrenamtlich unterrichten, erklären, bei den Hausaufgaben helfen. Die Schulleitung stellte bald erste Erfolge fest und zeigte sich von dem Projekt begeistert. Der Berliner Senat hat die Idee aufgegriffen und will unter dem Motto «Senioren für Junioren» ähnliche Projekte an anderen Schulen anregen.[20]

Um Kompetenzen und Lebenserfahrung anderer Art geht es bei den zahlreichen LeihOma-LeihOpa-Projekten, die es inzwischen in großer Zahl in vielen Städten und Regionen gibt: mal als ein Angebot der Kommunen, mal an die traditionellen Wohlfahrtsverbände wie etwa die Caritas angebunden, mal von Vereinen organisiert oder gänzlich von Freiwilligeninitiativen auf die Beine gestellt. Es geht darum, mit Kindern zu spielen oder ihnen vorzulesen, sie zum Kindergarten, zum Spielplatz oder in die Schule zu begleiten, kranke Kinder zu besuchen, Kinder kurzfristig zu betreuen, wenn die Eltern andere Termine wahrnehmen müssen. Solche Projekte wollen den Kontakt zwischen den Generationen fördern, junge Eltern entlasten, das soziale Netzwerk der Kinder erweitern und älteren Menschen eine sinnvolle Betätigungsmöglichkeit anbieten.

Tauschringe, die Unterstützungsleistungen auf Gegenseitigkeit organisieren, sind manchmal ausdrücklich als «Seniorengenossenschaften» angelegt. Da stellen vor allem junge Alte Fähigkeiten und Fertigkeiten, die sie in ihrem Berufsleben erworben haben, im Tausch auf nichtmonetärer Basis zur Verfügung. Der ehemalige Installateur oder der kundige Do-it-yourself-Handwerker bietet beispielsweise an, den Abfluss des verstopften Waschbeckens bei der älteren Lehrerin zu reinigen. Für diese Leistungen erwerben sie entweder Bonuspunkte, oder sie können Zeitgutschriften notieren, die sie dann ihrerseits einsetzen können, wenn sie jemanden brauchen, der ihnen ein amtliches Formular ausfüllt oder einen englischen Brief schreibt – was wiederum die ältere Lehrerin anbieten kann, wenn auch nicht unbedingt derselben Person, die ihr mit dem verstopften Waschbecken geholfen hat.

Projekte wie Senioren-Tauschringe gibt es inzwischen in vielen Städten und Regionen; ihre Zahl ist nur schwer zu schätzen, denn manche dieser Projekte sind nur kurzlebig, andere arbeiten schon länger mit Erfolg. Es gibt für derlei Aktivitäten keine verlässlichen Statistiken. Sie sind sehr unterschiedlich organisiert, gemeinsam ist ihnen allen das nichtmonetäre Verrechnungssystem.

Es gibt auch Senioreninitiativen, die anderen älteren Menschen Hilfeleistungen ohne Bonussystem und Gegenleistung anbieten. So feierte im Januar 2005 in Freiburg der kleine Verein «Mofa – Mobiler Freiburger Altenservice» sein fünfzehnjähriges Bestehen. Die sechzig aktiven Mitglieder sind Ruheständler zwischen 60 und 90 Jahren, die auf Anfrage ihre handwerklichen und praktischen Fertigkeiten Hilfe suchenden Seniorinnen und Senioren unentgeltlich zur Verfügung stellen. Die Hilfe reicht vom Wechseln der Glühlampe über kleine Reparaturarbeiten an Möbeln und Elektrogeräten bis zur Begleitung bei Behördengängen und Arztbesuchen. Im Jahr 2004 hatten die aktiven Mitglieder auf diese Weise insgesamt 2300 Stunden freiwilliger Arbeit geleistet.[21]

Neben solchen kleineren Projekten sei noch eine größere Organisation erwähnt, die viele Einzelinitiativen umfasst: «ZWAR – Zwischen Arbeit und Ruhestand» in Nordrhein-Westfalen. «ZWAR – das sind wir. Wir, die Betroffenen, die älteren Arbeitslosen, die Freigesetzten, die Frührentner, die Rentner, Männer und Frauen, die noch zu jung sind, um in den Ruhestand zu gehen, sich in den Sessel zurückzulehnen … oder uns in der Altentagesstätte betreuen zu lassen … Wir sind noch aktiv, wir sind noch lernfähig, wir sind noch zu etwas zu gebrauchen, wir wollen mitreden – mitwirken …»[22] ZWAR ist ein Verbund von Initiativgruppen, die ihre Ziele und Inhalte selbst bestimmen. Die Idee zu diesem Netzwerk wurde 1979 an der Dortmunder Universität auf dem Hintergrund der Strukturkrise im Revier entwickelt, wo es durch den industriellen Strukturwandel eine große Zahl von Frührentnern und -rentnerinnen gab und gibt. 1990 wurde dann der Trägerverein ZWAR gegründet, der vom Paritätischen Wohlfahrtsverband, den Gewerkschaften und einflussreichen Einzelpersönlichkeiten aus Wirtschaft und Kultur getragen wird. So wurden die Einrichtung einer zentralen Geschäftsstelle und die Entwicklung eines organisatorischen Rahmens möglich. Doch das zentrale Konzept von ZWAR sind die Selbsthilfe und die Selbstorganisation: Den Gruppen werden keine vorgefertigten Programme angeboten, sie finden selbst zueinander und bestimmen ihre eigenen Inhalte und Ziele. ZWAR initiiert diesen Prozess durch die Veranstaltung größerer Treffen für Interessierte. Aus den geleiteten größeren «Basisgruppen» heraus bilden sich dann kleine selbst organisierte Gruppen mit gemeinsamen Interessen. In NRW gibt es inzwischen in etwa 40 Kommunen etwa 100 so genannte Basisgruppen und etwa 800 Kleingruppen.[23]

Die Kleingruppen beschäftigen sich mit ganz unterschiedlichen Dingen, mit kulturellen Inhalten, Sport, Freizeitgestaltung, Selbsthilfe, sozialem Engagement. Die Themen reichen von der Aufarbeitung der eigenen Stadtgeschichte über das Tischlern von Kindergartenmöbeln bis zum Wandern, Theaterspielen oder Zeitungmachen. Die Organisation ZWAR ist überparteilich und überkonfessionell, sie arbeitet unabhängig von den Kommunen, jedoch mit allen Anbietern der offenen Altenhilfe zusammen. Die Arbeit des Verbandes besteht im Wesentlichen darin, die Gruppenbildung anzuregen und den Gruppen beratend eine Starthilfe für die ersten Jahre zu geben. Dafür werden auch «Zielfindungsseminare» angeboten. Die Idee ist, dass im Laufe des Gruppenprozesses das individuelle Engagement in der Gruppe übergeht in ein gesellschaftliches Engagement: «In der Freiwilligenbörse, im Stadtteilverein, in der benachbarten Sonderschule oder für ein Dritte-Welt-Projekt. Vom Engagement für die eigenen Interessen zum sozialen und politischen Engagement.»[24] Außerdem geht man davon aus, dass sich im Laufe der Zeit aus fast allen Gruppen Freundeskreise entwickeln, die ihr Leben gemeinsam gestalten und die im Prozess des Älterwerdens Verantwortung für sich selbst und andere Gruppenmitglieder übernehmen.

Dies sind nur einige beliebig gewählte Beispiele für kleinere und größere Initiativen freiwillig tätiger älterer Menschen. In vielen Orten und Regionen gibt es inzwischen Freiwilligenagenturen und Kontaktbörsen, die freiwillige Tätigkeiten vermitteln oder über selbst organisierte Projekte informieren.

Der Gerontologe Hans-Peter Tews bezeichnete in einem Aufsatz aus dem Jahre 1996 das bürgerschaftliche Engagement der Älteren als nur «marginal». Nur eine kleine, allerdings sehr aktive Minderheit betätige sich bisher im so genannten Neuen Ehrenamt, in Bürgerinitiativen und Selbsthilfeprojekten.[25] Auch die Soziologen Kohli und Kühnemund meinen aufgrund der Daten des repräsentativen Alters-Surveys, das faktische Engagement Älterer in den Bereichen Selbsthilfegruppen, politische Interessenvertretung, Bildung im Alter und Ähnlichem stehe in keinem angemessenen Verhältnis zu der wissenschaftlichen und sozialpolitischen Aufmerksamkeit, das ihm in jüngerer Vergangenheit entgegengebracht werde. In solchen Projekten seien nur etwa 1,8 % der Älteren engagiert.[26]

Doch gerade in diesen Bereichen hat es innerhalb des vergangenen Jahrzehnts eine rasante Entwicklung gegeben, die noch im Gang ist. Diese Entwicklung beruht auf einem Kohorteneffekt: Sie hängt damit zusammen, dass die in neuen Formen gesellschaftspolitischen Engagements erfahrene Generation der Achtundsechziger in das junge Alter aufrückt.

Allerdings sind es offenbar vor allem die Menschen mit hohem Bildungsniveau und qualifiziertem beruflichen Hintergrund, die sich freiwillig engagieren. Sie haben in allen Altersgruppen ein höheres Aktivitätsniveau, egal, ob es um herkömmliches Vereinsleben, traditionelles Ehrenamt oder um bürgerschaftliches Engagement geht. In der Studie über die jungen Alten in Wien waren 42 % der Hochschulabsolventen gegenüber nur 21 % der Pflichtschulabsolventen in Vereinen, Verbänden und selbst organisierten Gruppen aktiv. «Das gesellschaftliche Bürgerengagement ist auf eine Elite beschränkt», stellt Rosenmayr in Übereinstimmung mit anderen Gerontologen fest.[27] Dabei sind die Frauen aktiver als die Männer.

Die Grenzen zwischen dem Engagement in den neuen Projekten bürgerschaftlichen Engagements und einem System gegenseitiger Hilfeleistung in privaten sozialen Netzwerken verlaufen dabei fließend. So praktizieren viele der jungen Alten in Wien eine «Solidarität unter Freunden», der eine gewisse Exklusivität anhaftet. Bürgerschaftliche Projekte sind die «Treffen der lebenslang Privilegierten». Ältere Menschen, in deren Leben sich kumulativ die Benachteiligungen häufen, sind dort kaum zu finden.[28] In den informellen sozialen Netzwerken der Freundschaft engagieren sich die, die ohnehin schon immer die Engagierten und Aktiven waren, auch als Berufstätige. Sie setzen ihre Aktivitäten im Ruhestand fort. Es sind die gut Ausgebildeten, die gut Situierten und die Gesunden, die in allen Formen freiwilliger Arbeit deutlich am häufigsten vorzufinden sind.

Für die anderen, die sich nicht engagieren, ist das ein großer Verlust. Denn freiwillige Arbeit und all das, was mit ihr verbunden ist, ist durchaus befriedigend. Sie erfüllt viele Kommunikationsbedürfnisse älterer Menschen, sie wirkt eventuell vorhandenen Einsamkeitsgefühlen entgegen – und es ist nachgewiesen, dass sie mit einer höheren Lebenszufriedenheit einhergeht.[29]

In Zukunft wird es immer mehr aktive Beteiligung in formellen und informellen Gruppen, in sozialen Organisationen und Bewegungen geben, die jenseits von Markt und Staat existieren. Genau das ist es, was man als Zivil- oder Bürgergesellschaft bezeichnet – eine Entwicklung, die zwar erst in ihren Anfängen steckt, sich aber immer weiter ausdehnen wird, ein guter Nährboden für eine neue Alterskultur. «Die neuen Alten stehen als Idealbesetzung bereit, wenn der Staat sich zurückzieht – sie haben Zeit und suchen Sinn.»[30]

Einerseits sind die gesellschaftlichen Voraussetzungen für diese Entwicklung gar nicht schlecht, da die Alten der Zukunft einen guten Gesundheitszustand und ein hohes Bildungsniveau mitbringen. Andererseits lässt sich nur schwer voraussagen, was geschehen wird, wenn kommende Altengenerationen vielleicht nicht mehr so früh in den Ruhestand gehen und damit über weniger Zeit und dann vielleicht auch nicht mehr über ein so gutes finanzielles Auskommen verfügen werden wie die Mehrheit der gegenwärtigen jungen Alten.

10
Gesundheit, Fitness und lebenslanges Lernen: Die Senioren als Manager ihres Wohlbefindens

Ihre Kinder und Enkel nennen sie «Action-Oma». Der Spitzname scheint treffend, wenn man sich den Terminkalender meiner Freundin Sigrid anschaut. Sigrid war Lehrerin, sie ist 68 Jahre alt, geschieden und lebt allein. Sie kommt, nach eigener Aussage, gut mit ihrem Single-Dasein zurecht.

Zunächst einmal reist sie gerne. Einmal im Jahr gönnt sie sich eine klassische Fernreise, eine Mischung zwischen Kultur- und Erholungsreise. Alle paar Monate besucht sie den einige hundert Kilometer entfernt lebenden Sohn und seine Familie. Dann sind da noch, über das Jahr verstreut, mehrere kleine Wanderferien mit Freundinnen, meist an einem verlängerten Wochenende. Ihr Alltag ist nicht minder bewegt. Einmal in der Woche nachmittags betreut sie in ihrer Wohnung die beiden Kinder der in der Nähe lebenden Tochter, acht und vier Jahre alt. Gelegentlich gibt es auch außerreguläre Großmuttereinsätze. An einem Vormittag in der Woche arbeitet Sigrid ehrenamtlich in einem kleinen Museum, weil ihr die Arbeit dort Freude macht. Einmal wöchentlich geht sie zur Gymnastik – zurzeit ist es Aquatraining, im vergangenen Jahr war es Tai Chi. «Das tut richtig gut», sagt sie, «am liebsten würde ich ja beides machen – aber die Woche hat nur sieben Tage!» Zweimal in der Woche trifft sie sich morgens vor dem Frühstück mit Freundinnen zum Walken, eine Stunde lang. «Im Augenblick nur einmal, weil Winter ist – ab Frühling hoffentlich wieder zweimal!» Dann gibt es anschließend ein gemütliches Frühstück, das die Freundinnen reihum ausrichten. Sigrid hat während des Semesters auch immer mindestens einen Volkshochschulkurs belegt, meistens englische oder französische Konversation. «Damit man nicht alles vergisst! Manchmal denke ich, ich würde gern noch ein Seniorenstudium machen – aber dann wäre für alles andere keine Zeit mehr.» Einmal hat sie sich auch an einen Computerkurs für Senioren gewagt. «War ganz witzig, ist aber leider sofort alles wieder weg, wenn man es nicht ständig benutzt.» Doch mit einigen Nachhilfestunden der Tochter ist sie jetzt so weit, dass sie einen Großteil ihrer Post per E-Mail erledigt. Natürlich geht sie gelegentlich auch ins Kino, in ein Konzert oder zu Vortragsveranstaltungen. «Seit ein paar Jahren bemühe ich mich um eine gesunde Ernährung, da lese ich einiges drüber und höre mir auch ganz gern mal Ratschläge von Fachleuten an.»

«Action-Oma» – sie hört in erster Linie Anerkennung aus dem Spitznamen heraus, den ihr Kinder und Enkel verliehen haben, auch wenn sie findet, dass ein gewisser liebevoller Spott darin mitschwingt. «Zu Recht!», meint sie. «Aber ich glaube, ich lebe genau so, wie es mir gut tut. Wenn es zu viel wird, werde ich es schon merken und irgendetwas streichen. Doch jetzt habe ich noch keine Lust, mir darüber Gedanken zu machen, was und in welcher Reihenfolge.»

Die jungen Alten von heute, heißt es in Hannelore Schlaffers Buch über das Altern, seien «Handwerker ihres Wohlbefindens».[1] Will sagen: Sie basteln und werkeln aktiv an der Struktur ihres Alltagslebens, um Gesundheit, Fitness und seelisches Gleichgewicht herzustellen oder zu erhalten.

Auch wenn das nicht immer mit ganz so viel «action» verbunden sein muss wie bei meiner Freundin Sigrid: Eine aktive Grundhaltung ist heute zentraler Imperativ des guten

Alterns. Zum Ideal erfolgreichen Alterns gehört die Bereitschaft zur Gesundheitsvorsorge ebenso wie die Pflege geistiger Interessen und die Fähigkeit, sich selbst ein befriedigendes soziales Leben zu schaffen. Das neue Menschenbild vom «Lebensunternehmer», der in der Vielzahl der Möglichkeiten einer individualisierter Gesellschaft den eigenen Lebensstil und die eigene Identität finden muss, wird heute auch – und vielleicht besonders ausdrücklich – auf das Alter übertragen. Die Menschen sind aufgerufen, die Verantwortung für das «Management» ihres eigenen Alterns zu übernehmen. In der Gerontologie wird das unter Stichworten wie «Kompetenzaktivierung» und «Empowerment-Strategien» abgehandelt.

Noch nie war eine Generation älterer Menschen vergleichsweise so gesund, körperlich so gut in Form und dabei so gesundheitsbewusst wie die jungen Alten von heute. Natürlich gilt das nicht für jede Einzelperson. Außerdem ist Gesundheit in jedem Lebensalter ein hoher Wert. Doch Menschen in der ersten Lebenshälfte befassen sich normalerweise nur dann mit Themen wie Gesundheitsvorbeugung und gesunder Ernährung, wenn sie selber schon mit schweren Krankheiten in Berührung gekommen sind. Jenseits der Lebensmitte und im jungen Alter bekommen solche Themen dann für fast alle einen hohen Stellenwert.

Niemand liest so viele Gesundheitsratgeber und Bücher über richtige Ernährung und die Prinzipien eines gesunden Lebens wie die Generation 50 plus, die auch in der Klientel von Reformhäusern und Bioläden überproportional vertreten ist. Es ist die Lebensphase, in der man erste körperliche Einschränkungen verspürt, in der einem aus eigener Erfahrung klar wird, dass Gesundheit und Leistungsfähigkeit nicht selbstverständlich sind und nicht immer auf dem hohen Niveau bleiben werden, an das man sich im Laufe der mittleren Erwachsenenjahre gewöhnt hat. Natürlich ist die

Auseinandersetzung mit den jeweils neuesten Theorien über Gesundheitsvorsorge und Anti-Aging eher ein Mittelschichtsphänomen. Doch auch Menschen mit weniger guter Allgemeinbildung pflegen mit fortschreitendem Alter ihre privaten Alltagstheorien darüber, wie man die Gesundheit am besten erhält. Dabei interessieren sich Frauen meist mehr als Männer für Fragen der «richtigen» beziehungsweise der gesunden Lebensführung.[2]

Für die jungen Alten von heute hat auch der Sport eine größere Bedeutung. Immerhin 56 % der 60- bis 75-Jährigen in Wien geben an, sich sportlich zu betätigen, wenn auch der Sport für vier Fünftel von ihnen vor allem aus dem regelmäßigen Spaziergang besteht.[3] Für die heute Hochaltrigen war Sport als Freizeitbeschäftigung während ihrer mittleren Lebensjahre noch nicht sonderlich verbreitet; dafür haben sie sich aber in ihren jungen und mittleren Jahren im Alltag selbstverständlicher bewegt. Früher ging man öfter zu Fuß, benutzte häufiger öffentliche Verkehrsmittel und hockte nicht so viele Stunden am Computer oder vor dem Fernseher. Die jetzt Anfang 60-Jährigen haben zumeist bequemere Jahrzehnte hinter sich, wissen aber sehr genau, wie wichtig Bewegung zur Erhaltung ihrer Gesundheit ist. Regelmäßige sportliche Betätigung hält das Übergewicht in Schach, senkt den Blutdruck, stärkt Herz und Lunge, Gelenke und Muskulatur. Regelmäßige Bewegung ist außerdem ein Antidepressivum, das zu einem allgemein besseren Lebensgefühl und einem positiven Selbstbild beiträgt. So spüren ältere Menschen heute zunehmend das Bedürfnis – oder die Verpflichtung –, sich körperlich zu betätigen. Die Sportarten der älteren Frauen sind vor allem Gymnastik, Walken und Schwimmen, die älteren Männer fahren am liebsten Rad, kegeln oder spielen Tischtennis. Wandern ist der Seniorensport schlechthin, für beide Geschlechter.

Nicht nur aktive Gesundheitsvorsorge durch gesunde Ernährung und Bewegung gehört zu den Erwartungen an das neue Altern, sondern auch das Bemühen um geistige «Fitness», das sich in der Bereitschaft zu lebenslangem Lernen ausdrückt. Die Kohorte der jetzt jungen Alten bringt eine bessere Schulbildung mit als frühere Altengenerationen, für die oft die Religion den einzigen oder zumindest den zentralen Kulturinhalt im Alter ausmachte. Die trug mit ihren Idealen von Selbstbescheidung und Verzicht eher zu einem schrumpfenden geistigen Horizont und zu einer passiven Haltung im Alter bei. Das steigende Niveau der Allgemeinbildung nachwachsender Altengenerationen wird dazu führen, dass sie noch mehr Interesse an Kultur zeigen werden.

In diesem Zusammenhang erfährt der Begriff des «lebenslangen Lernens» einen Bedeutungswandel. Als er in den 70er Jahren populär wurde, meinte er die Bereitschaft von Erwerbstätigen in den mittleren Erwachsenenjahren, sich neben dem Beruf ständig weiter fortzubilden, um einsatzfähig zu bleiben – und keineswegs die zweckfreie Lust auf Bildung im Ruhestand, die heute ein Privileg älterer Menschen ist.

Nach den Daten des repräsentativen Alters-Surveys beteiligten sich in der Mitte der 90er Jahre nur verschwindend wenige, nämlich nur 0,6 % der Älteren, an Seniorenakademien und Seniorenstudiengängen.[4] Anfang der 90er Jahre wurde der Anteil der 50- bis 65-Jährigen Volkshochschulbesucher mit 15 % und der der über 65-Jährigen mit nur 4 % angegeben.[5] Doch im letzten Jahrzehnt haben kulturelle Interessen und Aktivitäten merklich zugenommen. Die Zahl der studierenden Seniorinnen und Senioren ist weiter gewachsen und ständig im Wachsen begriffen. Auch die Volkshochschulen verzeichnen von Jahr zu Jahr ein langsames, aber stetiges Anwachsen ihrer älteren Klientel: 2003 lag der Anteil der 50- bis 65-Jährigen VHS-Besucher schon bei über 21 %; der der über 65-Jährigen hatte sich innerhalb eines Jahrzehnts von 4,0 % auf 8,5 % mehr als verdoppelt.[6]

In Deutschland sind zurzeit ca. 50 000 ältere Erwachsene (über 50-Jährige) an Universitäten und speziellen Seniorenakademien eingeschrieben,[7] «Tendenz steigend»,[8] interessanterweise auch hier mehr Frauen (58 %) als Männer. Die 60- bis 64-Jährigen sind mit 35 % die am stärksten vertretene Altersgruppe, dann folgen die 65- bis 69-Jährigen mit 25 %. 5000 ältere Menschen sind als ordentliche Studenten immatrikuliert, das heißt, sie machen ein reguläres Studium mit Prüfungen und vollwertigen Abschlüssen.[9] Die anderen nehmen als Gasthörer nur an ausgewählten Veranstaltungen teil oder absolvieren speziell zugeschnittene Seniorenstudiengänge. Wer jenseits des 50. Lebensjahres noch regulär studieren will, braucht, wie alle anderen auch, eine formale Zugangsberechtigung (das Abitur oder ein Äquivalent) und muss in der Regel Studiengebühren von mehreren hundert Euro pro Semester zahlen. Auch für spezielle Seniorenstudiengänge an den Universitäten oder für das Studium an Seniorenakademien werden Kursgebühren fällig. Das Gasthörerstudium dagegen ist zumeist nicht an Zugangsvoraussetzungen gebunden und preiswerter oder sogar noch gebührenfrei.

Fast die Hälfte der Seniorenstudentinnen und -studenten gibt an, aus persönlichem Interesse zu studieren, etwa ein Fünftel will die Weiterbildung für eine nachberufliche Tätigkeit, etwa ein Ehrenamt, nutzen. Für die meisten (82 %) ist ein Studienabschluss nicht wichtig.[10] Denn Bildung im Alter hat eine andere Bedeutung als Bildung in der Jugend. Beim Lernen im ersten Lebensdrittel geht es vor allem um Startchancen, um die zukünftige soziale Positionierung, um Berufs- und Karrieremöglichkeiten. Im letzten Lebensdrittel wird Lernen zum Selbstzweck, wird Bildung angestrebt, weil sie den individuellen Horizont bereichert. Damit scheinen die studierenden Alten dem klassischen humanistischen Bildungsideal, das die Bildung um ihrer selbst willen als hohes Gut sieht, näher zu sein als die Jungen.

Dem entspricht die Fächerwahl der Seniorenstudentinnen und -studenten. Sie belegen am liebsten geisteswissenschaftliche Fächer wie Literatur, Kunstgeschichte, Sprachen, Philosophie und Geschichte. Die Frauen interessieren sich besonders für Literatur, Sprachen und Psychologie, bei den Männern erfreuen sich Geschichte und manchmal auch Volkswirtschaft besonderer Beliebtheit. Zwar machten die Älteren 2003 nur 2,1 % der gesamten Studentenschaft aus, ihre absolute Zahl aber hat sich im zurückliegenden Jahrzehnt etwa verdoppelt,[11] und in manchen Fächern und Veranstaltungen sind sie sehr sichtbar. «In vielen Philosophieseminaren etwa befinden sich die Studenten unter fünfzig bereits in der Minderheit.»[12] In den Naturwissenschaften dagegen gibt es kaum Seniorenstudenten. Zu Numerus-clausus-Fächern haben sie ohnehin keinen Zugang.

Professoren konstatieren den besonderen Lerneifer der älteren Studenten, mit denen sie die jüngeren in der Regel übertreffen. Die Seniorenstudenten «... repräsentieren das Maß an jugendlichem Lerneifer, Interesse und freier Unbekümmertheit, das vor hundert Jahren etwa noch ausschließlich (den jungen, H. S.) Studenten zugedacht war».[13] Sie sind gründlicher, aktiver, stellen viele Fragen, während die Jüngeren das Lehrangebot oft nur konsumieren. Ein Philosophieprofessor sagt: «Ich bin da sehr hin und her gerissen. Einerseits macht es mit den Alten mehr Spaß, andererseits werde ich nicht meiner Verantwortung gerecht, die ja in der Ausbildung junger Erwachsener besteht.»[14]

Manche Beobachter sehen die «Invasion der alten Semester» – so der polemische Titel einer 2004 veröffentlichten Spiegel-Reportage – deutlich kritischer. Hier werden die Seniorenstudenten vor allem als Belastung für die Jüngeren dargestellt, mit denen sie um die knappe Zeit der Professoren konkurrieren, denen sie sogar im Wortsinne die Plätze wegnehmen. Da sie viel Zeit haben, «... pflegen Hamburger Senioren in klassischer Touristenmanier in Kunstvorlesungen sicht- und hörgünstige Plätze lange vor dem Beginn der Veranstaltung zu besetzen, offenbar gewitzt aus den Handtuchschlachten um die Hotelliegen auf Mallorca».[15] Die Spiegel-Redakteure denunzieren die Älteren als Streber und Platzhirsche, die mit ihren besserwisserischen Bemerkungen und irrelevanten Lebenserfahrungen nur den Lehrbetrieb aufhielten. Dabei, so heißt es abwertend, seien sie oft gar nicht imstande, den Gedankengängen zu folgen, wenn es nicht um «Erbauung», sondern um wissenschaftliches Denken gehe. Kurzum: Die Interessen der alten Studenten, die auf Selbstbestätigung und Sinnsuche aus seien, passten nicht zu den Interessen der jungen, der eigentlichen Studenten, die sich unter großem Leistungsdruck für ein unsicheres Arbeitsleben qualifizieren müssten. «Reicht es nicht, wenn Senioren Volkshochschulen besuchen?», fragen die Spiegel-Redakteure polemisch.[16]

Natürlich verlangt das Studium älterer Menschen besondere Regelungen, wenn es von einem marginalen Phänomen zu einer zahlenmäßig ins Gewicht fallenden Erscheinung wird. Die einzelnen Universitäten haben aus ihren bisherigen Erfahrungen organisatorische und inhaltliche Schlüsse gezogen und regeln das Seniorenstudium nach ihren jeweils eigenen Vorstellungen sehr unterschiedlich.[17]

Das wachsende Interesse älterer Menschen an kulturellen Themen lässt sich aber nicht nur am Volkshochschulbesuch und am Seniorenstudium ablesen. Noch bedeutsamer scheint mir die große Zahl informeller und privater Diskussions- und Lesezirkel, die von keiner Statistik erfasst werden. Es gibt unzählige Gruppen, die sich auf der Basis von Freundschaft, Bekanntschaft und ähnlichen Interessen zusammenfinden, um themenzentriert über Gott und die Welt zu diskutieren, gemeinsam Bücher zu lesen und sie zu besprechen, die sich künstlerisch oder kunsthandwerklich betätigen, gemeinsam in Konzerte gehen, sich intensiver mit Philosophie, Religion, Filmen oder Malerei auseinander setzen. In solchen Gruppen sind gerade die jungen Alten besonders stark vertreten.

Gesundheit, Fitness und lebenslanges Lernen – alle Facetten des heute so verbreiteten Bemühens um körperliches und geistiges Wohlbefinden in der zweiten Lebenshälfte werden häufig unter dem Sammelbegriff des «Anti-Aging» zusammengefasst. Anti-Aging meint alles, was geeignet ist, den Verschleißprozessen des Alterns entgegenzuwirken, sie abzumildern oder unsichtbar zu machen, sie so lange wie möglich zu verzögern.

Anti-Aging ist einerseits ein von der Gesundheits- und Schönheitsindustrie lancierter Modebegriff. Unter dieser Flagge segeln sowohl solide Ratgeber für eine gesunde Lebensführung wie auch eine Menge dubioser Lebenshilferezepte, die meistens banal, häufig wirkungslos und gelegentlich schädlich sind. Anti-Aging ist aber inzwischen auch das Etikett für ein ernst zu nehmendes medizinisches Forschungsgebiet, das in den letzten Jahrzehnten zu vielen neuen Erkenntnissen über die Biologie des Alterns gekommen ist. Die medizinische Anti-Aging-Forschung wird wohl in Zukunft immer mehr Instrumente für eine neue Altersmedizin liefern, die Alterungsprozesse entscheidend aufhalten können. Die Fortschritte dieser Medizin könnten die Menschen durchaus der Utopie von einem einigermaßen beschwerdefreien langen Leben näher bringen, in dem schwere Krankheiten und Behinderungen an den äußersten Rand zurückgedrängt werden.[18]

Legionen von populären Ratgebern zum Thema Anti-Aging füllen die Regale der Buchhandlungen und vermitteln den trügerischen Eindruck, dass es mit ein wenig gutem Willen und etwas Anstrengung möglich sei, den Prozess des physischen Alterns entscheidend aufzuhalten. Titel wie: «Jung – für immer», «Bleiben Sie ganz einfach jung!», «Der Jugendfaktor», «Älter werde ich später», «Für immer vierzig sein» sprechen für sich. Zu schön, um wahr zu sein, klingen die Versprechen: «Zum ersten Mal in der Geschichte der Menschheit besitzen wir heute die Kenntnisse und die Fähigkeiten, unser Altersschicksal selbst in die Hand zu nehmen. Wonach Päpste und Potentaten vergangener Zeit vergeblich suchten, steht jedem Bürger offen: ein Bad im Jungbrunnen. Als Eintrittspreis ist nur ein gesundes Maß an eigener Zielstrebigkeit und Entschlossenheit zu zahlen.»[19] «(Dieses Buch) beschreibt in zehn Stufen, wie Sie Ihr biologisches Alter um bis zu 15 Jahre gegenüber Ihrem biografischen Alter zurücksetzen können … Sie sind in der Lage, Ihr Altern rückgängig zu machen.»[20] Da verläuft die Grenze zwischen Vorsorge durch ein gesundes, gutes Leben einerseits und einem naiven Machbarkeitswahn andererseits fließend.

Die meisten Anti-Aging-Ratgeber geben Empfehlungen für eine gesunde Ernährung. Dabei spielt der Hinweis auf mäßiges Essen, vor allem am Abend (das so genannte dinner cancelling) eine zentrale Rolle. Sie betonen den Wert von körperlicher Betätigung, von Sport und Bewegung, für jede Altersstufe. Sie stellen die Bedeutung eines ausreichenden und gesunden Schlafs heraus. Sie machen darauf aufmerksam, wie wichtig ein gutes, tragendes soziales Netz ist. Sie preisen die Wirkung von Meditations- und Entspannungsübungen, plädieren für eine ausgeglichene Balance zwischen Aktivität und Muße.

Diesen allgemeinen Ratschlägen zur Lebensführung kann im Prinzip wohl jeder zustimmen, auch wenn hier und da die Gewichte ein wenig anders gesetzt werden, als man es vielleicht selber tun würde. Anti-Aging-Ratgeber enthalten aber im Allgemeinen darüber hinaus noch weiterführende Empfehlungen, die sich auf die Einnahme von Hormonen oder Vitaminen und auf kosmetische Eingriffe beziehen. An diesen Wundermitteln gegen das Altern scheiden sich die Geister. Es gibt heftige, zum Teil fundamentalistisch geführte Auseinandersetzungen, was davon erlaubt, geboten oder verwerflich sei. Auf der einen Seite das Lager der begeisterten Anhänger sämtlicher neuen, auch noch unausgereiften Versprechen des medizinischen Fortschritts, die alles tun würden, soweit sie es bezahlen können, um ein wenig länger den Traum von der ewigen Jugend träumen zu können. Auf der anderen Seite die Gegner, die fordern, man solle «in Würde» altern, ohne dem lieben Gott in irgendeiner Weise ins Handwerk zu pfuschen.

Beide Positionen können in ihren Extremen leicht ad absurdum geführt werden. So verwenden auch die Verfechter des natürlichen Alterns gern Kräuter, Salben und Tees, die auf «natürliche Weise» für Wohlbefinden und Leistungsfähigkeit sorgen sollen. Auch wer Schönheitschirurgie für Teufelszeug hält, benutzt doch Feuchtigkeitscremes oder leistet sich gelegentlich einen Besuch beim Heilpraktiker oder der Kosmetikerin. Und selbst die, die so etwas für überflüssig halten, sich stolz zu ihren Falten bekennen oder ihre Wechseljahresbeschwerden stoisch ertragen, würden vermutlich nicht wieder in die Zeiten zurückkehren wollen, als es noch keinen Zahnersatz gab.

Dass Hormon- und Vitamingaben zu einem jugendlicheren Aussehen verhelfen und Wohlbefinden und Leistungsfähigkeit steigern können, scheint erwiesen. Doch über die Nebenwirkungen wird noch heftig gestritten. Nach einer Phase euphorischer Bejahung der Hormonersatztherapie durch die Mehrzahl der Gynäkologen in den 90er Jahren herrscht heute bei uns in der Öffentlichkeit wieder eine eher kritische Einstellung vor. Nach der Veröffentlichung einer großen amerikanischen Studie über die negativen Nebenwirkungen im Jahr 2002, die in den Medien viel Aufmerksamkeit fand, ist die Zahl der Frauen, die in der Menopause Hormone einnehmen, zunächst um fast zwei Drittel zurückgegangen, um dann allmählich auf inzwischen etwa 80 % der ursprünglichen Zahl wieder anzusteigen.

Auch die «orthomolekulare Medizin», die eine Nahrungsergänzung durch Vitamine, Mineralien, Spurenelemente und essentielle Fettsäuren empfiehlt, hat innerhalb der Ärzteschaft Anhänger und Gegner. «Stärkt das Immunsystem und hält den Alterungsprozess auf», sagen die einen. «Wirkungslos und völlig überflüssig, da alle diese Stoffen ausreichend in einer ausgewogenen Nahrung enthalten sind», erklären die anderen.

Eine noch umstrittenere Facette des Anti-Aging ist die rasante Zunahme des Interesses an kosmetischen Eingriffen und schönheitschirurgischen Operationen. Immer mehr Menschen sind bereit, viel Geld für ein Gesichtslifting, für das Unterspritzen von Falten, das Anheben von Augenlidern, das Straffen von Tränensäcken, Hals oder Oberschenkeln, für die Entfernung eines Doppelkinns, für das Absaugen von Fett, das Weglasern von Altersflecken auf der Haut und ähnliche Eingriffe zu bezahlen. Bei uns sind diese Hilfsmittel des Anti-Aging erst dabei, sich einen Markt zu schaffen. In den USA dagegen suchen schon länger viel mehr Menschen einigermaßen unbekümmert ihr Heil bei Hormonen, Vitaminen und kosmetischen Eingriffen. Alle diese Wunderwaffen gegen das Altern sind dort längst gesellschaftsfähig, und wer es sich leisten kann und daran glaubt, nimmt seine Zuflucht zu ihnen.

Je mehr Menschen zu dergleichen Mitteln greifen, um

Jugendlichkeit und Schönheit zu konservieren, desto größer wird der Druck auf die anderen, es ihnen gleich zu tun. In bestimmten Berufen und Milieus (etwa im Fernsehen, in der Werbebranche) ist es für Frauen in den mittleren Jahren schon heute unumgänglich, sich liften zu lassen, wenn sie nicht vorzeitig ausgegrenzt werden wollen. Es ist nicht auszuschließen, dass wir von künftigen Generationen junger Alter ein glattes faltenloses Gesicht mit derselben Selbstverständlichkeit erwarten werden, mit der wir heute ein gepflegtes weißes ebenmäßiges Gebiss als Selbstverständlichkeit ansehen. Wer sich nicht in dieser Weise präsentieren kann, wird sich dem Verdacht aussetzen, er oder sie vernachlässige sich selber – oder sei zu arm, sich dergleichen zu leisten.

Vermutlich wird die jetzt schon existierende Schere zwischen Arm und Reich in nicht allzu ferner Zukunft gerade in Sachen Gesundheit, Schönheit und «Anti-Aging» noch weiter auseinander klaffen: auf der einen Seite diejenigen, die sich Implantate und Faceliftings nicht nur leisten können, sondern sich auch zunehmend dazu genötigt fühlen, um ihre Zugehörigkeit zu einem bestimmten sozialen Milieu unter Beweis zu stellen. Auf der anderen Seite die anderen, die mit Übergewicht, Lücken im Gebiss, faltigem Gesicht und hängenden Augenlidern herumlaufen und damit sichtbar zur Gruppe der Unterprivilegierten gehören. Nach zukünftigen Standards werden dann vielleicht nur noch die Armen, die Dummen und die Disziplinlosen frühzeitig sichtbar altern.

Fit, gesund und einigermaßen attraktiv zu bleiben, ist schon heute ein Auftrag, dem man sich im jungen Alter nicht mehr ohne weiteres entziehen kann, wenn man ein gutes Selbstwertgefühl aufrechterhalten will. Früher konnte man sich als älterer Mensch viel eher gehen lassen. Man schied schon in den mittleren Jahren aus dem Wettlauf um

Jugendlichkeit und Schönheit aus, man kümmerte sich nicht mehr viel um sein Äußeres und konnte endlich nach Herzenslust essen, trinken und ungesund leben, wenn das Leben noch Gelegenheit dazu bot. Das war gewiss bequemer als heute, wo man sich viel länger um die eigene äußere Erscheinung und die damit verbundene Signalwirkung an die Umgebung kümmern muss. Allerdings starb man in früheren Zeiten auch eher. Wir können uns vielleicht den absurdesten Auswüchsen des Verschönerungsdiktats entziehen – die Entwicklung als solche wird sich nicht aufhalten lassen. Auf der anderen Seite muss man einräumen, dass die neuen Erwartungen an Gesundheit, Fitness und äußere Erscheinung durchaus auch mit einem Zuwachs an Lebensqualität und einem besseren Lebensgefühl verbunden sind.

Was für Schönheit und jugendliches Aussehen gilt, wird auch für andere Bereiche des gesundheitlichen Wohlbefindens gelten. Auch hier wird die Schere zwischen ökonomisch besser und schlechter Gestellten vermutlich bald noch weiter auseinander gehen. Nicht alle werden sich in Zukunft ein zweites oder drittes künstliches Kniegelenk, eine dritte oder vierte Hüfte, einen fünften oder sechsten Bypass leisten können. Man kann das sehr ungerecht finden und beklagen. Trotzdem wird die medizinische Forschung ständig weiter nach Möglichkeiten suchen, Menschen bis ins höchste Alter zu einem besseren und beschwerdefreieren Leben zu verhelfen, und diese Medizin wird immer teurer werden. Es wird eine der schwierigsten und zugleich wichtigsten gesellschaftlichen Aufgaben sein, ein Gesundheitsversorgungssystem zu schaffen, das einerseits finanzierbar ist und andererseits möglichst viel von den Fortschritten der Altersmedizin möglichst vielen Menschen zugute kommen lässt. Noch deuten sich die Einschränkungen in diesem Bereich erst an. Für die ältere Generation heute gilt noch, dass sie einen hohen Standard gesundheitlicher Versorgung zu recht günstigen Bedingungen erhält.

Die jungen Alten von heute sind in ihrer Mehrheit gesundheitsbewusster, kulturorientierter, genussfähiger und kaufkräftiger als frühere Altengenerationen vor ihnen. Sie können sich mehr Urlaubsreisen, Sport, Hobbys, Kulturgenuss und Gesundheitsversorgung leisten als ihre Vorfahren in dieser Lebensphase; sie verfügen in ihrer Mehrheit (noch) über Zeit- und Geldwohlstand.

Aus den Aufgaben und Zwängen der mittleren Erwachsenenjahre entlassen, finden sie keine verbindlichen Altersrollen mehr vor – einmal abgesehen davon, dass sie sich im jungen Alter noch gar nicht als alt definieren. Früher schrieb die Gesellschaft den Alten vor, welche Beschäftigungen für sie angemessen seien: sich um die Enkel kümmern, ein bisschen Gartenarbeit und Heimwerkertum. Als Vergnügungen gönnte man ihnen nur die Kaffeefahrt mit dem Altenclub. Man redete ihnen das Ideal von den zurückgezogenen, anspruchslosen Alten ein. Heute wird es zur Aufgabe eines jeden Einzelnen, für sich selbst herauszufinden, wie sein Altern aussehen soll. Die Älteren müssen individuell, in Eigenregie dem letzten Drittel ihres Lebens Inhalte, Strukturen, einen neuen Sinn geben. Wenn die Verlängerung des Lebens vor allem eine Zunahme an gesunden Jahren ist und die kranken Jahre immer weiter an den äußersten Rand des hohen Alters gedrängt werden, dann reicht es als Inhalt dieser Lebensphase nicht aus, sich seelisch auf den finalen Abstieg vorzubereiten. Gezwungenermaßen werden also die «freigesetzten» Alten zu «Lebensunternehmern» und damit zu den Trägern des neuen Leitbilds der Postmoderne. Die Emanzipation aus den früheren Rollenzwängen (wenn man es positiv sehen will) beziehungsweise das Herausfallen aus den früheren Strukturen (wenn man es negativ formulieren möchte) ist Risiko und Chance des neuen Alterns zugleich.

Die Gesellschaft erwartet von den Alten, dass sie ihre neue Gestaltungsfreiheit nutzen. Doch während sie es tun, sehen sie sich immer wieder polemischen Kampagnen ausgesetzt, die ihnen genau das verübeln. Dann geht das hässliche Schlagwort von den «gierigen Greisen» um. Zu den gängigen Klischees gehört der Vorwurf, die neuen Alten kreisten nur um sich selbst. Die «gähnende Leere» des sich vor ihnen auftuenden langen Alters würden sie mit oberflächlichem Erlebnishunger und Konsumsucht zudecken. Die Alten seien «... hungrig nach Reisen, Vergnügungen, Luxus und Aktivität», und «wenn die Zeiten des Konsums von Kleidern, Reisen, Fitness, Kultur und Frühkartoffeln vorbei sind, dann konzentriert sich das Alter immer mehr auf den Verbrauch von Gesundheitspräparaten», behauptet Reimer Gronemeyer.[21] Den egoistischen Alten von heute stellt er ein anderes Klischee gegenüber: das Bild vom alten Menschen früherer Zeiten, der Rückzug und Verzicht übte und bis zu seinem Tod noch verbindliche Aufgaben hatte.

Hinter solchen Anwürfen steckt sicher ein gewisser Neid auf die «späte Freiheit» der Alten. Doch sie machen vor allem die große Ambivalenz in den Erwartungen an die ältere Generation sichtbar.

Die Arbeitsgesellschaft, in der wir (noch) leben, ist erst ein paar Jahrhunderte alt, und die atemlose Hektik unserer Gegenwart ist noch jüngeren Datums. Der Stress der jungen und vor allem der mittleren Erwachsenenjahre ist innerhalb der letzten drei Jahrzehnte fast unerträglich gewachsen. Zeitknappheit charakterisiert die mittleren Lebensjahre. Zeitsouveränität dagegen ist das Privileg des Alters – allerdings auf dem Hintergrund des Bewusstseins einer sich zunehmend verknappenden Lebensspanne, die diese Zeit und ihre Verwendung besonders kostbar erscheinen lässt.

In früheren Zeiten sah man die Freiheit zur Muße, die Möglichkeit, aus den Zwängen der Alltagsarbeit auszusteigen, als ein Privileg der sozialen Eliten. Adlige konnten so leben, manchmal Mönche, eventuell auch Künstler. Die jungen Alten von heute, die noch fit in den Ruhestand entlassen werden, genießen den Luxus der Adligen in der Feudalgesellschaft von einst. Gleichzeitig ist ihre Muße eine Art Trostpreis. Denn sie sind aus dem Erwerbsleben in die gesellschaftliche Bedeutungslosigkeit entlassen worden. Sie zählen nicht mehr. Nichtsdestoweniger bietet ihnen ihre Situation die Chance zum Innehalten, zum Nachdenken über sich selbst und den Sinn des Lebens.

Die Lebensaufgabe, die sich ihnen auf diese Weise stellt – die sie sich selber stellen und deren Lösung die Gesellschaft von ihnen erwartet –, ist nichts Geringeres als die Suche nach dem richtigen Leben. Sie sollen einem Leben, das nicht mehr von der Notwendigkeit zum Erwerb geprägt ist, einen Sinn geben. Sie sollen sich um den gesunden Geist in einem gesunden Körper bemühen. Sie sollen eine überzeugende Balance erreichen zwischen Aktivität und Entspannung, zwischen Anstrengung und Genuss, zwischen der Beschäftigung mit sich selbst und dem eigenen Seelenleben auf der einen Seite und dem Engagement für Familie, Freunde und das Gemeinwohl auf der anderen Seite. Sie sollen einerseits den möglichen Gestaltungsspielraum im Alter maximal nutzen, zum anderen aber auch lernen, in das Schicksalhafte am Altern einzuwilligen. Kurzum: Sie sollen die geschenkten Jahre des letzten Lebensdrittels dazu verwenden, mit ihrem gelebten Alltag eine überzeugende Antwort auf die uralte Menschheitsfrage zu finden: Wie lebt man richtig und gut?

In gewisser Weise delegiert unsere stressgeplagte Gesellschaft diese zentrale Frage, die in der Hektik der mittleren Jahre in den Hintergrund tritt, an die ältere Generation: «Ihr habt die günstigsten Voraussetzungen, ihr habt Zeit und Muße – findet ihr schon mal heraus, was es mit dem Sinn des Lebens auf sich hat! Damit wir davon profitieren können, wenn wir da ankommen, wo ihr jetzt seid. Beweist uns mit eurem Lebensgefühl, dass es sich überhaupt noch lohnt, dahin zu gelangen. Damit wir nicht so viel Angst vor einem langen leeren Ende des Lebens haben müssen, vor dem Gefühl, dass das jetzt schon alles war, diese vergebliche Hetze!» Vielleicht ist es die häufig schon in den mittleren Lebensjahren hinter der Hektik empfundene Sinnlosigkeit, die Menschen in den mittleren Jahren oft so große Angst vor dem Alter macht – die Angst, dass man eines Tages nicht mehr genügend Vitalität besitzen werde, die Leere mit allerlei Geschäftigkeit zuzudecken.

Hinter den neuen Erwartungen an die freigestellte ältere Generation, sich mit dem Wesentlichen zu befassen, könnte tatsächlich so etwas stehen wie eine Renaissance vom Ideal der «Weisheit des Alterns». Die Bedeutung von Selbstfindungsprozessen im Alter habe zugenommen, stellen denn auch viele Gerontologen fest. Die neuen Alterskohorten seien nachweislich mehr damit befasst, ihr Leben noch einmal für sich zu entwerfen als die früheren, die eher auf «Selbstbescheidung» und «Verzicht» eingestellt waren.[22] «In der Tat war nie zuvor so viel die Rede von Selbsterfahrung, Selbstorganisation und Selbstverwirklichung.»[23]

Man kann es für sonderbar halten, dass die Suche nach dem «richtigen Leben» heute im letzten Lebensdrittel noch einmal besonders intensiv wird, in einer Phase, in der nach den Vorstellungen früherer Zeiten das eigentliche Leben längst vorüber ist. Natürlich hängt diese Entwicklung auch damit zusammen, dass vielen, vielleicht den meisten Menschen in unserem Kulturkreis, der Glaube an ein Jenseits abhanden gekommen ist. Da liegt es auf der Hand, dass man noch eine Menge im Diesseits erledigen und herausfinden will. Für manches mag es zu spät sein, doch vieles ist noch möglich. Und genau darin liegt die Chance, eine Kultur des Alterns zu entwickeln.

11
Auf der Suche nach dem richtigen Leben: Vom «Altern als narzisstische Kränkung» zur «Weisheit des Alters»

«Von der Lust am Älterwerden» lautete der Titel eines 1978 erschienenen Buches. «Von der Lüge, dass Altwerden Spaß macht» setzt der Untertitel eines Buches aus dem Jahre 2003 dagegen.[1]

Ein Widerspruch? Nur scheinbar. Genauso gut könnte man formulieren: «Von der Lust am Leben» gegen «Von der Lüge, dass Leben Spaß macht». Altwerden macht ebenso wenig oder gerade so viel Spaß wie das Leben als solches. Natürlich ist Älterwerden nicht einfach. Allerdings ist es nicht minder schwierig, jung zu sein. Die irrige Vorstellung, die Jugend sei die schönste Phase des Lebens, wird nur von denen gepflegt, die diese Zeit bereits hinter sich gelassen haben, die Jugendlichen selbst glauben das nicht. Zwar hat man in der Jugend mehr Hoffnungen, mehr Illusionen und vor allem mehr Vitalität, und das verleiht ihr nachträglich ihren Glanz. Aber man hat ganz bestimmt nicht weniger Probleme als im Alter.

Altsein ist im Übrigen kein Zustand, weder der der heiteren Gelassenheit – wie sich das Hölderlin wünschte: «Friedlich und heiter ist dann das Alter ...» – noch der einer steten dumpfen Resignation oder gar Verzweiflung. Altern ist ein Entwicklungsprozess, in der Auseinandersetzung mit neuen äußeren und inneren Herausforderungen, und es gibt, wie in jeder anderen Lebensphase, neben dem Erleben von Verlust auch Positives. «Insgesamt zeigt das Alter, wie jede frühere Lebensphase, durchaus möglichen spezifischen Gewinn, einen, der den Abschied von der vorhergehenden Lebensstufe gleichfalls kompensiert», sagt Ernst Bloch im «Prinzip Hoffnung».[2]

Der Ausdruck «Lebensstufe» entwirft womöglich ein falsches Bild, denn «Stufen» führen entweder hinauf oder herunter. Die Vorstellung von der «Lebenstreppe» stellt den voll leistungsfähigen und fortpflanzungsfähigen Menschen der mittleren Erwachsenenjahre in den Mittelpunkt und legt nahe, dass die Lebensabschnitte davor und danach bloß der Vorbereitung und dem Abgesang dienen. Vielleicht ist es deswegen besser, einfach von «Lebensphasen» zu sprechen, deren jede ihre besonderen Themen, Aufgaben und Befindlichkeiten hat.

Im jungen Alter stellt sich die Aufgabe, noch aktiv am sozialen Leben mitzuwirken, in Beruf oder Ehrenamt, in der Familie, im Freundeskreis, in den sozialen Gruppen und Gemeinschaften, denen man angehört. Im mittleren Alter richten sich die meisten Energien auf den Selbsterhalt; «erfolgreich» zu altern, bedeutet dann, solange wie möglich selbstständig zu bleiben. Im höchsten Alter aber muss man lernen, sich Unterstützung zu organisieren und Hilfe entgegenzunehmen, zunächst gelegentlich, später vielleicht in Form umfassender Pflege. Dann besteht erfolgreiches Altern darin, mit dieser Situation seelisch zurechtzukommen.[3]

Wahrscheinlich ist es heute, unter den Bedingungen einer individualisierten Gesellschaft, schwieriger als früher, gelassen und gleichmütig zu altern. Früher gab es verbindliche Altersrollen, denen die Menschen sich anpassen mussten. Ein solcher sozialer Rahmen, der zwar einengte, zugleich aber auch eine Stütze war, ist heute nur noch vage vorhanden. Ältere Menschen müssen also viel mehr Eigeninitiative aufbringen, um ihrem Alltag eine Struktur, ihrem

Leben Inhalt und Sinn zu geben. Wie man mit dem normalen Altersprozess und auch mit schicksalhaften Einbrüchen fertig wird, hängt nicht zuletzt davon ab, wie man die vorangegangenen Lebensphasen gemeistert hat.

Nach dem bekannten Lebensphasenmodell des Psychoanalytikers Erik Erikson heißt die Überschrift über dem Alter «Ich-Integrität versus Verzweiflung». Ich-Integrität wird in einem bilanzierenden Lebensrückblick hergestellt. Wer als Kind Urvertrauen entwickeln konnte, wer in der Jugend und den jungen Erwachsenenjahren zu Autonomie und Identität gefunden hat, wer in den mittleren Erwachsenenjahren intime Beziehungen aufbauen und erhalten konnte und wer schließlich die Lebensaufgabe der «Generativität» erfüllt hat – das heißt, etwas von sich selbst an seine Kinder, in Ideen, an Werke, in seiner Arbeit weitergeben konnte –, der oder die besitzt an der Schwelle des Alters eine tragfähige Identität. Die kann einem dann auch durch die bevorstehenden Verluste nicht genommen werden. Ein reiches gelebtes Leben bleibt Teil des Menschen, der es gelebt hat, auch wenn es Vergangenheit geworden ist. Die Beziehung zum Partner bleibt Teil des eigenen Selbst, auch wenn er gestorben ist. Die Beziehung zu den Kindern lebt weiter, auch wenn sie aus dem Haus gegangen sind.

Doch was, wenn die «Entwicklungsaufgaben» der vorangegangenen Lebensphasen nicht angemessen gelöst wurden? Weil nun nicht mehr viel Gelegenheit ist, dem Leben handelnd eine neue Wendung zu geben, kann dem alternden Menschen, wenn er zu einer negativen Bilanz kommt, existenzielle Verzweiflung drohen. Doch es ist auch jetzt noch möglich, sich mit der eigenen Biografie auseinander zu setzen und mit dem gelebten Leben zu versöhnen.[4]

Noch vor einigen Jahrzehnten glaubte man, dass ein Mensch spätestens in den mittleren Erwachsenenjahren eine stabile Identität entwickelt habe, ein Selbst, das ihm dann einigermaßen unverändert bis in den Tod bleibt. Als die wichtigsten und unruhigsten Phasen der Biografie galten die Kindheit und die Jugend, in der sich die Persönlichkeit zum Teil krisenhaft entwickelt. Die von Entwicklungspsychologen entworfenen Lebensphasenmodelle endeten meist typischerweise mit dem, was wir heute erst als «mittlere Erwachsenenjahre» ansehen würden, mit der Phase zwischen dem 40. und dem 50. Jahr. Über die Zeit danach wusste die Entwicklungspsychologie nicht mehr viel zu sagen. Es schien fast so, als sei es von da ab die einzige Lebensaufgabe, einen Abschied nach dem anderen zu nehmen, um sich so allmählich auf den Tod vorzubereiten. Doch inzwischen kennen wir nicht nur die Midlife-Krise, sondern es gibt immer häufiger (anstelle der Midlife-Krise oder auch zusätzlich zu ihr) heftige Identitätskrisen im jungen Alter.

Es ist, als durchlebten immer mehr Menschen eine Art Pubertät des Alters. Dass sich psychische Krisen im Leben weiter nach hinten verschieben, hängt nicht nur damit zusammen, dass wir an Jahren älter werden, sondern eben gerade auch damit, dass wir psychisch länger jung bleiben. Die Krisen mögen für die, die sie gerade durchleben, sehr schmerzhaft sein, aber sie zeigen, dass wir uns auch jenseits der mittleren Erwachsenenjahre noch entwickeln, dass wir noch reifen können. Die Umstände des Alterns sind heute einfach nicht mehr so, dass man mit 60 Jahren eine in sich ruhende gesicherte Identität besitzt, mit der man sich auf das geistig-seelische Altenteil begeben kann, um dort in Ruhe zu warten, bis man zwanzig oder dreißig Jahre später stirbt. Das Altersideal unserer Eltern und Großeltern, das so etwas vorsah, taugt nichts mehr.

Der Prozess des Alterns ist als solcher eine narzisstische Kränkung, die auch seelisch gesunden und einigermaßen stabilen Menschen zu schaffen macht. Zentrale soziale Rollen und Facetten der Identität, die in den mittleren Lebensjahren Bestätigung gegeben haben, müssen aufgegeben werden oder verlieren ihre Bedeutung. So etwa, wenn eine Frau eine umschwärmte Schönheit war und nun merkt, dass die Männer sie nicht mehr wahrnehmen; wenn ein alternder Don Juan seine Wirkung auf jüngere Frauen schwinden fühlt; wenn ein Mann seine Position als mächtiger Firmenchef verliert; wenn die Kinder aus dem Haus gehen und die Frau sich als Mutter auf einmal entbehrlich fühlt; wenn jemand, der immer besonders sportlich und fit war, seine Kraft und Beweglichkeit verliert und Ähnliches. Das sind die narzisstischen Kränkungen, die uns je nachdem im mittleren oder späten Erwachsenenalter oder erst zu Beginn des eigentlichen Alters zu schaffen machen. Je grandioser die Rollen der mittleren Lebensjahre waren, je mehr Bestätigung sie uns eintrugen, desto schwieriger ist es, ohne sie ein positives Selbstbild aufrechtzuerhalten. Gerade Menschen, die glänzende Karrieren gemacht und Starpositionen eingenommen haben, die ihre Befriedigung daraus bezogen, hohe Leistungsanforderungen zu erfüllen und von anderen dafür bewundert oder beneidet zu werden, tun sich meist besonders schwer mit dem Altern.

Im Prozess des Alterns werden wir auf unangenehme Weise mit Fehlentwicklungen und verpasster Reifung in früheren Jahren konfrontiert. Viel Leiden an der Schwelle des Alters hängt mit der schmerzlichen Erkenntnis zusammen, dass die alten Leugnungs-, Selbsttäuschungs- und Fluchtmanöver, die alten Abwehrmechanismen, mit denen wir uns im mittleren Erwachsenenalter ganz gut eingerichtet hatten, nicht mehr zur Verfügung stehen. Wenn eine Paarbeziehung scheitert, ist nicht mehr sofort, vielleicht nie mehr, eine neue zu haben. Wenn man seinen Arbeitsplatz verliert, findet man nicht gleich etwas Besseres, sondern bleibt nun vielleicht für immer arbeitslos. Jahrzehntelang stand man im Mittelpunkt, war als Experte gefragt und gesellschaftlich hofiert, und auf einmal scheint sich niemand mehr für einen zu interessieren. Ein Misserfolg oder ein Verlust auf einem Gebiet kann nicht mehr ohne weiteres mit einem Erfolg auf einem anderen kompensiert werden. Eine körperliche oder geistige Hochleistung, die vor einiger Zeit noch möglich war, ist nicht nur vorübergehend nicht mehr möglich, sondern sie kann vielleicht nie wieder erbracht werden.

Manchen Menschen macht das weniger zu schaffen. Bei anderen ist der Leidensdruck groß, und es drohen Verzweiflung, Depression oder Verbitterung und Verhärtung. Dabei ist schon das Leiden an sich eine Öffnung, die die Chance zu einem Wandlungsprozess enthält. Und es ist nie zu spät zu einer wirklichen Auseinandersetzung mit sich selbst, die zu einem neuen Verständnis des gelebten Lebens und zu einer Versöhnung mit sich selbst führt.

Allerdings machen es uns das verbreitete Jugendlichkeitsideal und die Anti-Aging-Kampagnen nicht gerade leichter, das physische Altern zu akzeptieren. Da sie die Illusion wecken, man könne mit viel Anstrengung den Prozess des Alterns entscheidend aufhalten, verschärfen sie nur die narzisstische Kränkung für alle, die sich so heftig darum bemühen. Dadurch verschieben sich die entsprechenden Identitätskrisen im Lebenszyklus einfach nur ein paar Jahre weiter nach hinten.

Identitätssuche und Identitätskrisen an der Schwelle des Alters sind vermutlich ein Grund dafür, dass heute mehr ältere Menschen als je zuvor ein lebhaftes Interesse an ihrer eigenen Biografie entwickeln. Auch Frauen und Männer, die nicht primär literarisch ambitioniert sind, besuchen Erzählcafés oder Kurse für autobiografisches Schreiben, die Volkshochschulen und andere Institutionen immer häufiger anbieten.[5] Die Generation, die jetzt zu altern beginnt, hatte schon vorher eine Tendenz zur biografischen Selbstvergewisserung. Ein Interesse an «Selbsterfahrung» verbreitete sich in der Nach68er-Zeit als Begleiterscheinung der zunehmenden Individualisierung unserer Gesellschaft. Seitdem haben autobiografische Literatur und Lebenshilferatgeber Hochkonjunktur Es liegt nahe, dass die Generation, die nach und nach ihre Kindheit und Jugend, ihre Partnerschaften, ihr Verhältnis zur Sexualität, zur Mutter- und Vaterrolle und schließlich zu den Wechseljahren thematisierte, den Prozess der Selbstbetrachtung auch im Alter fortsetzt.

Sicher ist die Zunahme von Lebensbetrachtungen auch auf dem Hintergrund des massiven sozialen Wandels der letzten Jahrzehnte zu sehen: Die abnehmende Verbindlichkeit von vorgegebenen Lebensmustern, das Zerbröckeln traditioneller Lebensformen, führt zu einem Bedürfnis nach Orientierung, nach der Wahrnehmung von Mustern im eigenen Leben. Lebenserfahrungen werden im Spannungsfeld zwischen gesellschaftlichen und individuellen Rahmenbedingungen gemacht, und die biografische Selbstthematisierung stellt Zusammenhänge zwischen Individuum und Gesellschaft her. Der Blick auf das eigene Leben ist immer geprägt von der Kohortenzugehörigkeit, von Ereignissen, die die eigene historische Generation geprägt haben, von Herkunft, Schicht und Milieu, von Geschlecht und Persönlichkeit. Es ist ganz entscheidend, in welchem Alter, in welcher individuellen Lebenssituation man mit bestimmten historischen Ereignissen – wie etwa den Ideen von sozialen Bewegungen, mit wirtschaftlichen Auf- oder Abschwüngen, mit Kriegsereignissen oder anderen sozialen Umbrüchen – konfrontiert worden ist. Einige wenige Jahre Altersunterschied können eine ganz entscheidende Rolle sowohl für den Verlauf wie auch für die Deutung des eigenen Lebens spielen. Das konstatiert schon Goethe in «Dichtung und

Wahrheit», wenn er über das Wechselspiel zwischen «dem Individuum und seinem Jahrhundert, das den Menschen mit sich fortreißt, bestimmt und bildet», sagt: «… ein jeder, nur zehn Jahre früher oder später geboren, dürfte, was seine eigene Bildung und Wirkung nach außen betrifft, ein ganz anderer geworden sein».[6]

Für manche Menschen sind Lebenskrisen der unmittelbare Anlass, sich mit der eigenen Lebensgeschichte auseinander zu setzen, normale altersbezogene Krisen, wie zum Beispiel das Ende der Berufstätigkeit, oder auch schicksalhafte Ereignisse, wie der Verlust des Partners, Krankheit oder Unfall. Der bilanzierende Lebensrückblick hat weniger damit zu tun, dass man die vor sich liegende Lebensspanne als nur noch begrenzt wahrnimmt. Sondern er hängt vor allem mit der Fülle des gelebten Lebens zusammen, das hinter einem liegt. Man kann jetzt größere Zusammenhänge überschauen als am Anfang oder in der Mitte des Lebens, und man kann bedeutsamere Verbindungen herstellen. Wenn man sein Leben aufschreibt, stellt man sich die Frage: Wie bin ich der/die geworden, der/die ich jetzt bin? Man sucht in seinen Lebenserfahrungen nach einem roten Faden, der Kontinuität herstellt. Altern ist heute ein lang gestreckter Lebensabschnitt, in dem man sich neu finden, zum Teil sogar neu selbst erfinden muss. Indem man sich sein Leben selbst erzählt, sucht man Antworten auf die Frage, wer man eigentlich ist, woher man kommt – und wohin man noch gehen möchte und kann. Autobiografisches Schreiben, das schriftliche Verarbeiten von Lebenserfahrungen, vermittelt Lebenssinn. Das kann gerade in Lebenskrisen hilfreich sein, psychische Stabilität wiederherstellen und Kraft verleihen.

Wer seine Lebenserinnerungen erzählend reflektiert, tritt aus dem Zusammenhang des gerade gelebten Lebens heraus und betrachtet das bisherige gewissermaßen von außen. Kierkegaard hat in seinen Tagebüchern notiert, dass man das Leben zwar vorwärts leben müsse, aber nur rückwärts verstehen könne. Lebenserfahrung entsteht nicht allein durch die Tatsache, dass man lange lebt; sie setzt Reflexion und aktives Verarbeiten des Erlebten voraus. Erzähltes Leben ist immer auch gedeutetes Leben, und die Selbstreflexion verleiht der eigenen Biografie Bedeutung. Die verschiedenen Lebenserfahrungen erklärt und deutet man sich aufgrund eigener Ideen über den Lebenssinn. Was man für den Lebenssinn hält, kann sich im Prozess der Deutung eigener Lebenserfahrungen auch noch einmal verändern.[7]

All dies beschäftigt Menschen, mehr oder minder bewusst, wenn sie in der Familie oder im Freundeskreis Lebenserinnerungen erzählen, wenn sie an Erzählcafés teilnehmen oder ihre Biografie für sich selbst, für die Familie oder Freunde zu Papier bringen. Die erzählte (wie auch die nicht erzählte) Lebensgeschichte spielt im Übrigen eine wichtige Rolle im Verhältnis zwischen den Generationen. Das Generationenverhältnis ist eine Erfahrung der «Ungleichzeitigkeit des Gleichzeitigen»: Die ältere, die mittlere und die junge Generation begegnen sich in der Gegenwart, erfahren die Gegenwart gleichzeitig – und erleben sie doch aufgrund ihrer bisherigen Lebensgeschichte völlig anders.

Auch das wachsende Interesse älterer Menschen an Psychotherapie ist ein bemerkenswertes Phänomen und auf dem Hintergrund der neuen Identitätssuche im Alter zu sehen. Es ist dem Bedürfnis, die eigenen Lebenserinnerungen aufzuschreiben, durchaus verwandt. Während beim biografischen Erzählen und Schreiben meist die spielerische Freude an der Selbsterfahrung im Vordergrund steht, sind in der Regel akute seelische Krisen der Grund, eine Therapie in Anspruch zu nehmen.

Während die älteren Menschen von früher zeitlebens ein

starkes Misstrauen gegenüber der Psychotherapie hatten, beginnt jetzt eine Generation zu altern, die in dieser Hinsicht weniger Berührungsängste hat. Unter den heute Hochaltrigen existiert noch verbreitet die Haltung, dass es verächtlich sei, psychotherapeutische Hilfe in Anspruch zu nehmen, ein Zeichen von «Verrücktheit» – und Verrückten ist ohnehin nicht zu helfen. Auch herrscht in dieser Generation noch das Ideal der Gefühlskontrolle vor: Wenn man Schwierigkeiten hat, soll man sich «zusammenreißen» – dann wird es schon wieder gehen! Dagegen haben einige der heute jungen Alten schon früher in ihrem Leben Erfahrungen mit Therapien gemacht. So ist die Hemmschwelle niedriger, auch im höheren Alter bei Krisen noch psychotherapeutische Hilfe zu suchen. Typische Krisen sind etwa Schwierigkeiten mit der Berufsaufgabe oder Probleme in der Ehe, wenn beide Partner sich plötzlich den ganzen Tag wieder miteinander zu Hause finden, oder auch Depressionen nach dem Verlust des Ehepartners.

Nicht nur die älteren Menschen selbst hatten früher wenig Interesse an Psychotherapie – sie sprachen, wenn nötig, lieber mit dem Pfarrer oder dem Hausarzt, suchten Trost in der Religion oder bei Medikamenten –, sondern umgekehrt standen auch die Psychotherapeuten den Älteren mit größtem Vorbehalt gegenüber. Lange Zeit ging man im Gefolge von Sigmund Freud davon aus, dass eine psychotherapeutische Behandlung jenseits des 45. Lebensjahrs sinnlos sei: «… eine Altersstufe in der Nähe des fünften Dezenniums schafft ungünstige Bedingungen für die Psychoanalyse. Die Masse des psychischen Materials ist dann nicht mehr zu bewältigen, die zur Herstellung erforderliche Zeit wird zu lang, und die Fähigkeit, psychische Vorgänge ruckgängig zu machen, beginnt zu erlahmen.»[8]

Auch heute haben Therapeuten häufig noch unreflektierte Vorurteile über das Alter und ältere Menschen. Viele sind wie Freud überzeugt von der Starrheit und der Unbeeinflussbarkeit Älterer. Sie neigen dazu, ihnen Triebbedürfnisse und die damit zusammenhängenden Konflikte abzusprechen. Sie führen die Symptome der Patienten nicht auf psychische Probleme zurück, sondern schreiben sie diffusen physiologischen, hirnorganischen Alterungsprozessen zu. Damit wären sie dann therapeutisch nicht mehr zugänglich.

Außerdem stellt die Behandlung Älterer die Therapeuten, wenn sie bei ihren Patienten gewissermaßen auf ihre Eltern und Großeltern stoßen, auch vor besondere Probleme, so zum Beispiel die einer «umgekehrten» Übertragungskonstellation. Während in der klassischen «normalen» Übertragung der Patient im Therapeuten seine Elternbilder wiederfindet, erlebt jetzt der Patient vom Altersgefälle her seinen Therapeuten zunächst als Kind oder Enkel. Das kann zum Anzweifeln der therapeutischen Kompetenz führen oder auch dazu, dass besonders hohe emotionale Erwartungen an ihn gerichtet werden. Der Therapeut bzw. die Therapeutin geraten vielleicht in die Rolle des idealen Sohnes oder der idealen Tochter, die ihnen von der Ausbildung her weniger vertraut ist, wohl aber alte ungelöste Probleme mit den eigenen Eltern aktivieren kann.

Der alte Patient, die alte Patientin konfrontieren den Therapeuten auch mit den eigenen Ängsten vor dem Alter, vor Abhängigkeit, Krankheit und Einsamkeit, die die eigenen Jugendlichkeitsideale in Frage stellen und den eigenen Narzissmus bedrohen. Erschwert wird die Beziehung auch dadurch, dass jüngere Therapeuten die Lebenswelt, die ihre älteren Patienten geprägt hat, nicht aus eigener Erfahrung kennen. Schwere chronische Krankheit und Gebrechlichkeit des Patienten, die Nähe des Todes, stellen die therapeutische Potenz in Frage: Wenn Therapeuten einen jüngeren Menschen behandeln, können sie die Phantasie haben, dass «ihr Kind» mit ihrer Hilfe irgendwann seinen Weg finden wird. In der Behandlung alter Menschen ist das Ende des Wegs aber vielleicht schon deutlich sichtbar, und die Therapeuten müssen auch eine gehörige Portion an Hoffnungs- und Perspektivlosigkeit ertragen können. Auf solche Themen hat sie ihre Ausbildung vielleicht nur unzureichend vorbereitet.[9]

«Während der Anteil der behandlungsbedürftigen 45- bis 60-Jährigen fortlaufend und deutlich in Praxen und psychotherapeutisch-psychosomatischen Klinken ansteigt, liegt der Anteil der über 60-Jährigen – wenn überhaupt vorhanden – zwischen ein und maximal drei Prozent; über 70-Jährige werden nur noch vereinzelt in Behandlung genommen.»[10] Dieser Zahl steht aber ein Prozentsatz von mindestens 10 % älteren Menschen gegenüber, die an neurotischen oder psychosomatischen Krankheiten oder Charakterstörungen leiden. Der Psychoanalytiker Hartmut Radebold, der in seiner Praxis viel Erfahrung mit der Behandlung älterer Patienten gesammelt hat,[11] führt die Vorbehalte jüngerer Therapeuten gegenüber älteren Patienten auch auf ein besonderes Generationenproblem zurück: Die Generation der heute Hochaltrigen, der bis 1920/1925 Geborenen, sei aus der Sicht der Jüngeren mitverantwortlich für die Verbrechen des Nationalsozialismus, und der Verweigerung der Behandlung könne unbewusst ein Bedürfnis zugrunde liegen, die Elterngeneration dafür zu bestrafen. Inzwischen rückt aber die Generation der «Kriegskinder» ins Alter nach, deren psychische Probleme auch mit besonderen Umständen der Kriegs- und Nachkriegszeit zusammenhängen.

Psychoanalytische Fallstudien zeigen, dass Angehörige der Kriegskindergeneration, die in ihren mittleren Lebensjahren äußerlich gut funktioniert haben, an der Schwelle zum Alter manchmal schwere psychische Krisen durchmachen. Viele von ihnen haben erfolgreich Karriere gemacht;

sie waren häufig sehr tüchtig und erfüllten die von den Eltern in sie gesetzten Erwartungen. Nun aber erleben sie nicht selten Sinnprobleme oder verfallen in Depressionen.[12] Wer während des Kriegs oder unmittelbar danach geboren wurde, hat als Kleinkind häufig Gefühle von Verwirrung, Angst, Schuld und Scham bei den eigenen Eltern gespürt, ohne sie verstehen und einordnen zu können. Die Erwachsenen waren in der unmittelbaren Nachkriegszeit so sehr mit den Anforderungen des nackten Überlebens konfrontiert, dass sie ihre eigenen psychischen Probleme lange Zeit zudecken und verdrängen konnten. Dabei waren sie aber nicht selten so von ihren inneren und äußeren Nöten absorbiert, dass sie ihren Säuglingen und Kleinkindern keine ausreichende emotionale Sicherheit geben konnten. Schwierige Kindheiten und die nicht verarbeiteten Probleme der Elterngeneration machen heute manchen jungen Alten zu schaffen, gerade wenn ihr Leben äußerlich ruhiger geworden ist, nachdem die Zwänge von Berufsleben und Familienaufgaben aufgehört haben.

Es ist positiv zu werten, dass auch ältere Menschen nach und nach Psychotherapie und Psychoanalyse für sich entdecken und so zunehmend noch im höheren Lebensalter die Chance bekommen, ihre Probleme in einer Auseinandersetzung mit sich selbst zu lösen. Eine gelungene Bearbeitung der eigenen psychischen Konflikte ist eine höchst wirksame Gesundheitsprävention; sie reduziert die Wahrscheinlichkeit des Auftretens psychosomatischer Erkrankungen. Der Durchbruch zur Wahrheit über sich selbst – das eigentliche Ziel der Psychoanalyse – ermöglicht, in einem tieferen Sinne, die «späte Freiheit im Alter».[13]

Diese späte Freiheit sollte die Chance bieten, gut zu leben und zu altern. Von einem guten Alter kann man nach Ansicht der Gerontologen dann sprechen, wenn ein Mensch lange lebt und dabei geistig und körperlich gesund bleibt –

und auch dann, wenn er oder sie mit Einschränkungen der körperlichen und geistigen Gesundheit einigermaßen zurechtkommt und dabei zufrieden mit dem Leben ist. Problematisch an dieser Umschreibung des «erfolgreichen Alterns» ist, dass es automatisch die Menschen ausgrenzt, die dazu nicht mehr imstande sind. Die schwerkranken und extrem pflegebedürftigen, die verwirrten und demenzkranken Alten, die nicht mehr die volle Verantwortung für ihr eigenes Leben übernehmen können, wären dann ja nicht «erfolgreich» gealtert; sie wären «gescheiterte» Alte.

Unser heutiges Ideal vom guten Altern ist sehr stark an Aktivitäts- und Leistungswerten orientiert, wenn es immer neue Facetten von «Produktivität», «Kreativität» und «Kompetenz» im Alter hervorhebt und die Älteren zu mehr Eigenverantwortung und Selbstmanagement aufruft. Dieses Ideal hat positiv für sich, dass es einer Entmündigung älterer Menschen entgegenwirkt. Zugleich provoziert es sie aber dazu, sich aktiver und leistungsfähiger zu geben, als sie es vielleicht tatsächlich sind oder noch sein können. Wer sich an diesem Ideal orientiert, läuft Gefahr, sich zu überfordern, indem er oder sie Standards hinterherjagt, die immer unerreichbarer werden. Es wird dann immer schwerer, von einem aktiven zu einem eher beschaulichen Leben zu finden, wenn die Situation eintritt, dass alle Energien für die nötigen «Reparaturarbeiten» an der eigenen Vitalität verbraucht werden. Vielleicht ist es heute, gerade weil es noch so viele Möglichkeiten im jungen Alter gibt, umso schwerer, die späte Phase des Alters zu akzeptieren. Damit taten sich womöglich frühere Generationen leichter, für die noch Verzicht und Selbstbescheidung zentrale Werte im Alter waren.

Manche Gerontologen kritisieren das heutige Ideal vom erfolgreichen Altern, weil es auch den Hochaltrigen jugend- und leistungsorientierte Normen aufzuzwingen versuche. Sie stellen dem Ideal eines «hyperaktiven Alterns» die Idee der «Gerotranszendenz» gegenüber.[14] «Gerotranszendenz» meint einen Wechsel der Lebensperspektive: weg von materiellen Werten und äußerlichen Aktivitäten hin zu mehr Meditation und Reminiszenz, zu mehr Beschäftigung mit transzendentalen und spirituellen Themen. Nicht äußere Aktivitäten, zahlreiche Sozialkontakte, körperliche Fitness und Ähnliches seien wichtig für ein gutes Altern. Stattdessen sollten die eher passiven und geistigen Formen der Lebensgestaltung kultiviert werden. Im hohen Alter solle man, statt viele Kontakte zu unterhalten, lieber einige wenige wichtige Beziehungen pflegen. Auch solle man lernen, Einsamkeit nicht nur negativ zu erleben, sondern sie als «positive Solitüde» mit kulturellen und kontemplativen Inhalten zu füllen. Zu den Aufgaben des Alters gehöre es auch, Brücken zwischen den Generationen zu schlagen. Das muss nicht unbedingt bedeuten, in einem ständigen realen Kontakt zur jüngeren Generation zu stehen, sondern kann ebenso gut symbolisch erfolgen. Brücken zwischen den Generationen schlägt auch, wer sich etwa mit der Geschichte vorangegangener Generationen oder dem Wohl der jüngeren Generation beschäftigt, wer lesend, schreibend oder in Gesprächen die Erfahrungswelt früherer Generationen in sich aufnimmt und an Jüngere weitergibt.

Im Konzept der «Gerotranszendenz» spielt die Beschäftigung mit Religion und Spiritualität eine große Rolle. Tatsächlich ist zu fragen, ob Jugendlichkeitsideal, Anti-Aging und hektische Aktivität nicht dazu führen, dass man die Einsicht in die Endlichkeit des eigenen Lebens so lange wie möglich verdrängt. In früheren Zeiten, als die Menschen noch kollektiv von einem Weiterleben nach dem Tod überzeugt waren, fiel es ihnen möglicherweise leichter, ihr (meist kurzes) Alter passiv zu verbringen, da sie sich im

Glauben wiegen konnten, das eigentliche, das ewige Leben käme erst nach dem Tod. Wer davon überzeugt ist, dass der Tod das Ende ist, fühlt sich viel stärker darauf angewiesen, sein Leben bis zuletzt noch ganz auszukosten. Doch auch heute tritt für viele Menschen die Frage nach dem Lebenssinn noch einmal stärker in den Vordergrund, wenn sie älter werden.

Früher war es typisch, dass die Menschen sich im Alter wieder zurückbesannen auf die Formen der Religiosität, die sie in ihrer Kindheit geprägt hatten. Doch der Bruch mit der traditionellen Kirchenfrömmigkeit, der sich in den letzten Jahrzehnten in unserer Gesellschaft vollzogen hat, ist zu tief gewesen, als dass dieser Weg noch für alle gangbar wäre. In der Postmoderne, im Zeitalter der Individualisierung, gibt es keine allgemein verbindliche Form der Religiosität mehr; man muss zwischen verschiedenen Sinnangeboten wählen und das, was einem sinnstiftend scheint, mit der eigenen Person und Lebensgeschichte zu einem stimmigen Ganzen verbinden. Gerade unter den jungen Alten gibt es viele, die noch einmal auf der Suche sind, die sich mit fremden Religionen oder vergessenen Strömungen des Christentums, mit christlicher Mystik, buddhistischen Meditationstechniken, fernöstlichen Weisheiten oder esoterischen Heilslehren befassen und aus einem breiten Angebot an religiösen und pseudoreligiösen Weltanschauungen die eigene zusammenbasteln.

In diesem Zusammenhang erfährt das Ideal von der Weisheit, das fast schon aus der Mode gekommen zu sein schien, eine Renaissance, erstaunlich in einer Zeit, die dem Jugendlichkeitskult huldigt und sich nach ewiger Jugend sehnt. Unter Weisheit kann man Unterschiedliches verstehen. Auf jeden Fall setzt sie Lebenserfahrung voraus, ist also eine Tugend des Alters – aber sie fällt einem nicht automatisch mit dem gelebten Leben zu.

In einer sozialpsychologischen Studie wurden fünf verschiedene Dimensionen der Weisheit unterschieden: (1) ein reiches Wissen im Urteil über Menschen und Lebensbezüge, (2) ein Wissen über den angemessenen Umgang mit schwierigen Lebenssituationen, (3) ein Verstehen über die Lebensspanne hinweg, mit der Fähigkeit, Verbindungen zwischen verschiedenen Lebensbereichen sowie zwischen Vergangenheit, Gegenwart und Zukunft herstellen zu können, (4) die Fähigkeit, Dinge relativieren zu können, das heißt, sie in ihrem jeweiligen Kontext zu sehen oder sie, wenn nötig, auch aus dem Kontext herauszulösen, (5) der angemessene Umgang mit (und das Aushalten von) Unsicherheiten und unvollständigen Problemlösungen.[15] Diese Formen des Wissens und Denkens gehen tatsächlich mit dem Älterwerden nicht verloren, sie können im Gegenteil immer weiter wachsen, und es lohnt sich, sie zu kultivieren.

Landläufig versteht man unter Weisheit wohl vor allem eine Haltung freundlicher Gelassenheit gegenüber sich selbst und anderen, die sich durch die Unwägbarkeiten und Widrigkeiten des Alterns nicht erschüttern lässt. Von der Mitte des Lebens an treten die existenziellen Begrenzungen des menschlichen Lebens dem Individuum deutlicher ins Bewusstsein als in der ersten Lebenshälfte, und dieses Bewusstsein wird mit zunehmendem Alter immer schärfer.[16] Sich dieser Einsicht nicht zu verschließen und dabei nicht zu verzweifeln, ist weise.

Altern ist zum Teil ein schicksalhafter Prozess, aber sein Verlauf ist nicht streng determiniert, sondern variabel, individuell verschieden, und es gibt (außer vielleicht im Fall fortgeschrittener Demenz) in jedem Stadium noch einen persönlichen Gestaltungsspielraum, den wir handelnd oder deutend für uns nutzen können und der uns persönlich wachsen lässt. Je mehr unsere Möglichkeiten schwinden, vorgegebene Situationen durch unser Handeln zu beeinflussen, desto wichtiger wird die Deutung der Lebensereignisse, die Art, wie wir uns zu ihnen stellen – und an dieser Stelle kommt der Weisheit ihre Bedeutung zu.

In gewisser Weise bedeutet Altern, an einem Kursus «Lebenskunst für Fortgeschrittene» teilzunehmen, und Weisheit ist alles, was uns gut zu altern hilft. Man kann zwar schon in früheren Lebensphasen dafür brauchbare Grundlagen legen. Aber das Erlernen des Alters lässt sich nicht vorwegnehmen.

Guter Kontakt mit Freundinnen, Freunden und Weggefährten, die ungefähr gleichaltrig oder auch älter sind, hilft beim Altern. Sich mit ihnen auszutauschen über das, was man erlebt, denkt und fühlt, tut gut und kann zur Gelassenheit beitragen. Manchmal kann man mit ihnen sogar über Begleiterscheinungen des Alters lachen, die einem sonst ärgerlich, beschwerlich oder peinlich sind. Das ist eine Gegenvision zu der häufig gehörten Empfehlung, man bleibe innerlich jünger, wenn man ständig nur den Kontakt mit Jüngeren sucht. Es ist neu und hilfreich, dass unsere Gesellschaft auch die Möglichkeit zu sozialen Netzen und Subkulturen mit Gleichaltrigen bietet, die Ähnliches erlebt haben wie man selbst und die in der Gegenwart mit ähnlichen Herausforderungen und Widrigkeiten konfrontiert sind.

Ältere Menschen selbst sagen oft, dass sie es als Gewinn betrachten, ihre Möglichkeiten und Grenzen nun realistischer wahrnehmen zu können. Sie berichten, es sei für sie leichter als früher, Kompromisse zu schließen zwischen dem, was sie von sich erwarten, und dem, was sie tatsächlich leisten (können); das erleichtere die Versöhnung mit sich selbst. Ernst Bloch sieht im Alter die Chance zu mehr «eigentlichem Leben»: «Wunsch und Vermögen, ohne gemeine Hast zu sein, das Wichtige zu sehen, das Unwichtige zu vergessen: dergleichen ist eigentliches Leben im Alter.»[17]

Natürlich macht Altwerden auch Angst. Das müssen wir zuzugeben lernen. Da ist einmal eine rückwärts gerichtete Angst: die Angst, das eigene Leben verfehlt zu haben; die Traurigkeit darüber, vieles versäumt oder falsch gemacht zu haben, das nicht mehr zu ändern ist. Da ist auch die Angst vor der letzten Lebensphase – vielleicht weniger vor dem Tod als vor dem Sterben und noch mehr vor der möglichen Abhängigkeit und Hilflosigkeit in der Zeit, die dem Sterben vorangeht. Doch es liegt auch eine Chance darin, unsere Angst wahrzunehmen und zuzugeben, weil sie unsere Fassaden und Masken zerstört und uns dadurch menschlicher und noch einmal entwicklungsfähiger macht. Das Bedrohliche am Alter hat uns nicht besiegt, solange wir empfänglich für die Freuden des Lebens bleiben, auch und gerade für seine kleinen Freuden, solange wir noch empfindungsfähig und neugierig sind.

Weisheit liegt in der Fähigkeit, weiter zu reifen, wenn es nicht mehr um äußere Expansion geht – um ein Mehr! Größer! Schneller! Schöner! Stärker! –, sondern stattdessen um ein Wachsen in die Tiefe. «Ich glaube an das Alter, lieber Freund», schrieb Rilke in einem Brief, «Arbeiten und Altwerden, das ist es, was das Leben von uns erwartet. Und dann eines Tages alt sein und noch lange nicht alles verstehen, nein, aber anfangen, aber lieben, aber ahnen, aber zusammenhängen mit Fernem und Unsagbarem, bis in die Sterne hinein.»[18]

Weisheit bedeutet, immer authentischer zu werden, immer mehr man selbst, auch in Krankheit und Tod. Die Selbstverwirklichung als Lebensziel beinhaltet, dass man auch Niederlagen und Verluste in seine Lebenserfahrung integrieren kann.

Das Ziel ist, zu sich selbst und seinem eigenen Leben am

Ende sagen zu können: Es war gut so – und es ist gut, wie es ist. In diesem Zusammenhang wird häufig eine alte Geschichte der Chassidim erzählt: «Am Ende der Zeit wird Gott nicht fragen, warum du nicht Moses geworden bist – er wird dich fragen, warum du nicht du selbst geworden bist.»

12
«Ich glaube an das Alter, lieber Freund ...»
Die Zukunft des Alters

Die Zukunft des Alters hat schon begonnen.

Für die meisten jungen Alten von heute sieht das Leben gar nicht so schlecht aus. Im Gegenteil: «Heute ist die früher so problematische Phase des Alters bei vielen die glücklichste ihres Lebens. Sie liegt zwischen dem Austritt aus dem Berufsleben und dem Eintritt ins Altersheim», erklärt Hannelore Schlaffer.[1] «Es gibt die jungen Alten mit einem beträchtlichen Ausmaß an Optimismus und Vitalität, und das ‹junge Alter› schiebt sich bis ins höhere Lebensalter», stellen die federführenden Forscher der Berliner Altersstudie fest. «The young old are on the move.»[2] Dieser Satz könnte als Überschrift für das meiste gelten, was in diesem Buch über die Lebenssituation im Alter zusammengetragen wurde.

Interessanterweise sehen auch Gerontologen und Gerontologinnen heute umso mehr Positives am Alter, je älter sie selber werden. «Es ist nicht nur eine Anekdote, die sich (jüngere) Gerontologen gern über (alt gewordene) Kollegen erzählen: dass Letztere mit zunehmendem Alter noch stärker die positiven Seiten des Alters betonen ...»[3]

Doch was im höchsten Lebensalter und in den letzten Lebensjahren geschieht, bleibt unwägbar, entzieht sich letztlich der Planbarkeit und der Vorsorge. Egal, wie verantwortungsbewusst man gelebt hat: Es gibt keine Garantie für ein beschwerdefreies hohes Alter und ein freundliches schmerzfreies Sterben, im Sinne des biblischen Versprechens «Alt und lebenssatt starben die Patriarchen». So gesellt sich, wenn wir von der Zukunft des höchsten Alters sprechen, zur Hoffnung auch ein Trauerflor, wie es der Gerontologe Paul B. Baltes ausgedrückt hat.[4]

Wie werden sich die gesellschaftlichen Bedingungen für das Altern in Zukunft gestalten? Hier können wir nur Vermutungen anstellen; niemand weiß genau, wie sich Globalisierung, Technisierung und der mit ihnen einhergehende weltweite soziale Wandel auf die Zukunft des Alterns auswirken werden.

Im Übrigen haben nicht nur die fortgeschrittenen Industriegesellschaften ein Problem mit der Überalterung, wie manche Leute glauben, sondern auch die weniger entwickelten Länder. «In fact, less developed nations as a whole are aging much faster than their more developed counterparts.»[5] Die Länder der Dritten Welt altern sogar noch rasanter, innerhalb nur weniger Generationen. Gleichzeitig verändern sich die traditionellen Familienstrukturen. Wenn dort die Pflege der Alten nicht mehr von den Familien geleistet werden kann, ist das auf dem Hintergrund der nur rudimentär entwickelten Sozialversicherungssysteme noch viel problematischer als in den Industrienationen und wird diese Gesellschaften vor noch größere Herausforderungen stellen.

Bei uns hat sich der technische Fortschritt des vergangenen Jahrhunderts vor allem günstig für das Alter ausgewirkt. Die Klischeevorstellung, die Alten in der traditionellen Gesellschaft hätten es besser gehabt als die von heute, ist weitgehend falsch. Im Großen und Ganzen sind die Alten eher Modernisierungsgewinner als Modernisierungsverlierer. Doch sehr schnelle und sprunghafte gesellschaftliche Entwicklungen könnten problematisch werden und zur Ausgrenzung vor allem der Hochaltrigen führen.

Schon zeichnen sich gravierende Folgen der demografischen Entwicklung ab: Wanderungsbewegungen innerhalb von Deutschland, eine relative Entvölkerung von ganzen Städten und Regionen vor allem der neuen Bundesländer durch Geburtenrückgang und Abwanderung Jüngerer, so dass nur die Alten zurückbleiben. Solche Entwicklungen werden auch für die alten Bundesländer vorausgesagt, während die Gesamtbevölkerung schrumpft, ebenso wie größere Bevölkerungsverschiebungen zwischen Stadt und Land. In Zukunft werden wohl generell mehr ältere Menschen in den Zentren der Städte wohnen, während junge Familien sich eher in den Vororten und auf dem Land ansiedeln.[6]

Die EU-Osterweiterung wird nicht nur zu einer Angleichung des Lebensstandards der ärmeren Länder Osteuropas an den unseren führen, sondern es wird sich umgekehrt auch eine gewisse Absenkung unseres Lebensstandards vollziehen (der dann aber immer noch beträchtlich über dem sonst in der Welt, vor allem in den Entwicklungsländern verbreiteten, liegen dürfte). Die Wanderungsbewegungen von Arbeitskräften im Dienstleistungssektor könnten womöglich kurzfristig Probleme der Versorgung einer zunehmenden Zahl von Pflegebedürftigen lösen – schon jetzt planen manche gut situierte junge Alte in ihrem Einfamilienhaus das Zimmer für die spätere polnische oder litauische Pflegekraft ein. Die Schattenseite dieser Entwicklung liegt darin, dass auf diese Weise den ärmeren Ländern Osteuropas junge Arbeitskräfte verloren gehen, die sie selber in naher Zukunft dringend brauchen, weil sich der Geburtenrückgang bei ihnen im Augenblick noch schneller vollzieht als bei uns. Langfristig dürften sich die Einkommen aber so weit wieder angleichen, dass Wanderungsbewegungen in dieser Hinsicht keine größere Rolle mehr spielen werden.

Die wohl wichtigste Frage an die Zukunft ist: Was an den

gegenwärtig günstigen Bedingungen für ältere Menschen ist Ergebnis einer historischen Ausnahmesituation und nur dem Wohlstand der letzten Jahrzehnte zu verdanken? Welche der positiven Entwicklungen sind bedroht und werden wieder verschwinden, wenn die ökonomischen Verhältnisse sich verschlechtern? Welche der positiven Ansätze zu einer neuen Kultur des Alterns könnten auch in diesem Fall überdauern?

Noch sind die Alten in ihrer Mehrheit finanziell relativ gut gestellt; sie sind die am wenigsten von finanziellen Einbrüchen bedrohte Bevölkerungsgruppe.[7] Doch wie werden sich die zunehmend brüchigen Erwerbsbiografien – die immer häufiger von Phasen der Arbeitslosigkeit unterbrochen sein werden – in Zukunft auf das Alter auswirken? Werden die Alten von morgen wieder «arme Alte» sein? Wie viele Ältere werden, wie in den USA, als Rentner noch oder wieder erwerbstätig sein müssen, weil ihre Rente nicht ausreicht, wie viele werden Jobs in einem sich ausbreitenden Niedriglohnsektor annehmen müssen? Wird es sich negativ auf die Familienbeziehungen auswirken, wenn die ältere Generation wieder weniger Geld hat? Werden sich die Generationen dann stärker voneinander entfernen?

Auch die Zukunft der Gesundheitsversorgung ist vom materiellen Wohlstand abhängig. Wird der Gesundheitszustand Älterer sich wieder verschlechtern, wenn viele Menschen schon in den mittleren Erwachsenenjahren relativ ärmer sind und sich deswegen zum Beispiel schlechter ernähren und weniger bewegen? Wird die Lebenserwartung wieder sinken, wenn der Standard medizinischer Versorgung für die große Masse der Bevölkerung sinkt, weil viele sich eine gute medizinische Versorgung nicht mehr leisten können?

Selbst wenn die optimistische Vermutung sich als zutreffend erweisen sollte, dass in Zukunft die ernsthaften Alterskrankheiten immer stärker auf immer weniger Jahre am äußersten Rand des Lebens zurückgedrängt werden können, bleibt die Frage: Wer wird die vielen pflegebedürftigen Hochaltrigen der Zukunft pflegen? Wer wird sich um die wachsende Zahl der Demenzkranken kümmern? Denn deren Zahl wird sich schon deswegen vervielfachen, weil es immer mehr Neunzigjährige und Hundertjährige geben wird.

Viele dieser Fragen können wir heute nur mit Vermutungen beantworten. Sicher scheint, dass der Trend zur Individualisierung sich fortsetzen wird. Es wird sehr viele verschiedene Lebensstile und Lebensmuster im Alter geben. Vermutlich wird es auch eine zunehmende Tendenz zu einer «altersirrelevanten Gesellschaft» geben, einer Gesellschaft, in der das chronologische Alter vergleichsweise unwichtig für die Voraussage der Lebenssituation eines Menschen wird, zumindest im jungen Alter. Es wird wohlhabende, müßige Ältere ebenso geben wie aktive, erwerbstätige Ältere, die mitten im sozialen Leben stehen. Mit großer Wahrscheinlichkeit wird es auch wieder mehr arme Alte geben. Die Schere zwischen Arm und Reich wird vermutlich noch stärker auseinander klaffen als heute. Das wird schon in den mittleren Lebensjahren beginnen, und die dort angelegten Vor- oder Nachteile werden sich wahrscheinlich im Alter weiter verstärken.

Für viele werden die neuen sozialen Bedingungen, unter denen wir altern, einen Gewinn an Lebensqualität bedeuten. Das Leben im Alter wird für alle diejenigen reicher und ein Abenteuer im positiven Sinne sein, die mit den Spielregeln der individualisierten Gesellschaft schon in früheren Lebensphasen gut zurechtgekommen sind. Wer in der Lage ist, Verantwortung für das eigene Leben zu übernehmen, es zu strukturieren, sich Ziele zu setzen, soziale Netze zu schaffen, die eigene innere Balance immer wieder herzustellen, wird auch dem letzten Lebensdrittel viel abgewinnen können. «Das sich in der Moderne kristallisierende Menschenbild gleicht dem eines ‹Unternehmers›, der in sein eigenes Lebensprojekt investiert, indem er Kompetenzen langsam und stetig entwickelt, Adaptationstechniken und Strategien der Stressbewältigung aufbaut und sich durch mentales und physisches Training ‹fit› hält. Mit unternehmerischem Kalkül wird dem ‹Risiko› Krankheit oder Alter vorzubeugen versucht.»[8] Doch nicht alle werden dabei mithalten können.

Zu den Risikogruppen unter den zukünftigen Alten werden alle die gehören, bei denen die verschiedenen sozialen Handicaps der individualisierten Gesellschaft sich anhäufen. Also die Armen, die schon während der mittleren Erwachsenenjahre arbeitslos waren und deswegen ökonomisch nicht für ihr Alter vorgesorgt haben. Die Menschen mit schlechter Allgemeinbildung und niedriger beruflicher Qualifikation, die Langzeitarbeitslosen und Sozialhilfeempfänger, die Schwerkranken und Behinderten, wenn sie nicht gelernt haben, die immateriellen Facetten von Lebensqualität zu kultivieren. Die Migrantinnen und Migranten, wenn in der neuen Umgebung ihre traditionellen sozialen Netze nicht mehr tragen. Schwer zurechtkommen werden auch andere Menschen mit noch traditionell strukturierten sozialen Beziehungen, wenn die sich im Zuge der Modernisierung auflösen und sie nicht in der Lage sind, sich neue individuelle soziale Netze aufzubauen. Schlechtere Chancen werden im höchsten Lebensalter kinderlose Menschen haben, besonders wenn es Frauen sind und wenn sie diesen Nachteil nicht durch einen hohen Sozialstatus und ein gutes Einkommen wieder wettmachen können.

Heute gehören die Frauen noch qua Geschlecht zur Risikogruppe unter den Alten. «Frauen leben länger – aber sie haben nichts davon!», lautet einer der gängigen flotten

Sprüche. Frauen leben nicht nur länger und sind am Ende ihres Lebens eher krank und allein, sie sind in der Regel wegen ihrer unterbrochenen Erwerbsbiografie auch ärmer als Männer, vor allem, wenn sie geschieden sind. Die höhere Lebenserwartung der Frauen ist auf Europa und die entwickelten Industriegesellschaften beschränkt und im Wesentlichen ein Phänomen des 20. Jahrhunderts. Früher war die Sterblichkeit der Frauen wegen der zahlreichen Schwangerschaften und Geburten und der damit verbundenen gesundheitlichen Risiken größer als die der Männer. Die heute relativ kürzere Lebenserwartung der Männer hängt unter anderem damit zusammen, dass Frauen bis zu den Wechseljahren aufgrund ihrer hormonellen Situation vor manchen Herz-Kreislauf-Erkrankungen besser geschützt sind. Außerdem leben Männer meist risikoreicher, sie trinken und rauchen mehr, und sie neigen zur Unterdrückung ihrer Gefühle, was zu somatischen Beschwerden führen kann. Die unterschiedliche hormonelle Situation bewirkt aber auch, dass Frauen im höheren Alter häufiger mit chronischen Beschwerden, wie etwa Osteoporose und Degeneration der Gelenke, konfrontiert sind.

Der Gesundheitszustand älterer Frauen scheint überhaupt schlechter als der der älteren Männer. Von den 65-jährigen bis 74-jährigen Männern bezeichnen 79 % ihre Gesundheit als «gut» oder «sehr gut» – bei den Frauen dieser Altersgruppe sagen das nur 68 %.[9] Da Frauen älter werden, erleben sie auch häufiger Pflegebedürftigkeit und Demenzerkrankungen. Ältere Frauen haben häufiger Depressionen als ältere Männer – allerdings hängt das vor allem damit zusammen, dass sie häufiger den Tod des Partners und das anschließende Gefühl der Einsamkeit erleben müssen.

Männer haben länger die Möglichkeit, noch einmal einen Familienzyklus von vorn zu starten, vielleicht sogar mit einer viel jüngeren Frau noch einmal Kinder zu bekommen.

So können sie sich eher als die Frauen über ihr Altern hinwegtäuschen, und sie sind meist besser versorgt, wenn sie im hohen Alter pflegebedürftig werden. Frauen leben häufiger allein als Männer. Ihre Chancen, im Alter noch einen neuen Partner zu finden, sind deutlich geringer; so haben sie auch weniger Zugang zu Liebe, Partnerschaft und Sexualität im Alter, allesamt positive Faktoren, die die Lebenszufriedenheit erhöhen und Einsamkeitsgefühlen vorbeugen. Dadurch, dass Frauen im höchsten Alter meist allein leben, ist auch ihre potentielle Pflegesituation schlechter als die der älteren Männer.

Allerdings haben die Frauen auch ein paar Pluspunkte zu verzeichnen: Sie mögen häufiger depressiv sein, aber sie sind weniger suizidgefährdet als die älteren Männer. Die halten Alleinleben und schwere Krankheit meist noch schlechter aus. Auch sind die älteren Frauen besser in ihren sozialen Netzen verankert. Über den gesamten Lebenszyklus hinweg sind eher die Frauen als die Männer die «kin keeper», das heißt, sie sind diejenigen, die die Familienbeziehungen pflegen, die bei uns ohnehin eher matrilinear als patrilinear organisiert sind. Frauen leisten insgesamt mehr Beziehungs-, Pflege- und Betreuungsarbeit. Sie haben auch im Alter mehr gute Freundinnen und Freunde, und sie pflegen mehr kulturelle Interessen und Aktivitäten. Für jüngere Frauen ist es heute besonders wichtig, bei ihrer Lebensplanung nicht nur an die etwa zwanzig Jahre zu denken, in denen sie ihre Kinder groß ziehen, sondern auch an die dreißig oder vierzig Jahre nach der Familienphase.

Vermutlich profitieren die heute jungen Alten unter den Frauen schon von der Frauenbewegung, die in den vergangenen Jahrzehnten ihr Selbstbewusstsein, ihr berufliches Engagement und ihre sozialen Netze gestärkt hat. Die geschlechtsspezifische Benachteiligung im Alter verliert sich merklich mit einem besseren Bildungsstand, einem gehobenen Einkommen, einer kontinuierlichen Erwerbsbiografie. In Zukunft werden Sozialstatus und Lebensstil für ein gutes Altern zunehmend wichtiger sein als das Geschlecht.

Was von der «neuen Kultur des Alterns», die sich herausgebildet hat oder noch dabei ist, sich herauszubilden, könnte überdauern?

Die neuen Alten, behaupten einige Gerontologen, seien heute die Träger postmaterialistischer Werte. Sie seien weniger an materiellen Gütern interessiert als an einer über den materiellen Wohlstand hinausgehenden Lebensqualität. Die Selbstverwirklichung im weitesten Sinn habe für sie einen höheren Stellenwert als materieller Konsum. Der Zukunftsforscher Matthias Horx sagt für die nächsten Jahrzehnte voraus, dass sich der Entwicklungstrend von «Wellness» zu mehr «Selfness» verschieben werde. Man werde weniger damit befasst sein, sich ständig materiell selbst zu verwöhnen und zu belohnen und stattdessen mehr an Individualität und Selbstverwirklichung interessiert sein, an einem eigenen Lebensstil und der Suche nach einem sinnvollen Leben.[10] Es gibt auch Anzeichen dafür, dass die jungen Alten, jedenfalls sehr aktive Gruppen unter ihnen, mit ihrem verstärkten Interesse an Ehrenamt und bürgerschaftlichem Engagement bereits entscheidend am Ausbau der Zivilgesellschaft beteiligt sind.

Eine neue Kultur des Alterns wird in dem Maße wachsen, wie es gelingt, all diejenigen Beschäftigungen zu pflegen, die unabhängig vom materiellen Wohlstand das Leben lebenswert machen. Ein bürgerschaftliches Engagement vermittelt mehr Befriedigung als bloßes Faulenzen und Konsumieren; es wird mit Anerkennung belohnt und gibt einem das Gefühl, sinnvoll zu leben. Außerdem schafft man sich auf diese Weise soziale Kontakte, aus denen Freundschaften hervorgehen können. Die vielen Reisen der heutigen jungen Alten sind ein Luxusphänomen der Wohlstandsgeneration und werden für viele bald nicht mehr erschwinglich sein. Wandern und Spazierengehen dagegen gehören zu den gesunden Freizeitvergnügen, die kein Geld kosten. Für Theater- und Kinobesuche mögen manche Ältere bald nicht mehr so viel Geld haben, doch es gibt auch Kulturveranstaltungen, für die man nur einen geringen oder keinen Eintrittspreis zahlen muss. Und die Diskussions- und Literaturzirkel oder Spielerunden unter Freunden und Bekannten kosten keinen Eintritt und sind besonders befriedigend. Geselligkeit muss nicht unbedingt mit Restaurantbesuchen verbunden sein; man kann auch reihum für die Freunde kochen, was erheblich preiswerter ist.

Das Vertrackte ist nur, dass im Allgemeinen eher die Menschen an derlei Beschäftigungen Gefallen finden und sie zu kultivieren vermögen, die über eine gute Allgemeinbildung, eine gute berufliche Qualifikation und einen hohen Sozialstatus verfügen.

Der Staat wird in Zukunft für die Alten nicht mehr als eine minimale Grundversorgung gewährleisten können. Die wird aber nicht ausreichend sein, eine gute Lebensqualität im Alter zu sichern. Darüber hinaus wird jede und jeder Einzelne die Verantwortung für das eigene Altern übernehmen müssen, was die gesundheitliche, die finanzielle und die soziale Vorsorge betrifft.

Individuelle Vorsorge für das eigene Alter besteht nicht nur aus finanzieller Vorsorge durch Vermögensanlage, Renten- oder Lebensversicherungen. Sie besteht vor allem in der Kultivierung von Aktivitäten und Interessen, die um ihrer selbst willen befriedigend sind. Sie besteht daraus, Zeit und Aufmerksamkeit in Bildung und Kultur, Freundschaften, soziale Netzwerke und bürgerschaftliches Engagement zu investieren.

Staat und Gesellschaft haben aber auch die Aufgabe, sich um diejenigen zu kümmern, die nicht mehr für sich selbst sorgen können, also um die Schwerkranken und Pflegebedürftigen. Sie sind außerdem dazu verpflichtet, der Anhäufung von sozialen Nachteilen bei den Risikogruppen entgegenzuwirken. Es muss schon in Kindergarten und Schule all das gefördert werden, was Menschen hilft, ihre Kreativität zu entwickeln, ihre geistigen Interessen zu kultivieren, ihre sozialen Netze zu pflegen, ihr soziales Engagement zu fördern. Die Politik muss verstärkt auf Bildung setzen, um die Menschen zu befähigen, die Verantwortung für ihr eigenes Leben zu übernehmen. Gesellschaftliche Institutionen wie die Kirchen, die politischen Verbände, die Einrichtungen der Erwachsenenbildung müssen soziale Räume zur Verfügung stellen, wo Menschen miteinander in Beziehung treten und sich vernetzen können.

Die Angst vor dem Alter hat zwei Gesichter. Es gibt eine gesellschaftliche Altersangst: die Sorge, dass die Alten zu einer großen sozialen Belastung werden, dass sie alle Ressourcen aufzehren könnten, so dass für die Jüngeren nichts mehr übrig bleibt. Damit verbunden ist die Angst, dass sich Konflikte zwischen den Generationen verschärfen könnten. Doch der so genannte Kampf der Generationen findet eher als medieninszeniertes Spektakel denn als wirkliche Auseinandersetzung zwischen den Generationen statt. Das Alter ist eine andere soziale Kategorie als Rasse, soziale Klasse oder Geschlecht, die man nicht ohne weiteres wechseln kann, während der Wechsel in die soziale Kategorie der Alten unausweichlich die eigene Zukunft ist.

Gerade weil die meisten jüngeren Menschen heute davon ausgehen können und müssen, dass sie selber einmal alt, wahrscheinlich sogar sehr alt werden, wird ein «Kampf der Generationen» höchst unwahrscheinlich. Es wäre der Kampf gegen die eigene Zukunft. In den heutigen Familien findet er nachweislich nicht statt. Was das öffentliche Leben betrifft, könnte es höchstens sein, dass Junge und Alte einander dort immer seltener begegnen, wenn die Älteren immer früher aus dem Berufsleben verschwinden. Denn ihre Freizeit verbringen Junge und Alte weitgehend in verschiedenen Subkulturen.

Neben der gesellschaftlichen gibt es die individuelle Altersangst, die vor allem Menschen beschleicht, die sich dem eigenen Alter nähern: die Angst, dass man selber im Alter allein, einsam, abhängig und pflegebedürftig sein könne. Die Angst, man werde hilflos sein und niemanden haben, der sich um einen kümmert, man werde darüber hinaus vielleicht zu arm sein, sich die nötige Versorgung kaufen zu können. Bei manchen Menschen verstärken sich diese beiden Angstkomplexe gegenseitig. Die sehen dann in einer düsteren Zukunft der Gesellschaft die eigene traurige Zukunft eingeschlossen. Dieser Angst tritt man am besten mit eigenem Engagement gegenüber. Es gehört zu den Aufgaben der jungen Alten, die Brückenfunktion zwischen den Hochaltrigen und den Jüngeren zu übernehmen. Wer den Kontakt mit Hochaltrigen im eigenen Umfeld pflegt, bekommt ein differenzierteres Bild als die von den Medien verbreitete Klischeevorstellung von den Schrecken des hohen Alters.

Auf der individuellen Ebene werden viele, vielleicht die meisten unserer Ängste sich als gegenstandslos erweisen, während wir tatsächlich älter werden. Weil sich das Altern anders anfühlt, wenn man es erlebt, weniger bedrohlich, als es von außen ausschaut.

Auf der gesellschaftlichen Ebene «... stehen wir erst am Anfang eines ‹Lernprozesses› über das Alter. In diesem Sinne ist das Alter noch jung, sein Potential noch weitgehend unausgeschöpft, und für das Alter günstige Werte und Institutionen gilt es erst noch zu entwickeln.»[11]

Anmerkungen

Vorhang auf für die neuen Alten!

1 So titelte der SPIEGEL schon am 31. 7. 1989.

2 Kohli, Martin und Harald Kühnemund (Hrsg.), Die zweite Lebenshälfte. Gesellschaftliche Lage und Partizipation im Spiegel des Alters-Surveys, Opladen: Leske & Buderich 2000, S. 11/12.

3 Schätzwert der Vereinten Nationen, zitiert nach Schirrmacher, Frank, Das Methusalem-Komplott, München: Blessing 2004, S. 44.

4 Opaschowsky, Horst W., Leben zwischen Muss und Muße. Die ältere Generation Gestern, Heute, Morgen, British American Tobacco: Hamburg 1998, S. 25.

5 Rosenmayr, Leopold und Franz Kolland, Altern in der Großstadt. Eine empirische Untersuchung über Einsamkeit, Bewegungsarmut und ungenutzte Kulturchancen in Wien, in: Backes, Gertrud M. und Wolfgang Clemens (Hrsg.), Zukunft der Soziologie des Alter(n)s, Opladen: Leske & Budrich 2002, S. 275.

6 Horx, Matthias, Future Living – die Zukunft der Lebensstile. Der Megatrend Individualisierung und seine Perspektiven, Vortrag, gehalten bei den 22. Goldegger Dialogen «Aus der Egoismusfalle», am 19. 6. 2003.

7 Schirrmacher, Frank, 2004, a. a. O., S. 14.

1
Tatsächliches und «gefühltes» Alter: Die Alten sind immer die anderen

1 Monika Maron, Ich will, was alle wollen, in: Steinfeld, Thomas: Einmal und nicht mehr. Schriftsteller über das Altern, Stuttgart: DVA 2001, S. 25.

2 Smith, Jacqui und Paul B. Baltes, Altern aus psychologischer Perspektive: Trends und Profile im hohen Alter, in: Mayer, Karl Ulrich und Paul B. Baltes (Hrsg.), Die Berliner Altersstudie, Berlin: Akademie Verlag 1996, S. 220–250. Vgl. auch Dittmann-Kohli, Freya, Christina Bode und Gerben J. Westerhof (Hrsg.), Die zweite Le-

benshälfte – Psychologische Perspektiven. Ergebnisse des Alters-Surveys, Stuttgart: Kohlhammer 2001. Hier zeigte sich, dass die Streuung mit höherem Lebensalter zunimmt: Während einige sich für sehr viel jünger halten, nähert sich bei anderen die Einschätzung wieder stärker dem kalendarischen Alter an.

3 Friedan, Betty, Retirement as a beginning, in: Baltes, Margret und Leo Montada (Hrsg.), Produktives Leben im Alter, Frankfurt/M.: Campus Verlag, 1996, S. 14 ff.

4 Olbrich, Erhard, Das Alter: Generationen auf dem Weg zu einer ‹neuen Altenkultur›?, in: Liebau, Eckhart (Hrsg.), Das Generationenverhältnis. Über das Zusammenleben in Familie und Gesellschaft, Weinheim: Juventa 1997, S. 188.

5 Horx, Matthias, Future Living – die Zukunft der Lebensstile. Der Megatrend Individualisierung und seine Perspektiven, Vortrag, gehalten bei den 22. Goldegger Dialogen «Aus der Egoismusfalle», am 19. 6. 2003.

6 Höpflinger, François, Generationenbeziehungen in späteren Lebensphasen, Vortrag auf der perspectiva-Tagung «Herbstfarben. Die hohe Kunst des Älterwerdens» am 20. 11. 2004 in Basel. Die genauen Zahlen: Befragung 1995: «man ist schon vor dem 60. Jahr alt»: 24 %; «alt wird man zwischen dem 60. und 69. Jahr»: 40 %; «zwischen 70 und 79»: 20 % «erst jenseits der 80»: 5 %. Dagegen im Jahr 2004: «schon vor 60 alt»: 12 %; «zwischen 60 und 69»: 26 %; «zwischen 70 und 79»: 38 %; «erst jenseits von 80»: 20 %.

7 Göckenjan, Gerd und Hans Joachim Kondratowitz, Altern – Kampf um Deutungen und um Lebensformen, in: dies. (Hrsg.), Alter und Alltag, Frankfurt/M.: Suhrkamp 1988, S. 8.

8 Dittmann-Kohli, Freya u. a., a. a. O., 2001, S. 454.

9 Opaschowsky, Horst W., a. a. O., 1998, S. 21.

10 Prahl, Hans-Werner und Klaus R. Schroeter, Soziologie des Alterns, Paderborn: Ferdinand Schöningh 1996, S. 148.

11 Opaschowski, Horst W., Der Generationenpakt. Das soziale Netz der Zukunft, Darmstadt: Wissenschaftliche Buchgesellschaft 2004, S. 93, S. 95.

12 Baltes, Paul B., Über die Zukunft des Alters: Hoffnung mit Trauerflor, in: Baltes, Margret und Leo Montada (Hrsg.), Produktives Leben im Alter, a. a. O., 1996, S. 38.

13 Göckenjan, Gerd und Hans Joachim Kondratowitz, a. a. O., 1988, S. 9.

14 Von Kuenheim, Haug, Wie man in Deutschland alt wird, in: Die Zeit, 18. 3. 2004, S. 46.

15 Gronemeyer, Reimer, Kampf der Generationen, München: DVA 2004, S. 65.

16 Fürstenberg, Friedrich, in: Backes und Clemens, Zukunft der Soziologie des Alter(n)s, 2002, S. 80.

2

Die Hochaltrigen: «Ein Ende mit Schrecken» oder «das geschenkte Leben»?

1 Opaschowsky, Horst W., a. a. O., 1998, S. 25.

2 Baltes, Paul B., in: Baltes, Margret M. und Leo Montada (Hrsg.), a. a. O., 1996, S. 62.

3 Baltes, Paul B. und Margret M. Baltes, Gerontologie: Begriff, Herausforderung und Brennpunkte, in: Baltes, Paul B. und Jürgen Mittelstraß (Hrsg.), Zukunft des Alters und gesellschaftliche Entwicklung, Berlin: De Gruyter 1992, S. 24; Lampert, Thomas und Ineke Maas, Sozial selektives Überleben ins und im Alter, in: Backes, Gertrud M. und Wolfgang Clemens (Hrsg.), a. a. O., 2002, S. 219–249.

4 Mayer, Karl Ulrich und Paul B. Baltes (Hrsg.), Vorwort zur Berliner Altersstudie, in: dies.: Die Berliner Altersstudie, a. a. O., 1996, S. 7–16.

5 Baltes, Paul B. und Margret M. Baltes, in: Baltes, Paul B. und Jürgen Mittelstraß (Hrsg.), a. a. O., 1992, S. 1 -34.

6 Mayer, Karl Ulrich und Paul B. Baltes (Hrsg.), Die Berliner Altersstudie, a. a. O., 1996.

7 Borchelt, M. u. a., Zur Bedeutung von Krankheit und Behinderung im Alter, in: Mayer, Karl Ulrich und Paul B. Baltes (Hrsg.), a. a. O., 1996, S. 449 ff.

8 Dittmann-Kohli, Freya, Christina Bode und Gerben J. Westerhof, a. a. O., 2001.

9 Dittmann-Kohli, Freya, Christina Bode und Gerben J. Westerhof, a. a. O., 2001.

10 Linden, M. u. a. Die Inanspruchnahme medizinischer und pflegerischer Hilfe im hohen Alter, in: Mayer, Karl Ulrich und Paul B. Baltes (Hrsg.), a. a. O., 1996, S. 475 ff.

11 Mayer, Karl Ulrich und Wagner, M., Lebenslagen und soziale Ungleichheit im hohen Alter, in: Mayer, Karl Ulrich und Paul B. Baltes (Hrsg.), Die Berliner Altersstudie, a. a. O., 1996, S. 251 ff.

12 Helmchen, H. u. a., Psychische Erkrankungen im Alter, in: Mayer, Karl Ulrich und Paul B. Baltes (Hrsg.), a. a. O., 1996, S. 185 ff.

13 Bayley, John, Elegie für Iris, München: C. H. Beck 2000.

14 Radebold, Hartmut u. a., Depressionen im Alter, Darmstadt: Steinkopff 1997a. Vgl. auch die Ausführungen im Kapitel 11 zur Psychotherapie im Alter.

15 Helmchen, H. u. a., Psychische Erkrankungen im Alter, in: Mayer, Karl Ulrich und Paul B. Baltes (Hrsg.), a. a. O., 1996, S. 185 ff.

16 Smith, Jacqui u. a., Wohlbefinden im hohen Alter: Vorhersagen aufgrund objektiver Lebensbedingungen und subjektiver Bewertung, in: Mayer, Karl Ulrich und Paul B. Baltes (Hrsg.), a. a. O., 1996, S. 497 ff.

17 Smith, Jacqui und Paul B. Baltes, Altern aus psychologischer Sicht: Trends und Profile im hohen Alter, in: Mayer, Karl Ulrich und Paul B. Baltes (Hrsg.), a. a. O., 1996, S. 220 ff.

18 Smith, Jacqui u. a., Wohlbefinden im hohen Alter: Vorhersagen aufgrund objektiver Lebensbedingungen und subjektiver Bewertung, in: Mayer, Karl Ulrich und Paul B. Baltes (Hrsg.), a. a. O., 1996, S. 518.

19 Paul Claudel, zitiert nach Staudinger, Ursula M., Psychologische Produktivität und Selbstentfaltung im Alter, in: Baltes, Margret M. und Leo Montada (Hrsg.), a. a. O., 1996, S. 344.

3
Kohorten: die Alten von damals und die Alten von heute

1 Der Kohortenbegriff wurde von Karl Mannheim (1928) geprägt. Für eine ausführliche Diskussion der verschiedenen Bedeutungen des Generationenbegriffs vgl. Szydlik, Marc, Lebenslange Solidarität. Generationenbeziehungen zwischen erwachsenen Kindern und Eltern, Opladen: Leske & Budrich, 2000, S. 19–33.

2 Tesch-Römer, Clemens, Gerontologie und Sozialpolitik. Zur Gegenwart und Zukunft des Deutschen Zentrums für Altersfragen, in: ders. (Hrsg.), Gerontologie und Sozialpolitik, Stuttgart: Kohlhammer 2002, S. 24. – Das gilt allerdings für die Menschen in Ostdeutschland auch nur mit Einschränkungen.

3 Jüchtern, Jan-Carsten, Die Auseinandersetzung mit dem Ende der Berufstätigkeit in Ost- und Westdeutschland nach der Wiedervereinigung, Regensburg: S. Roderer Verlag 2002.

4 Wagner, G., A. Motel, K. Spieß und M. Wagner, Wirtschaftliche Lage und wirtschaftliches Handeln alter Menschen, in: Mayer, Karl Ulrich und Paul B. Baltes (Hrsg.), a. a. O., 1996, S. 277–299.

5 Lebenslagen in Deutschland. Der 2. Armuts- und Reichtumsbericht

der Bundesregierung, vom 2. März 2005, Presseerklärung des Bundesministeriums für Gesundheit und Soziale Sicherung «Das Wichtigste im Überblick».

6 Opaschowsky, Horst W., a. a. O., 1998, S. 59.

7 Lebenslagen in Deutschland. Der 2. Armuts- und Reichtumsbericht, hrsg. vom Bundesministerium für Gesundheit und Soziale Sicherung 2005, S. 91.

4
Die müßigen Alten und der Arbeitsmarkt

1 Opaschowsky, Horst W., a. a. O., 1998, S. 59.

2 Jüchtern, Jan-Carsten, a. a. O., 2002.

3 Kohli, Martin und Harald Kühnemund (Hrsg.), a. a. O., 2000, S. 292 f.

4 Mayer, Karl Ulrich, Bildung und Arbeit in einer alternden Bevölkerung, in: Paul B. Baltes und Jürgen Mittelstraß (Hrsg.), a. a. O., 1992, S. 532. Vgl. auch Wagner, G., A. Motel, K. Spieß und M. Wagner, in: Mayer, Karl Ulrich und Paul B. Baltes (Hrsg.), a. a. O., 1996, S. 277.

5 Rede Bismarcks zum Sozialistengesetz im Reichstag vom 9. Mai 1884, zitiert nach Tartler, Rudolf, Das Alter in der modernen Gesellschaft, Stuttgart: Enke 1961, S. 14.

6 Göckenjan, Gerd und Hans Joachim Kondratowitz, a. a. O., 1988, S. 90.

7 Mayer, Karl Ulrich, in: Paul B. Baltes und Jürgen Mittelstraß (Hrsg.), a. a. O., 1992, S. 519.

8 Zahlen aus dem Jahr 2000, Kuratorium Deutsche Altershilfe (Hrsg.), Kleine Datensammlung Altenhilfe, Köln 2003a, S. 45.

9 Kohli, Martin, Erwerbsarbeit und ihre Alternativen, in: Baltes, Margret M. und Leo Montada (Hrsg.), a. a. O., 1996, S. 154–175.

10 Bertelsmann-Stiftung (Hrsg.), Beschäftigungschancen für ältere Arbeitnehmer, Gütersloh 2003, S. 14, S. 34 f.

11 Behrend, Christoph, Beschäftigungssituation älterer Arbeitnehmer in der Dienstleistungsgesellschaft, in: Tesch-Römer, Clemens (Hrsg.), a. a. O., 2002, S. 65.

12 Kohli, Martin, a. a. O., 1996, S. 165.

13 Naegele, Gerhard, Wandel der Arbeitswelt – Beschäftigungschancen für Ältere, in: Tesch-Römer, Clemens (Hrsg.), a. a. O., 2002, S. 81–89.

14 Behrend, Christoph, a. a. O., 2002, S. 67.
15 Wegener, Ursula, Gefragte Grufties – Warum die Wirtschaft auf ältere Mitarbeiter nicht verzichten kann, Sendung des Südwestrundfunks, SWR2 Wissen, am 3. 1. 2005.
16 Wegener, Ursula, a. a. O., 2005.
17 Vgl. die Spiegel-Reportage «Senioren gesucht – Schluss mit dem Jugendwahn», Spiegel 20/2003.

5
Die Familie ist tot? – Es lebe die Familie!

1 Gronemeyer, Reimer, Kampf der Generationen, a. a. O., 2004.
2 Höpflinger, François, Alterssoziologie und Generationenfragen – Entwicklungen und Verknüpfungen, in: Gertrud M. Backes und Wolfgang Clemens (Hrsg.), a. a. O., 2002, S. 33–45. Ebenso: Bengtson, Vern L. und Ariela Lowenstein (Hrsg.), Global Aging and Challenges to Families, New York: De Gruyter 2003.
3 Opaschowsky, Horst W., a. a. O., 1998, S. 62.
4 Kühnemund, Harald, Sozialstaatliche Leistungen und Familienbeziehungen im Alter – Verdrängung oder Ergänzung?, in: Backes, Gertrud M. und Wolfgang Clemens (Hrsg.), a. a. O., 2002, S. 161–181.
5 Bengtson, Vern L. und Ariela Lowenstein (Hrsg.), a. a. O., 2003, S. 11.
6 Rosenmayr, Leopold, Sexualität, Partnerschaft und Familie älterer Menschen, in: Baltes, Paul B. und Jürgen Mittelstraß, a. a. O., 1992. Außerdem: Szydlik, Marc, a. a. O., 2000, S. 11.
7 Szydlik, Marc, a. a. O., 2000, S. 233 f. Das sind Ergebnisse des deutschen Alters-Surveys, einer repräsentativen Studie über die Generationenbeziehungen der 40- bis 85-Jährigen.
8 Höpflinger, François, Generationenbeziehungen in späteren Lebensphasen, a. a. O., 2004.
9 Huwiler, Kurt, Das soziale Netz von Familien mit Kleinkindern – eine verloren gegangene Ressource? In: Marie Meierhofer-Institut für das Kind (Hrsg.), Startbedingungen für Familien, Zürich: Verlag Pro Juventute, 1998, S. 37–67.
10 Herlyn, Ingrid und Bianca Lehmann, Großmutterschaft im Mehrgenerationenzusammenhang, in: Zeitschrift für Familienforschung, 10, 1, 1998, S. 27–45.
11 Schlaffer, Hannelore, Das Alter – ein Traum von Jugend, Frankfurt/M.: Suhrkamp 2003, S. 55.
12 Szydlik, Marc, a. a. O., 2000.

13 Kühnemund, Harald, in: Backes, Gertrud M. und Wolfgang Clemens (Hrsg.), a. a. O., 2002, S. 161–181.

14 Vgl. auch die Ergebnisse der Berliner Altersstudie; Wagner, Michael, Y. Schütze, und F. R. Lang, Soziale Beziehungen alter Menschen, in: Karl Ulrich Mayer und Paul B. Baltes (Hrsg.), a. a. O., 1996, S. 301–319.

15 Kohli, Martin und Harald Kühnemund, a. a. O., 2000, S. 287. Ein Drittel der Pflegenden sind über 65 Jahre. Die Pflegebedürftigen werden zu 39 % vom weiblichen und zu 23 % vom männlichen Lebens- bzw. Ehepartner gepflegt.

16 Klie, Thomas und Baldo Blinkert, Pflegekulturelle Orientierungen, in: Tesch-Römer, Clemens (Hrsg.), a. a. O., 2002, S. 197–217.

17 Höpflinger, François, Soziale Beziehungen im Alter, Aufsatz zum Download im Internet, Homepage: *hoepflinger@bluemail.ch*, 2003. Vgl. auch die Zahlen der Berliner Altersstudie: Ein Viertel der über 70-jährigen befragten Berliner sind kinderlos, 40 % haben keine Enkel; am größten ist der Anteil der Kinderlosen bei den über 85-Jährigen; vgl. Wagner, Michael, Y. Schütze und F. R. Lang, in: Karl Ulrich Mayer und Paul B. Baltes (Hrsg.), a. a. O., 1996, S. 301–319.

6
Das alte Paar und die späte Liebe

1 Rosenmayr, Leopold, in: Baltes, Paul B. und Jürgen Mittelstraß (Hrsg.), a. a. O., 1992, S. 461–491.

2 Alle Daten Statistisches Bundesamt, Mikrozensus 2003.

3 Zitate Badische Zeitung, Geschichten über Ehejubiläen in den Ausgaben vom 11. 5. 2004, 8. 6. 2004, 18. 6. 2004, 28. 8. 2004, 30. 8. 2004, 11. 9. 2004, 11. 10. 2004, 14. 10. 2004, 11. 11. 2004, 25. 11. 2004.

4 Alle Zitate aus der Badischen Zeitung; vgl. Anmerkung 3.

5 Jellouschek, Hans, Wenn Paarbeziehungen älter werden, Vortrag auf der perspectiva-Tagung «Herbstfarben. Die hohe Kunst des Älterwerdens», Basel 21. 11. 2004.

6 Rosenmayr, Leopold, in: Baltes, Paul B. und Jürgen Mittelstraß (Hrsg.), a. a. O., 1992.

7 Willi, Jürg, Ko-Evolution: die Kunst gemeinsamen Wachsens, Reinbek: Rowohlt 1986.

8 Uwe Timm, Am Beispiel meines Bruders, Köln: Kiepenheuer & Witsch, 2003, S. 142–144.

9 Simpson, Eileen, Die späte Liebe, Reinbek: Rowohlt 1996.

10 Kuratorium Deutsche Altershilfe, a. a. O., 2003a, S. 24.
11 Willi, Jürg, Psychologie der Liebe, Stuttgart: Klett-Cotta, 2002, S. 122.
12 Simpson, Eileen, a. a. O., 1996, S. 56.
13 Simpson, Eileen, a. a. O., 1996, S. 55.
14 Armstrong 1963, zitiert nach Tümmers, Hannelore, Sexualität im Alter, Köln: Böhlau Verlag 1976, S. 25.
15 Von Kuenheim, Haug, Wie man in Deutschland alt wird, aus der ZEIT-Serie «Leben in Deutschland», 18. 3. 2004, S. 46.
16 Zitiert nach Simpson, Eileen, a. a. O., 1996, S. 32.
17 Beide Geschichten zitiert nach Von Sydow, Kirsten, Die Lust auf Liebe bei älteren Menschen, München: Ernst Reinhardt Verlag 1994, S. 8 f.
18 Rosenmayr, Leopold, in: Baltes, Paul B. und Jürgen Mittelstraß (Hrsg.), a. a. O., 1992, S. 468.
19 Zitiert nach Rosenmayr, Leopold, in: Baltes, Paul B. und Jürgen Mittelstraß (Hrsg.), a. a. O., 1992, S. 461–491.
20 Von Sydow, Kirsten, a. a. O., 1994, S. 90.
21 Tümmers, Hannelore, a. a. O., 1976, S. 79.
22 Tümmers, Hannelore, a. a. O., 1976.
23 Der «Starr-Report» aus dem Jahre 1983, zitiert von Rosenmayr, Leopold, in: Paul B. Baltes und Jürgen Mittelstraß (Hrsg.), a. a. O., 1992.
24 Simpson, Eileen, a. a. O., 1996, S. 57.
25 Rosenmayr, Leopold, in: Baltes, Paul B. und Jürgen Mittelstraß (Hrsg.), a. a. O., 1992, S. 472.
26 Daimler, Renate, Verschwiegene Lust. Frauen über 60 erzählen von Liebe und Sexualität, Köln: Kiepenheuer & Witsch 1991, S. 11.
27 Zitiert bei Simpson, Eileen, a. a. O., 1996, S. 194.

7
«Ein Freund, ein guter Freund, ist das Beste, was es gibt auf der Welt ...»

1 Statistisches Bundesamt, Mikrozensus 2003.
2 Diewald, Martin, Soziale Beziehungen: Verlust oder Liberalisierung? Soziale Unterstützung in informellen Netzwerken, Berlin: Rainer Bohn Verlag 1991, S. 158.
3 Diewald, Martin, a. a. O., 1991, S. 164.
4 Kohli, Martin und Harald Kühnemund, a. a. O., 2000, S. 234.
5 Diewald, Martin, a. a. O., 1991.

6 Höpflinger, François, a. a. O. 2003, S. 19. Im gleichen Zeitraum erhöhte sich der Anteil derer, die mindestens zwei gute Freunde nannten, von 50 % auf 64 % (Zentralwallis) bzw. von 51 % auf 71 % (Genf).

7 Diewald, Martin, a. a. O., 1991, S. 158.

8 Rosenmayr, Leopold und Franz Kolland, in: Backes, Gertrud M. und Wolfgang Clemens (Hrsg.), a. a. O., 2002, S. 255; ebenso Prahl, Hans-Werner und Klaus R. Schroeter, a. a. O., 1996, S. 133.

9 Rosenmayr, Leopold und Franz Kolland, in: Backes, Gertrud M. und Wolfgang Clemens (Hrsg.), a. a. O., 2002, S. 258.

10 Das sind Zahlen von 1996 aus den alten Bundesländern; in den neuen Bundesländern ist die Kontakthäufigkeit zu Freunden etwas geringer, vgl. Kuratorium Deutsche Altershilfe, a. a. O., 2003a, S. 38.

11 Wagner, Michael, Y. Schütze und F. R. Lang, in: Mayer, Karl Ulrich und Paul B. Baltes (Hrsg.), a. a. O., 1996, S. 301–319.

12 Rosenmayr, Leopold und Franz Kolland, in: Backes; Gertrud M. und Wolfgang Clemens (Hrsg.), a. a. O., 2002, S. 251–278.

13 Wagner, Michael, Y. Schütze, und F. R. Lang, in: Mayer, Karl Ulrich und Paul B. Baltes (Hrsg.), a. a. O., 1996, S. 301–319.

14 Diewald, Martin, a. a. O., 1991, S. 153 f.

15 Diewald, Martin, a. a. O., 1991, S. 164. «Ich habe keinen wirklich engen Freund bzw. keine enge Freundin», sagten bei den unter 75-Jährigen 41 % der Verheirateten, aber nur 36 % der Alleinlebenden; bei den über 75-Jährigen 56 % der Verheirateten und 39 % der Alleinlebenden.

16 Höpflinger, François, a. a. O., 2003, S. 22.

17 Diewald, Martin, a. a. O., 1991, S. 163.

18 Bengtson, Vern L. und Ariela Lowenstein, in: dies. (Hrsg.), a. a. O., 2003, S. 11. Ebenso Litwak, Eugene u. a., Theories about Families, Organizations and Social Support, in: Bengtson, Vern L. und Ariela Lowenstein (Hrsg), a. a. O., 2003, S. 70 f.

19 Diewald, Martin, a. a. O., 1991, S. 159.

8
Wie wollen wir im Alter wohnen?

1 Kuratorium Deutsche Altershilfe, a. a. O., 2003 a, S. 10.

2 Kuratorium Deutsche Altershilfe (Hrsg.), Leben und Wohnen im Alter, 2003 b, S. 7.

3 Kohli, Martin und Harald Kühnemund, a. a. O., 2000, S. 161.

4 Brandenburg, Hermann, Gemeinschaftliches Wohnen im Alter – Wünsche, Bedürfnisse, Hoffnungen, Vortrag auf der Fachtagung «Weiter wohnen wie gewohnt?» am 23. 4. 2004, veranstaltet vom Seniorenbüro der Stadt Freiburg, der Katholischen und der Evangelischen Fachhochschule Freiburg.

5 Vgl. den Zweiten Altenbericht des BMFSFJ, 1998.

6 Opaschowsky, Horst W., a. a. O., 1998, S. 21.

7 Zweiter Altenbericht des BMFSFJ, 1998, Wohnen im Alter. Die genauen Zahlen: In den Wohnungen mit guter Wohnqualität waren 44 % der Älteren noch relativ selbstständig, 24 % hilfsbedürftig und 11 % pflegebedürftig. In den Wohnungen mit schlechter Wohnqualität waren nur 14 % der Älteren noch relativ selbstständig, 34 % hilfsbedürftig und 45 % pflegebedürftig! Vgl. dazu auch: Sowerka, Doris, Selbstständiges Wohnen im Alter und die Erhaltung der geistigen Kompetenz, in: Tesch-Römer, Clemens, a. a. O., 2002, S. 91–107.

8 BMFSFJ (Hrsg.), Selbstbestimmt wohnen im Alter, 2004. Die Broschüre ist beim BMFSFJ erhältlich.

9 Wenn Eltern alt werden. Wie man einen würdigen Lebensabend plant. Wohnformen, Pflege, Kosten, in: Stern Nr. 26, vom 17. 6. 2004, S. 50–66.

10 Das Projekt wird getragen vom Kuratorium Deutsche Altershilfe, in Zusammenarbeit mit der Bertelsmann-Stiftung und dem Institut für Sozialforschung und Gesellschaftspolitik. Kuratorium Deutsche Altershilfe (Hrsg.), a. a. O., 2003 b.

11 Kricheldorff, Cornelia, Gemeinschaftliches Wohnen im Alter – Wünsche, Bedürfnisse, Hoffnungen, Vortrag auf der Fachtagung «Weiter wohnen wie gewohnt?» am 23. 4. 2004, veranstaltet vom Seniorenbüro der Stadt Freiburg, der Katholischen und der Evangelischen Fachhochschule Freiburg.

12 Kuratorium Deutsche Altershilfe (Hrsg.), a. a. O., 2003 b, S. 24 f.

13 Kuratorium Deutsche Altershilfe (Hrsg.), a. a. O., 2003 a, S. 26.

14 Kohli, Martin und Harald Kühnemund, a. a. O., 2000, S. 162.

15 Inzwischen gibt es schon eine Reihe von Erfahrungsberichten über das gemeinschaftliche Wohnen im Alter, in Deutschland sowie im europäischen Ausland. Vgl. dazu die kommentierte Literaturliste, die das «Forum für gemeinschaftliches Wohnen im Alter FGWA e. V.» ins Internet gestellt hat.

16 Osterland, Astrid, Nicht allein und nicht ins Heim, Paderborn 2000.

17 Osterland, Astrid, a. a. O., 2000, S. 28.

18 Osterland, Astrid, a. a. O., 2000, S. 34.

19 Osterland, Astrid, a. a. O., 2000, S. 44.

20 Osterland, Astrid, a. a. O., 2000, S. 63.
21 Osterland, Astrid, a. a. O., 2000, S. 62.
22 Osterland, Astrid, a. a. O., 2000, S. 67.
23 Laut Newsletter vom Januar 2005 mehr als 26 000 in knapp zwei Jahren, ca. 100 Zugriffe pro Tag.
24 Brückner, Christine, Die letzte Strophe, Berlin: Ullstein 1989, S. 87, S. 91.
25 Berlins Homosexuelle planen ihr eigenes Altersheim, in: Badische Zeitung vom 11. 10. 2004.
26 Grossjohann, Klaus und Holger Stolarz, Wohnkonzepte und Erhaltung von geistiger Kompetenz, in: Tesch-Römer, Clemens (Hrsg.), a. a. O., 2002, S. 119–135.
27 Osterland, Astrid, a. a. O., 2000, S. 93, S. 95.
28 Kuratorium Deutsche Altershilfe, a. a. O., 2003 a, S. 10.

9
Es gibt viel zu tun – packen wir es an! Was ältere Menschen freiwillig für die Gesellschaft leisten

1 Bundesarbeitsgemeinschaft der Senioren-Organisationen BAGSO (Hrsg.), Leitfaden zur Arbeit mit Freiwilligen, 2001, S. 11.
2 BAGSO (Hrsg.), a. a. O., 2001, S. 6.
3 Kuratorium Deutsche Altershilfe, a. a. O., 2003 a, S. 35.
4 Rosenmayr, Leopold und Franz Kolland, in: Backes, Gertrud M. und Wolfgang Clemens (Hrsg.), a. a. O., 2002, S. 251–278.
5 BMFSFJ (Hrsg.), Dritter Bericht zur Lage der älteren Generation, Berlin 2001, S. 232.
6 Kohli, Martin, in: Baltes, Margret und Leo Montada (Hrsg.), a. a. O., 1996, S. 169, bringt Vergleichszahlen für das nachberufliche Engagement der Menschen in den Bereichen «Ehrenamt», «Pflege» und «Kinderbetreuung» in den USA, Kanada, Japan, Großbritannien und Deutschland. Es zeigt sich, dass sich die älteren Menschen in den USA und Kanada in allen diesen Bereichen weitaus stärker engagieren als in den beiden europäischen Ländern.
7 BMFSFJ (Hrsg.), a. a. O., 2001.
8 BAGSO, Pressemitteilung 3/2002 vom 27. 3. 2002.
9 *www.bagso.de.*
10 Kohli, Martin und Harald Kühnemund, a. a. O., 2000, S. 289 f.
11 Vgl. BAG LSV (Hrsg.), Positionspapier. Wer wir sind und was wir wollen, 21. Mai 2004.

12 Simoneit, Gerhard, Vergesellschaftung durch selbstorganisierte politische Interessenvertretung, in: Kohli, Martin u. a., Engagement im Ruhestand, Opladen: Leske & Budrich, 1993, S. 182.

13 Stand Ende 2004, nach einer Anfrage bei der BAG LSV vom 4. 2. 2005.

14 Greenpeace, Presseerklärung zum 4. 10. 2004, dem 10-jährigen Bestehen des Team 50 plus.

15 Schenk, Arnfried, Von wegen altes Eisen, in: Die Zeit, 11. 4. 2001, S. 16.

16 Schuster, Rudolf, Der Senior Experten Service (SES): Ein Modell aus der Praxis, in: Baltes, Gertrud M. und Leo Montada (Hrsg.), a. a. O., 1996, S. 177.

17 Senior Experten Service (SES), Pressemitteilung vom 19. 1. 2005. Die Tätigkeit des SES wurde nach der Wiedervereinigung auch auf die neuen Bundesländer ausgedehnt.

18 Schuster, Rudolf, in: Baltes, Gertrud M. und Leo Montada (Hrsg.), a. a. O., 1996, S. 180.

19 BAGSO (Hrsg.), Senioren als Mentoren für junge Berufseinsteiger, Bonn 2001.

20 Schmidt, Marcus, Von der Villa ins Klassenzimmer, Spiegel-Online, Spiegel.de/UniSPIEGEL/studium, 2004.

21 Geschick, Erfahrung und viel Zeit, in: Badische Zeitung, 18. 1. 2005.

22 ZWAR – Zwischen Arbeit und Ruhestand (Hrsg.), Selbstdarstellungspapier. Information für Menschen ab 50, Zentralstelle NRW, o. J., S. 3. Für weitere Informationen vgl. *www.zwar.org*.

23 Nötzold, Wolfgang, Leben und Lernen in Gruppen: ZWAR – Zwischen Arbeit und Ruhestand, in: BAGSO Nachrichten, 4/2003, S. 29.

24 Nötzold, Wolfgang, a. a. O., S. 29.

25 Tews, Hans-Peter, Produktivität des Alters, in: Baltes, Gertrud M. und Leo Montada (Hrsg.), a. a. O., 1996, S. 184–110.

26 Kohli, Martin und Harald Kühnemund, a. a. O., 2000, S. 296.

27 Rosenmayr, Leopold und Franz Kolland, in: Backes, Gertrud M. und Wolfgang Clemens (Hrsg.), a. a. O., 2002, S. 272.

28 Rosenmayr, Leopold und Franz Kolland, in: Backes, Gertrud M. und Wolfgang Clemens (Hrsg.), a. a. O., 2002, S. 272. Auf diesen Zusammenhang weisen auch Diewald, Martin, a. a. O., 1991, und Kohli, Martin und Harald Kühnemund, a. a. O., 2000, hin.

29 Rosenmayr, Leopold und Franz Kolland, in: Backes, Gertrud M. und Wolfgang Clemens (Hrsg.), a. a. O., 2002, S. 251–278.

30 Tügel, Hanne, Generation Grau, in: Geo 5/2004, S. 120.

10
Gesundheit, Fitness und lebenslanges Lernen: Die Senioren als Manager ihres Wohlbefindens

1 Schlaffer, Hannelore, a. a. O., 2003, S. 30.

2 Das kann man u. a. auch daran ablesen, dass Frauen, die mit 74 % der VHS-Besucher schon überproportional vertreten sind, das größte Übergewicht im Programmbereich «Gesundheit» haben, mit 85 % der Teilnehmerinnen. Vgl. Pehl, Klaus und Gerhard Reitz, VHS-Statistik Arbeitsjahr 2003, Deutsches Institut für Erwachsenenbildung, 2004, S. 7.

3 Rosenmayr, Leopold und Franz Kolland, in: Backes, Gertrud M. und Wolfgang Clemens (Hrsg.), a. a. O., 2002, S. 251–278.

4 Kohli, Martin und Harald Kühnemund, a. a. O., 2000, S. 296.

5 Prahl, Hans-Werner und Klaus R. Schroeter, a. a. O., 1996.

6 Pehl, Klaus und Gerhard Reitz, a. a. O., 2004, S. 7. Der Anstieg des Anteils der über 65-jährigen VHS-Besucher von Jahr zu Jahr ist erstaunlich: 1999: 6,4 %; 2001: 7,5 %; 2003: 8,5 %.

7 Spiegel, Invasion der alten Semester, in: Spiegel 27/2004, S. 50.

8 Papez, Anika, Seniorenstudium in NRW, Düsseldorf 2004, S. 12. Die Autorin nennt die weitaus niedrigere Zahl von derzeit 25 000 älteren Studenten und Gasthörern in Deutschland.

9 Papez, Anika, a. a. O., 2004, S. 9.

10 Papez, Anika, a. a. O., 2004, S. 12.

11 Spiegel, a. a. O., 27/2004, S. 50.

12 Sturz, Robert, Weise Greise. Der Ansturm der Senioren auf die Unis, SWR2-Wissen, Sendung vom 29. 7. 2000, S. 1.

13 Sturz, Robert, a. a. O., 2000, S. 7.

14 Sturz, Robert, a. a. O., 2000, S. 7.

15 Spiegel, a. a. O., 27/2004, S. 52.

16 Spiegel, a. a. O., 27/2004, S. 53.

17 Unter der Internetadresse *www.geroweb.de* kann man ein aktuelles vollständiges Verzeichnis der Universitäten und Seniorenakademien bekommen, die Seniorenstudiengänge anbieten.

18 Zum Thema der wissenschaftlichen Seriosität der Anti-Aging-Medizin vgl. die von Jochen Müller-Jung angeführte neuere Literatur; Jochen Müller-Jung, Taufrisch. Der Knoten platzt: Anti-Aging hat den Segen der Medizin, in: FAZ vom 15. 12. 2004.

19 Bresser, Harald, Jung – für immer, Stuttgart: Hirzel Verlag 2000, S. 8.

20 Chopra, Deepak und David Simon, Der Jugendfaktor. Das Zehn-Stufen-Programm gegen das Altern, München: dtv 2002, S. 11, S. 13 f.

21 Gronemeyer, Reimer, a. a. O., 2004, S. 43, S. 117.

22 Rosenmayr, Leopold und Franz Kolland, in: Backes, Gertrud M. und Wolfgang Clemens (Hrsg.), a. a. O., 2002, S. 251–278.
23 Fürstenberg, Friedrich, Perspektiven des Alter(n)s als soziales Konstrukt, in: Backes, Gertrud M. und Wolfgang Clemens (Hrsg.), a. a. O., 2002, S. 80.

11
Auf der Suche nach dem richtigen Leben: Vom «Altern als narzisstische Kränkung» zur «Weisheit des Alters»

1 Meinhold, Marianne und Andrea Kunsemüller, Von der Lust am Älterwerden, Frankfurt/M., Fischer 1978; Geissler, Christa und Monika Held, Generation plus. Von der Lüge, dass Altwerden Spaß macht, Berlin: Schwarzkopf und Schwarzkopf, 2003.
2 Bloch, Ernst, Das Prinzip Hoffnung, Frankfurt/M.: Suhrkamp 1959, S. 41.
3 Fürstenberg, Friedrich, in: Backes, Gertrud M. und Wolfgang Clemens (Hrsg.), a. a. O., 2002, S. 75–84.
4 Erikson, Erik, Identität und Lebenszyklus, Frankfurt/M.: Suhrkamp 1966, S. 118–120, S. 150 f.; und: ders., Der vollständige Lebenszyklus, Frankfurt/M.: Suhrkamp 1988, insbesondere S. 72 f.
5 Tews, Hans-Peter, in: Baltes, Gertrud M. und Leo Montada (Hrsg.), a. a. O., 1996, S. 197 f.
6 Goethe, Johann Wolfgang von, Aus meinem Leben. Dichtung und Wahrheit. Vorwort, in: ders., Werke, Band, 5, Frankfurt/M.: Insel 1965, S. 7.
7 Staudinger, Ursula M. und Freya Dittmann-Kohli, Lebenserfahrung und Lebenssinn, in: Baltes und Mittelstraß, a. a. O., 1992, S. 420.
8 Freud, Sigmund, Die Freudsche psychoanalytische Methode, 1904, Sigmund Freud Studienausgabe, Ergänzungsband «Schriften zur Behandlungstechnik», Frankfurt/M.: Fischer 1975, S. 106.
9 Peters, Meinolf, Psychotherapeutische Behandlung Älterer: Welchen Problemen begegnet eine psychosomatische Klinik? in: Radebold, Hartmut (Hrsg.), Altern und Psychoanalyse, Göttingen: Vandenhoeck & Ruprecht, 1997b, S. 139–157; außerdem Radebold, Hartmut, Altern und Psychoanalyse, Titelaufsatz, a. a. O., 1997b, S. 5–20.
10 Radebold, Hartmut, a. a. O., 1997b, S. 9.
11 Vgl. die Fallstudie Radebold, Hartmut und Ruth Schweizer, Der

mühselige Aufbruch. Über Psychoanalyse im Alter, Frankfurt/M.: Fischer 1996.

12 Radebold, Hartmut (Hrsg.), Kindheiten im Zweiten Weltkrieg und ihre Folgen, Zeitschrift «psychosozial», Nr. 92, Heft II, 2003.

13 Rosenmayr, Leopold, Psychoanalyse und Alternsforschung, in: Radebold, Hartmut (Hrsg.), a. a. O., 1997b, S. 21–40.

14 Höpflinger, François, Gerotranszendenz und Generativität im höheren Lebensalter – neue Konzepte für alte Fragen, Aufsatz zum Download im Internet, Homepage: *hoepflinger@bluemail.ch*, Stand 2002.

15 Baltes, Paul B. und Smith, Jacqui, 1990, zitiert nach Augst, Christine M., a. a. O., 2003, S. 60 f.

16 Schenk, Herrad, Glück und Schicksal, München: C. H. Beck 2000.

17 Bloch, Ernst, a. a. O., 1985, S. 44.

18 Rilke, Rainer Maria, in einem Brief an Arthur Holitscher, am 13. Dezember 1905, in: Rilke, Rainer Maria, Briefe. In 2 Bänden. 1. Bd. 1896–1919, hrsg. von Horst Nalewski, Frankurt/M.: Insel Verlag 1991, S. 207.

12
«Ich glaube an das Alter, lieber Freund ...»
Die Zukunft des Alters

1 Schlaffer, Hannelore, a. a. O., 2003, S. 67.

2 Mayer, Karl Ulrich und Paul B. Baltes (Hrsg.), Die Berliner Altersstudie. Zusammenfassung und Schlussfolgerungen, a. a. O., 1996, S. 627.

3 Karl, Fred, Alterssoziologie und sozialwissenschaftliche Gerontologie, in: Backes, Gertrud M. und Wolfgang Clemens (Hrsg.), a. a. O., 2002, S. 300 f.

4 Baltes, Paul B., Über die Zukunft des Alterns: Hoffnung mit Trauerflor, in: Baltes, Margret und Leo Montada (Hrsg.), a. a. O., 1996, S. 29.

5 Bengtson, Vern L. und Ariela Lowenstein, Global Aging and Challenges to Families, in: dies. (Hrsg.), a. a. O., 2003, S. 4.

6 «Deutschland 2020», in: Geo, Heft 5/2004.

7 Vgl. den Zweiten Armuts- und Reichtumsbericht der Bundesregierung, März 2005.

8 Schroeter, Klaus R., Zur Allodoxie des «erfolgreichen» und «produktiven» Alterns, in: Backes, Gertrud M. und Wolfgang Clemens (Hrsg.), a. a. O., 2002, S. 103.

9 Höpflinger, François, Frauen im Alter – die heimliche Mehrheit, Internet-Aufsatz, *hoepflinger@bluemail. ch*, Nov. 2001, S. 6.

10 Horx, Matthias und Eike Wenzel, Trend-Report 2004. Die 11 wichtigsten Driving Forces des kommenden Wandels, ed. Zukunftsinstitut, Frankfurt/M. 2003.

11 Mayer, Karl Ulrich und Paul B. Baltes (Hrsg.), Die Berliner Altersstudie. Vorwort, a. a. O., 1996, S. 8.

Lebensberichte / Literatur

Herrad Schenk
Das Haus, das Glück und der Tod
Nachdruck der 1998 erschienenen 1. Auflage1999.
223 Seiten. Gebunden
«Durch seine klugen Einsichten und die anschaulich vermittelten Wahrnehmungen und Gefühle ist das Buch lesenswert.»
Das Sonntagsblatt

Herrad Schenk
Wie in einem uferlosen Strom
Das Leben meiner Eltern
2002. 370 Seiten. Gebunden

Eduardo Belgrano Rawson
Rosas Stimme
Roman
Aus dem Spanischen von Lisa Grüneisen
384 Seiten mit 6 Abbildungen. Gebunden

Anthony Doerr
Winklers Traum vom Wasser
Roman
Aus dem Englischen von Judith Schwaab
487 Seiten. Gebunden

Paula Fox
Luisa
Roman
Aus dem Englischen von Alissa Walser
443 Seiten. Gebunden

Soziologie, Politik, Psychologie

Elisabeth Beck-Gernsheim

Die Kinderfrage heute

Über Frauenleben, Kinderwunsch und Geburtenrückgang
2006. 175 Seiten. Paperback
Beck'sche Reihe Band 1751

Elisabeth Beck-Gernsheim

Was kommt nach der Familie?

Einblicke in neue Lebensformen
2., durchgesehene Auflage. 2000.
196 Seiten mit 2 Abbildungen, 2 Graphiken
und 4 Tabellen. Paperback
Beck'sche Reihe Band 1243

Herwig Birg

Die ausgefallene Generation

Was die Demographie über unsere Zukunft sagt
2. Auflage. 2006. 158 Seiten mit 22 Schaubildern
und 16 Tabellen im Text. Gebunden

Julia Onken / Maya Onken

Hilfe, ich bin eine emanzipierte Mutter

Ein Streitgespräch zwischen Mutter und Tochter
2006. 236 Seiten. Paperback
Beck'sche Reihe Band 1710

Wolfgang Pelzer

Kinder haben

Kleine Philosophie für Eltern
2005. 144 Seiten. Gebunden